家书

傅雷 朱梅馥 著

[学生版]

JIA-SHU

江苏凤凰文艺出版社

图书在版编目（ＣＩＰ）数据

家书：学生版 / 傅雷，朱梅馥著. — 南京：江苏凤凰文艺出版社，2017.3
ISBN 978-7-5399-8983-9

Ⅰ．①家… Ⅱ．①傅… ②朱… Ⅲ．①傅雷（1908-1966）－书信集 Ⅳ．①K825.6

中国版本图书馆 CIP 数据核字(2017)第 051575 号

书　　名	家书：学生版
著　　者	傅　雷　朱梅馥
责任编辑	张　黎　查品才　王宏波
出版发行	江苏凤凰文艺出版社
出版社地址	南京市中央路 165 号，邮编：210009
出版社网址	http://www.jswenyi.com
印　　刷	江苏凤凰通达印刷有限公司
开　　本	880×1230 毫米　1/32
印　　张	9
字　　数	230 千字
版　　次	2017 年 5 月第 1 版　2017 年 9 月第 3 次印刷
标准书号	ISBN 978–7–5399–8983–9
定　　价	28.00 元

（江苏文艺版图书凡印刷、装订错误可随时向承印厂调换）

那样的父亲　那样的母亲
——《家书》序

毕飞宇

2008年的4月7号,是傅雷先生的百年诞,南京大学举办了"傅雷诞辰100周年纪念暨国际学术研讨会",世界各地来了许多著名的翻译家,许钧教授关照我去会议上去说几句话。这个我可不敢。我不会外语,是个局外人,哪有资格在这样的会议上人五人六。许钧对我说,你还是说几句吧,傅聪专门从伦敦赶来了。一听说可以见到傅聪,我即刻就答应了。关于傅聪,我的脑子里是有形象的,在我还是一个中学生的时候,我的父亲曾经送给我一本书,书的内容就是傅雷写给儿子的家书。

傅雷的家书当然是家书,可是,在我的眼里,它首先是一本小说,主人公有一共四个,傅雷,朱梅馥,傅聪,傅敏。我为什么要说傅雷的家书是一本小说呢?——从头到尾,这本书到处都是鲜活的人物性格:苛刻的、风暴一般的父亲,隐忍的、积雪一样的母亲,羸弱的、积雪下面幼芽一般的两个孩子。楼适夷说"读家书,想傅雷",然而,在我,重点却是傅聪。我的父亲出生于1934年,他告诉我,同样出生于1934年的傅聪"这个人厉害"。我当然理解父亲所说的"厉害"是什么意思，这个天才的钢琴家在他学生时代就做过惊天动地的"大事"了。我对傅聪印象深刻还有一个重要的原因，那时候我正在阅读傅译本的《约翰·克利斯朵夫》，《约翰·克利斯朵夫》里头有一个诗人——奥里维，他才华横溢，敏感，瘦弱，却可以冲冠一怒。我认准了傅聪就是奥利维，而奥里维就是傅聪。

就在南京大学的会议室里头，当许钧教授把我介绍给傅聪的时候，我很激动。当然，正如一位通俗作家所说的那样，毕飞宇这个人就是会装。没错，我就是会装。我控制住了自己，我很礼貌，我向我心仪已久的钢琴大师表达了我应该表达的尊敬。当然了，遗憾也是有的，傅聪一点都不像奥里维，傅聪比我想象中的奥里维壮实多了。

在那次会议上，我做了一个简短的发言，我想我的发言跑题了。我没有谈翻译，却说起了傅雷的家书，我从傅雷的家书里读到了许多，但是，最感动我的，是爱情，是傅雷与朱梅馥不屈的爱。朱梅馥是在政治高压里头"伴随"着傅雷先生而去的，也就是中国传说中的"但求同年同月同日死"。这是骇人的，他们的死凄凉、沉痛，同时也刚毅、悲壮。虽然我不想说，可我还是要说，他们的死固然骇人，但是，它也美，是传奇。斯人已逝，日月同静，天地有大美而不言。

有一句话我在发言的时候没敢说，傅聪先生就在台下，话在嘴边我又咽下去了：同样是右派的儿子，我却很幸运——我的父亲活下来了，是我的母亲陪伴着我的父亲一起活下来的。

还有一点需要补充，就在当天晚上，就在傅聪的答谢音乐会上，傅聪发脾气了，说暴怒都不为过。有人在音乐厅里大声地说话，不停地说话，肆无忌惮。傅聪在演奏，却侧过了脑袋，他在怒视。最终，傅聪抬起了胳膊，他停止了演奏。他站了起来，他来到了台前。他的脸涨得通红。因为没有麦克，他大声喊道：

——请尊重音乐！

——你们再说话我就不弹了！

是的，这是傅聪。那个满脸涨得通红的男人就是傅聪。他儒雅，通身洋溢着大师才有的亲和。但是，傅聪也刚烈。这是傅家祖传的刚烈。傅家的人容不得亵渎。傅雷还活着，就在台上，他站立在傅聪的骨架子里头。

在我十七岁的那一年，也许还不止一年，我被《约翰·克利斯朵夫》缠住了，仿佛鬼打墙。严格地说，是被那种庄严而又浩荡的语风绕住了。"江声浩荡，自屋后上升"，上帝啊，对一个十七岁的少年来说，这太迷人了。迷人到了什么地步呢，迷人到了折磨人的地步。就在阅读《约翰·克利斯朵夫》的时候，我特地预备了一个小本子，遇上动人的章节我就要把它们抄写下来。在我读完《约翰·克利斯朵夫》的时候，小本子已经写满了。我是多么地怅然。怅然若失。完了，没了。挑灯看剑，四顾茫茫。有一年，青年批评家张莉女士来南京和我做对话，我对张莉说，《约翰·克利斯朵夫》里头的许多句子我能背。张莉不信，她让我背给她听。后来张莉打断了我，她说，我信了。

对不起，我不是炫耀我的记忆力。我要说的是这个——有一天，许钧教授告诉我，罗曼·罗曼的原文其实并不是中国读者所读到的那个风格，这风格是傅雷独创的。许钧的话吓了我一跳。老实说，我一直以为翻译家和作家的语调是同步的，原来不是。许钧教授的话提升了我对翻译的认识，翻译不是翻译，翻译是写作，翻译是另一种意义上的写作，至少，对傅雷这样的大译家来说是这样。翻译所需要的是创造性。许钧教授的一句话我引用过多次了，今天我打算再引用一遍："好的作家遇上好的翻译家，那就是一场艳遇。"是的，在谈论罗曼·罗兰和傅雷的时候，许钧教授就是用了这个词——"艳遇"。我相信，只有许钧这样的翻译家才能说出这样的话来。它精准、传神，惊天动地，荡气回肠。文学是迷人的，你从任何一扇窗户——即使是翻译——里都能看见它无边的风景，春来江水绿如蓝。

四十岁之前，有无数次，每当我写小说开头的时候，我的第一句话永远都是——"江声浩荡"，然后，然后当然是一大段的景物描写。等我写完了，我会再把这一段毫无用处的文字给删除了。这四个字曾经是我起床之后的第一杯咖啡，它是我精神上的钥匙，也是我肉体上的咖啡。我能靠这杯咖啡活着么？不能。我能不喝这杯咖啡么？也不能。孟子说，"吾善养吾浩然之气"，我不敢吹牛，说我的身上也有浩然之气，我只是喜欢。但是，雨果的身上有浩然之气，巴尔扎克的身上有浩然之气，罗曼·罗兰的身上有浩然之气，傅雷的身上也有浩然之气。它们在彼此激荡。有诗为证——

傅雷先生洋洋500万字的译本。足够了。敦矣，煌矣。噫吁嚱，危乎高哉。

我不知道未来是怎样的，对我，对我们这一代作家来说，傅雷是特殊的。我致敬傅雷。

有一种假设，读书的人都有这样的一个心理习惯，把自己放到读过的书里头，然后去假设。——再一次读完了傅雷的《家书》，我的假设是，如果我有幸成为傅雷的儿子，我愿意么？

很抱歉，我一点也没有冒犯傅雷先生和傅聪先生的意思，我不愿意。

虽然毫无可比性，可事实上，作为同样的右派，我的父亲也是傅雷那款性格的人。这里头既有文化上的共性同构，也有性格上的私性同构——苛求自己，苛求儿子，同时兼有道德上的洁癖。可以说，我对傅雷父子这么感兴趣，完全是因为我的父亲，我的父亲其实就是一个乡村版的、微型版的傅雷。面对自己的孩子，尤其是男孩，他有宗教一般再造的激情与布道的耐心。我的父亲之所以没到傅雷那样的程度，完全是因为他本人没有抵达傅雷那样的高度。对孩子，他的心没有那么大。此乃吾幸。

可是，话又要分两头说，如果孩子本身就是一个天才，狂暴的父亲往往会成为孩子的催化剂，从这个意义上说，傅聪延续了傅雷，傅雷成就了傅聪。我的父亲则很遗憾，他生下了我这么一个二货。——以我父亲的设想，他希望我成为一个数学家或物理学家，西装革履，恬淡如水，不食人间烟火。可我哪里是学数学的料呢？结果呢，一场惨烈的"家庭暴乱"之后，我带上我的文学梦私奔了。一去无回。在这个过程里，我经历过一场很异样的痛苦，是家庭伦理意义上的痛苦。这也是我特别喜爱傅雷的家书的原因。抛开美学话题、音乐话题和道德话题，我愿意把傅雷所有的家书当作家庭伦理的教科书。在梳理父子关系方面，这本书堪称典范。往正面说，我们可以获得方法，往反面说，我们可以获取教益。

我还要说，虽然我不是基督徒，可我还是相信上帝的仁慈和上帝的掌控力。上帝会安排的。上帝给你一个霸道的父亲，一定会给你一个天使一样的母亲。如斯，地方、天圆，五彩云霞空中飘，天上飞来金丝鸟，我们有福了，人生吉祥了。

我的建议是，所有的父亲都要读傅雷的《家书》，所有的母亲也要读傅雷的《家书》，所有的儿子更要读傅雷的《家书》，只有做女儿的可以不读——在你成为母亲之前。

说到望子成龙，我还有话说。傅雷是望子成龙的，我的父亲也是望子成龙的。他们都是右派。我想指出的是，当年的右派大多是文人，说得科学一点，大多是人文知识分子，他们的基础性工具是语言。他们望子成龙，可他们为什么就不希望子承父业呢？为什么就不让自己的孩子接近语言呢？

我的父亲给了我这样的答案：希望孩子"安全"。

数学是"安全"的，物理是"安全"的，音乐也是"安全"的。最不安全的东西是什么？是语言。眼睛是心灵的窗户，语言是精神的落地窗户，它一览无余。所以，让孩子学数学，让孩子学音乐，是对孩子最大的保护。从这个意义上说，父性的苛刻，骨子里是爱，是聪明的爱，是理性的爱，是恒久的爱，也是无奈的和卑怯的爱。

所以我要讴歌父亲，尤其是以傅雷为代表的、我们上一代的知识分子父亲。他们承担了语言的艰难与险恶。他们中的一部分没有妥协。他们看到了代价，却没有屈服于代价。具体一点说，他们付出了代价。这是惊天地和泣鬼神的。

所以我要讴歌母亲，但是，我绝对不能赞同朱梅馥女士的行为。你是傅聪的妈妈，你是傅敏的妈妈。即使满身污垢，你也要活下去。妈妈们活着，只有一个理由，为了孩子，而不是为了丈夫们的真理和正义。这是天理，无需证明。父可杀，不可辱；母可辱，不可杀。

最后，我要感谢江苏文艺出版社的社长黄小初先生，感谢你把这个任务交给了我。我自知力所不及，但我倍感光荣。

2017年2月7日于龙江寓所

目 录

一九五四年 [二十八通——父二十一通/母七通] 001

一九五五年 [十一通——父八通/母三通] 053

一九五六年 [三通——父三通] 083

一九五七年 [四通——父一通/母三通] 091

一九五九年 [三通——父二通/母一通] 099

一九六〇年 [九通——父五通/母四通] 105

一九六一年 [十六通——父十通/母六通] 127

一九六二年 [十通——父十通] 183

一九六三年 [八通——父七通/母一通] 211

一九六四年 [五通——父四通/母一通] 227

一九六五年 [十通——父六通/母四通] 243

一九六六年 [三通——父三通] 263

代后记 傅聪的成长 271

一九五四年〔二十八通——父二十一通／母七通〕

一月十八日晚/十九日晚

聪:

　　车一开动,大家都变了泪人儿,呆呆的直立在月台上,等到冗长的列车全部出了站方始回身。① 出站时沈伯伯②再三劝慰我。但回家的三轮车上,个个人都止不住流泪。敏一直抽抽噎噎。昨天一夜我们都没睡好,时时刻刻惊醒。今天睡午觉,刚刚朦胧阖眼,又是心惊肉跳的醒了。昨夜月台上的滋味,多少年来没尝到了,胸口抽痛,胃里难过,只有从前失恋的时候有过这经验。今儿一天好像大病之后,一点劲都没有。妈妈随时随地都想哭——眼睛已经肿得不像样了,干得发痛了,还是忍不住要哭。只说了句"一天到晚堆着笑脸",她又呜咽不成声了。真的,孩子,你这一次真是"一天到晚堆着笑脸",教人怎么舍得!老想到五三年正月的事③,我良心上的责备简直消释不了。孩子,我虐待了你,我永远对不起你,我永远补赎不了这种罪过!这些念头整整一天没离开过我的头脑,只是不敢向妈妈说。人生做错了一件事,良心就永久不得安宁!真的,巴尔扎克说得好:有些罪过只能补赎,不能洗刷!

十八日晚

　　昨夜一上床,又把你的童年温了一遍。可怜的孩子,怎么你的童

---

① 1954年傅聪前往波兰参加"第五届肖邦国际钢琴比赛",这一年1月17日傅雷全家在上海火车站送他去北京准备出国。
② 沈知白,1904—1968,中国音乐学家,上海音乐学院作曲系主任。
③ 1953年正月,就贝多芬小提琴奏鸣曲哪一首最重要的问题,傅聪与父亲发生激烈争论,傅聪一度因此离家出走,住在傅雷友人家中。

年会跟我的那么相似呢？我也知道你从小受的挫折对于你今日的成就并非没有帮助；但我做爸爸的总是犯了很多很重大的错误。自问一生对朋友对社会没有做什么对不起的事，就是在家里，对你和你妈妈作了有亏良心的事，这些都是近一年中常常想到的，不过这几天特别在脑海中盘旋不去，像噩梦一般。可怜过了四十五岁，父性才真正觉醒！

今天一天精神仍未恢复。人生的关是过不完的，等到过得差不多的时候，又要离开世界了。分析这两天来精神的波动，大半是因为：我从来没爱你像现在这样爱得深切，而正在这爱的最深切的关头，偏偏来了离别！这一关对我，对你妈妈都是从未有过的考验。别忘了妈妈之于你不仅仅是一般的母爱，而尤其因为她为了你花的心血最多，为你受的委屈——当然是我的过失——最多而且最深最痛苦。园丁以血泪灌溉出来的花果迟早得送到人间去让别人享受，可是在离别的关头怎么免得了割舍不得的情绪呢？

跟着你痛苦的童年一起过去的，是我不懂做爸爸的艺术的壮年。幸亏你得天独厚，任凭如何打击都摧毁不了你，因而减少了我一部分罪过。可是结果是一回事，当年的事实又是一回事：尽管我埋葬了自己的过去，却始终埋葬不了自己的错误。孩子，孩子，孩子，我要怎样的拥抱你才能表示我的悔与热爱呢！

爸爸
十九日晚

一月三十日晚

亲爱的孩子：

你走后第二天，就想写信，怕你嫌烦，也就罢了。可是没一天不想着你，每天清早六七点就醒，翻来覆去睡不着，也说不出为什么。

好像克利斯朵夫①的母亲独自守在家里,想起孩子童年一幕幕的形象一样;我和你妈妈老是想着你二三岁到六七岁间的小故事——这一类的话我们不知有多少可以和你说,可是不敢说,你这个年纪是一切向前的,不愿意回顾的;我们噜哩噜嗦地抖出你尿布时代及一把鼻涕一把眼泪时代的往事,会引起你的烦恼。孩子,这些我都很懂得,妈妈也懂得。只是你的一切终身会印在我们脑海中,随时随地会浮起来,像一幅幅的小品图画,使我们又快乐又惆怅。

真的,你这次在家一个半月,是我们一生最愉快的时期;这幸福不知应当向谁感谢,即使我没宗教信仰,至此也不由得要谢谢上帝了!我高兴的是我又多了一个朋友;儿子变了朋友,世界上有什么事可以和这种幸福相比的!尽管将来你我之间离多别少,但我精神上至少是温暖的,不孤独的。我相信我一定会做到不太落伍,不太冬烘,不至于惹你厌烦。也希望你不要以为我在高峰的顶尖上所想的,我见到的,比你们的不真实。年纪大的人总是往更远的前途看,许多事你们一时觉得我看得不对,日子久了,现实却给你证明我并没大错。

孩子,我从你身上得到的教训,恐怕不比你从我得到的少。尤其是近三年来,你不知使我对人生多增了几许深刻的体验,我从与你相处过程中学到了忍耐,学到了说话的技巧,学到了把感情升华!

你走后第二天,妈妈哭了,眼睛肿了两天:这叫做悲喜交集的眼泪。我们可以不用怕羞的这样告诉你,也可以不担心你憎厌而这样告诉你。人毕竟是感情的动物。偶然流露也不是可耻的事。何况母亲的眼泪永远是圣洁的,慈爱的!

有几件实际的事和你谈谈:

(一)张宁和②有信给我,请你代我郑重道谢,并且告诉他对我称

---

① 法国作家罗曼·罗兰长篇小说《约翰·克利斯朵夫》中的主人公。

② 张宁和,时任中央乐团第一任指挥。

呼太客气了。等有空,再复他信。

（二）赵志华、沈枚两人处务必去一封信谢谢他们,短一些不妨,但要早早写！赵的地址是：上海福州路上海乐团交响乐队。毛楚恩、陈伯庚处也当早日去信。其他如俞先生、李先生处也该去信。小朋友们可合写一封。总而言之,短无妨,但要快些写！

（三）琴已打包妥帖,今日就要由中国旅行社来车运走；但火车不一定年内能装。琴凳也打包好了,凳内有：一、贝多芬 Sonatas（《奏鸣曲集》）二册；二、《约翰·克利斯朵夫》精装本四册；三、坐垫一个；四、凳钥匙一枚；五、樟脑精二袋。（四、五两件均在一只布袋内）。中国旅行社把琴送到北京时,要交给你下列各物：1. 华东文化局证明书一纸。2. 公安局迁出证一纸（你应立刻交与团方主管同仁）。3. 你的象牙图章一枚（他们说在提单上用得到,故带走的）。同时他们要向你收取北京当地运输费约十万左右,此款因上海不知确数,故无法在沪付讫。

这几日恩德①特别来得多,大概她领会到我们的心情,想来安慰安慰我们。青年人的影子,的确能使我们想到你,见了她似乎可聊以解渴。

本想等你信到时再添上几句,既然等不到,只得先发。祝你新年快乐。

你的爸爸
一月三十日晚

你知道我们很想知道你的饮食起居,住的屋子,寒暖,床铺等等零星事,当然也很想知道乐理学习如何安排,还有俄文。来信潦草不妨,只求详细些！

---

① 牛恩德,傅聪年轻时的琴友,她在傅聪出国后,常去探望傅雷夫妇,后被傅雷夫妇认作干女儿。

一月三十日晚✿

（书中标有"✿"号的，均是傅聪母亲朱梅馥所写。）

亲爱的聪儿：

自昨天起我们开始等你的信了，算起日子来，也该有信来了。你真不知道为娘的牵肠挂肚，放怀不开。你走后，忙着为你搬运钢琴的事，今天中午已由旅行社车去，等车皮有空就可装运。接着阴历年底快要到了，我又忙着家务，整天都是些琐碎事儿，可是等到空下来，或是深夜，就老是想着你，同爸爸两人谈你，过去的，现在的，抱着快乐而带点惆怅的心情，忍不住要流下泪来，不能自已。你这次回来的一个半月，真是值得纪念的，因为是我一生中最愉快、最兴奋、最幸福的一个时期。看到你们父子之间的融洽，互相倾诉，毫无顾忌，以前我常常要为之担心的恐惧扫除一空，我只有抱着欢乐静听你们的谈论，我觉得多幸福、多安慰，由痛苦换来的欢乐才是永恒的。虽是我们将来在一起的时候不会多，但是凭了回忆，宝贵的回忆，我也会破涕而笑了。我们之间，除了"爱"之外，没有可说的了。我对你的希望和前途是乐观的，就是有这么一点母子之情割舍不得。只要常常写信来，只要看见你写着"亲爱的爸爸妈妈"，我已满足了。

妈妈
一月三十日晚

二月二日大除夕

亲爱的孩子：

等了多久，终于等着了你的信。你忙，我们自然想像得到，也自然原谅你写信写得迟。只担心一件事，怕你吃东西不正常不努力，营养不够。希望你为了我们"努力加餐饭"！我指的特别是肉类，不一定要多吃米饭。

刚才打电话去问中国旅行社，说琴已经装出，在路上了。你可请张宁和代向北京中国旅行社嘱咐一番，琴到时搬运要特别小心。北京坏了琴，没人修；这是一件大事，不用怕麻烦人家，张宁和人如此热情，一定愿意为你照顾这些的。运到团里时，外面包的篾，千万不要自己拆，很容易刺坏手，而你的手，不用说该特别保护！粗绳子也容易伤手。你一定要托工友们代办。以上两点，务望照办为要！

勃隆斯丹夫人①有信来，附给你。看过了，仍望寄回。昨晚七时一刻至八时五十分电台广播你在市三②弹的四曲 Chopin（肖邦），外加 encore③ 的一支 *Polonaise*（《波洛乃兹》）④；效果甚好，就是低音部分模糊得很；琴声太扬，像我第一天晚上到小礼堂空屋子里去听的情形。以演奏而论，我觉得大体很好，一气呵成，精神饱满，细腻的地方非常细腻，tone colour（音色）变化的确很多。我们听了都很高兴，很感动。好孩子，我真该夸奖你几句才好。回想五一年四月刚从昆明回沪的时期，你真是从低洼中到了半山腰了。希望你从此注意整个的修养，将来一定能攀登峰顶。从你的录音中清清楚楚感觉到你一切都成熟多了，尤其是我盼望了多少年的——你的意志，终于抬头了。我真高兴，这一点我看得比什么都重。你能掌握整个的乐曲，就是对艺术加强深度，也就是你的艺术灵魂更坚强更广阔，也就是你整个的人格和心胸扩大了。孩子，我要重复 Bronstein（勃隆斯丹）信中的一句话，就是

---

① 勃隆斯丹，原上海音乐学院苏联籍教师，1951年她曾教过傅聪一年钢琴。
② 即上海市第三女子中学。
③ 原为法语，用于喝彩，意为"再来一个"，此处意为加奏。
④ 又译作"波洛奈兹"或"波洛内兹"，源于波兰的一种舞曲。

我为了你而感到骄傲!

今天是除夕了,想到你在远方用功,努力,我心里说不尽的欢喜。别了孩子,我在心里拥抱你!

爱你的爸爸
大除夕 二月二日

……

二月九日

亲爱的聪儿:

不知不觉新年差不多过去了。年初一约胡家祖姑母一家来吃中饭,晚上约林医生、毛楚恩他们来吃晚饭,聊聊天,可没有打 bridge①。初一那天恩德去李翠贞先生②那里拜年,二人谈得非常投机,大家都把心里的话,坦坦白白讲了出来,甚至时间都忘了,吃饭也忘了,从早上到中午一时一直没有停。下午恩德来……那天恩德真是笑逐颜开,对李先生佩服得五体投地,李先生非常喜欢她,将来要讨教她,大概没有问题的了。李先生说:"我与傅先生没有谈过几次,怎么他这样能了解我呢?"她也佩服你爸爸的有学问、有修养,怪复生③怎么不介绍给她这样的朋友。年底送了一部《约翰·克利斯朵夫》给她,年初一起她已在阅读了。最近她身体不大好,所以没有去看她。初二初三没有什么客人来,初四请牛伯母一家来吃中饭,恩德就一直连下去,爸爸教她同阿敏一起念诗,津津有味,这孩子聪明,而且天真的可爱,现在她在我们家里一些也不客气了,很自然,很体贴。她知道我们因

---

① 即桥牌。林医生指林俊卿,是著名的男中音歌唱家。
② 新中国成立后,李翠贞为上海音乐学院教授、钢琴系主任。
③ 即裘复生,傅雷好友之一,新中国成立前曾在上海音专学习钢琴。

为你不在家多少感到寂寞，所以有机会就来，我们也当她女儿一般爱护她。

昨天上午我同你爸爸到呢绒店去买了好些老存货的品质极好、价钱不太贵的裤子料。已叫龙展拿去做了，你的裤子尺寸比你走时做得稍微小了一些，你一定赞成的。波兰送的料子早已收到，除了裤子可以先做，上装非要你亲自穿样子不可，所以只好等你回家时做了。托尚家骧先生带给你cookie（曲奇）① 一听，想来你也收到了，希望你在肚子饿时吃几片，可是千万不可当饭吃。你现在身体也要紧，一定要有规律，不要吃得太苦，营养第一，假使有人来沪你不妨告诉我们，也许需要什么东西的时候，可以托带。

托中国旅行社装运的琴想来已运到，你一定万分快活，好痛快练琴了。昨天爸爸付去了三十八万三千七百元，是上海方面的运费，到了北京后，不知你付去多少？象牙图章一枚，你的迁出证都由旅行社交给你，不知收到了吗？琴运到后不知有否损坏？拆卸时恐怕很费事？是否放在你卧室内？室内有炉子否？俄文已开始，觉得困难否？孩子，你忙，我们常常想你，也原谅你少写信，而且为了你，要你争取休息的时间，就不要多写了，反正我们会常常写信去，等于谈天。维他命B、C不要忘了，牛油面包可以多吃些，第一身体，尤其你是身心并用的，千万千万。

妈妈

二月九日　新年正月初七

---

① 这里指傅雷夫人亲自做的曲奇饼。

二月十日

孩子：

　　七日两信同时收到。北京当地钢琴运费，过几日中旅会派人来收，届时必有图章（此章务必妥存！）及迁出证等交给你。（琴上用的粗麻索——非草绳——望妥存，前有明信片提及。）

　　屋内要些图片，只能拣几张印刷品。北京风沙大，没有玻璃框子，好一些的东西不能挂；

　　黄宾虹的作品，小幅的也有，尽可给你；只是不装框不行。好在你此次留京时期并不太长，马虎一下再说。Chopin（肖邦）肖像是我二十三岁时在巴黎买的，又是浪漫派大画家 Delacroix（德拉克洛瓦）[①]名作的照相；Mozart（莫扎特）那幅是 Paci[②] 的遗物，也是好镌版，都不忍让它们到北京光秃秃的吃灰土，故均不给你。

　　读俄文别太快，太快了记不牢，将来又要从头来过，犯不上。一开始必须从容不迫，位与格均须要记忆，你应付考试般临时强记是没用的。现在读俄文只好求一个大概，勿野心太大；主要仍须加功夫在乐理方面，外文总是到国外去念进步更快。目前贪多务得，实际也不会如何得益，切记切记！望主动向老师说明，至少过二三月方可加快速度。Scriabine（斯克里亚宾）的全集待装订后寄你，Cortot（柯尔托）的 *Piano Technic*（《钢琴技巧》）亦然。我当尽力催他们快快装好。

　　上海这两天忽然奇暖，东南风加沙土，很像昆明的春天。阿敏和恩德一起跟我念诗，敏说你常常背"朝回日日典春衣，每日江头尽醉

[①] 德拉克洛瓦 Delacroix，1798—1863，19 世纪上半叶法国著名浪漫主义画家。

[②] 即梅百器 Mario Paci，1878—1946，意大利钢琴家、指挥家，前上海交响乐队创办人兼指挥。傅聪九岁半开始，曾在他门下学琴三年。

归"二句，现在他也背得了。我正在预备一样小小的礼物，将来给你带出国的，预料你一定很喜欢。再过一星期是你妈妈的生日，再过一个月是你生日，想到此不由得悲喜交集。

Hindemith（欣德米特）[①] 的乐理明日即寄出，窗帘、桌布、琴盖布，都将由妈妈准备齐全，日内即寄。我们一定设法不要你上邮局拿就是了。

韦贤彰见面时代我道贺。张宁和处代我致意。匆匆即问近好！

爸爸
二月十日

妈妈昨天有信，想可先到。

提到罗忠镕君[②]的作品，使我很兴奋；你不妨多打打气，也许他会更努力进取。

为了争取睡眠时间，希望尽量逼逼自己，把刷牙及大便时间减少。早上起来有没有参加早操？若然，甚望将我们的基本姿势带进去。[③]

这几日开始看服尔德[④]的作品，他的故事性不强，全靠文章内若有若无的讽喻。我看了真是栗栗危惧，觉得没能力表达出来。那种风格最好要必姨、钱伯母[⑤]那一套。我的文字太死板，太"实"，不够俏皮，不够轻灵。

La fille aux cheveux de lin（《金发女郎》）录音太扬，比上海录的更坏。周广仁替高芝兰弹的伴奏，琴声亦然，难听死了。比较之下，德国文化团贝多芬音乐会的录音成绩比较好，琴声逼真一些。恐怕

---

① 欣德米特 Hindemith，1895—1963，德国音乐家。
② 罗忠镕，我国著名作曲家、音乐理论家。
③ 傅雷在家天天练太极拳的几个基本姿势。
④ 服尔德 Voltaire，1694—1778，今译为伏尔泰，法国启蒙思想家、作家、哲学家。
⑤ 必姨即杨必，名著《名利场》的译者。钱伯母即钱锺书夫人杨绛，杨必之姐。

hall（演奏厅）很有关系。德国文化团的是在"兰心"录的，你的是在中西女中录的；而北京电台的录音室想来设备及 acoustic（音响）也不会高明吧？放 Brahms（勃拉姆斯）① 那天，俞先生在，他听了很满意，说："这虽不是 his best（他最好的），但 music（音乐）都在。"总的印象，你的录音（除了琴声不顺耳以外）比台上演奏更令人满意。这大概是我们听的人在家里反而更集中领会的缘故。——德国文化团回北京没有？离华没有？

不穿的西装仍放在衣箱内，免吃灰。

二月十九日

孩子：

奇怪得很，你的明信片署的日期是二月十一日，北京邮戳是二月十六日，相差五天，不知是何缘故！我们昨晚（十八日）接到了信，今晨妈妈亲自去找李维闇②，他病在家里，问过他，说是大概分四（十三、十四、十五、十六，四个号数），现在每给你配两根，就是说，以后你每断二次，还有办法。你不妨问问替你换弦的人，哪一（十三、十四、十五、十六）最容易断，你自己也知道哪几根线容易出毛病，可问明属于哪一号的。写信来告诉我们，有便再替你捎去。倘底下的粗弦断了，那么新的粗弦必须寄回上海，要利瓦伊门替你绕过。这种手续在北京恐怕更没人作。paraffin oil（石蜡油）③ 一整瓶。平时少用些力气，靠搽油补救也不是办法。寄的四个小包裹，一包画片、三本 Debussy（德彪西）、一本 Cortot（柯尔托）、一本 Scriabine（斯克里亚

---

① 勃拉姆斯 Johannes Brahms，1833—1897，德国钢琴家、作曲家。
② 李维闇，当年上海著名调琴师。
③ 傅聪每天苦练钢琴，石蜡油用于缓解手指开裂。

宾），是否都收到？包皮纸倘非破烂不堪，还是收起来，备以后寄回时用。托尚君带的小点心，想必收到？中旅社问你收过账没有？图章及迁出证送给你没有？来信都望一一告知。近来身体怎样？倘觉干燥，据林伯伯说，只有多喝开水。睡眠务须充足，一切总以身体为重，这是最基本的本钱！又托巫漪丽带上维他命B、C各一瓶，日常要吃，别忘了。Bronstein（勃隆斯丹）夫人的信可即寄回来。

匆匆祝好！

爸爸
二月十九日

……

注意：钢丝上有小条子，标明号数，切勿丢掉，否则以后不易分清。钢丝弹性很足，有弹伤眼睛身手的危险。你自己千万不可随便拉开，一定要让动手做的人收场，而且每次换的时候，号数布条就要缚上去，否则要弄糊涂的。望你牢记在心上，千万千万！

二月二十二日

亲爱的聪：

接到你的信是我们最愉快的一件事。知道你工作忙，信写得少，我们原谅你，决不怪怨你的。托巫漪丽带的钢丝和药品，今天她到京，你该收到了。来信没有提起钢丝的问题，想来目前不管好坏都已配上了，否则会影响你练琴。

北大的音乐会成绩一定好，那边的琴还好应付么？节目单有没有寄来？看到了节目单，我们可以作为亲听到你的演奏一样，多少快慰。

二十日下午六时至八时，二十一日上午十时至十二时，这里人民电台广播你弹的Bach（巴赫），Beethoven（贝多芬），Brahms（勃拉姆斯），Scriabine（斯克里亚宾），Chopin（肖邦），就少了一个 Schumann（舒曼），我们听了好像你在家里一样。只要有广播你弹的东西，我们决不错过，孩子，我们抱着愉快的心情，陶醉在音乐里了，感到多少温暖，似乎仍跟你在一起。

我生日①那天，雷伯伯夫妇，天舅及天舅母，张阿姨，恩德也来了，总算还热闹，就少了你，有些美中不足。婆婆②也来过，吃了午饭，给了她一些钱，几张照片，她很快活。

今年你十足二十岁，我们二人商量了好久，不知你喜欢什么，该送些什么东西给你留念；暂且买了一支 Eversharp 的钢笔，是金套的，怕你不喜欢；不知你现在需要么？我们可以托朋友带给你。否则等你出国时拿去，随便你好了，希望来信告诉我们。

来信说窗帘小了一些，你要清楚告诉我们，是不够宽，还是不够长，如果不够宽，那很简单，只要再配一条上去，就好了。如果长不够，宽正好，那么再做，换下来你可作另外的用场。棕色的那条布，我是预备你做床罩的，把旧的一块罩琴好了。你在京快一个月了，床上的被单褥单枕套都该换干净的了，只要查账，好像放在中型手提箱的底上，拿出来换一下吧。孩子，需要什么，尽管写信来，只要办得到，我是乐意为你忙的，上次你来信要窗帘等等，爸爸看见我那么起劲，他说："现在梅馥又精神十足了，为了儿子，什么都不怕烦了。"你看多有意思！其实爸爸对你，也跟我一样，为你忙这样，忙那样，比我仔细周到得多，大家彼此彼此……拉七杂八都是些琐碎事儿，你要嫌烦么？不多谈了，祝你进步！

你的妈妈
二月二十二日

---

① 傅雷夫人朱梅馥的生日为农历正月十五，即元宵节。

② 傅雷的乳母。

二月二十四日

亲爱的聪：

你的信今天终于收到了，很快慰。你走后，我们心里的矛盾真是无法形容，当然为你的前途，我们应该庆幸，你有那么好的机会，再幸运也没有了；可是一想到那么长的别离，总有些不舒服，但愿你努力学习，保重身体，我相信你决不会辜负国家对你的企望，我们的一番苦心。你在国外，千万多写些家信，把什么都告诉我们，不论琐碎的重大的，我们都乐意知道，有机会拍了照片，也不时寄来。你的信我们看得多宝贵，我们虽然分离了，可是心永久在一起，这是你给我们的唯一的安慰。

在京洗的衣服成绩怎么样？希望你慢慢的仔仔细细整理东西，妈妈不能代你理东西，真是件遗憾的事。今天冒雨为你添印了一打派司照片①，现在附上，希望你收到后就放在黑包内，以备将来派用场。维他命 B 一定要吃，以后生活一定要有规律，你现在懂事了，我也不再操心了。不过空下来老念着你，很高兴会常常梦见你，孩子，妈妈多疼你，只愿你多多来信，我们才感谢不尽呢！不多谈了，要说的话，爸爸已写了许多，望你多多保重！祝快乐！

　　　　　　　　　　　　　　　　　　　　　　妈妈
　　　　　　　　　　　　　　　　　　　　　二月二十四日

那件短袖白衬衫，确在家里，今天整理东西时拣出来了，只好留给阿敏穿了，原谅妈妈的糊涂！

---

① 派司为英文 pass 的音译，派司照片即证件照。

三月五日夜

聪：

  我也好久不写信给你了，因为老等你音乐会的消息，预备你来了信再复。今日收到节目单等，因过超重，欠资一千六百元，以后遇此等情形可先多贴一倍邮票。

  音乐会成绩未能完全满意，还是因为根基问题。将来多多修养，把技术克服，再把精神训练得容易集中，一定可大为改善。钱伯伯前几天来信，因我向他提过，故说"届时当作牛听贤郎妙奏"，其实那时你已弹过了，可见他根本没知道。且钱伯母最近病了一星期，恐校内消息更隔膜。

  中旅社不知要付多少钱，倘因这意外开支和公债等等，钱不够用，望即来信，不能因之而在伙食上节省！千万千万！

  我仍照样的忙，正课未开场，旧译方在校对，而且打杂的事也多得很。林伯伯论歌唱的书稿，上半年一定要替他收场，现在每周要为他花费四五小时。柯灵先生①写了一个电影剧本又要我提意见。

  近日上海春寒甚厉，出去打一个电话，手即痉挛，作此书时亦是手指半僵。

  提早出国是人家提的，我绝无意见。从此音乐会可以少一些了吧？乐理宜及早开始学习！等周广仁回来后，千万讨一张你与她在肖邦故居的照相底片寄来借印。勿忘为要。匆匆，望诸事珍重！

爸爸
三月五日夜

---

① 柯灵，系傅雷夫妇好友，著名作家，原名高季琳。

三月二十四日上午

亲爱的孩子：

　　这一回你隔了差不多二十天才有信来，因为我一直闹病，很担心你也病了。我从三月十二日起好好歹歹一连发烧发了三四次，而且每次热度都很高。上回热度退后有过一封信给你。不料二十二日下午又来了高热度，林伯伯听了肺，说是气管炎。幸而隔了一天半就退净，只是身体屡经打击，一时恢复不过来。

　　在公共团体中，赶任务而妨碍正常学习是免不了的，这一点我早料到。一切只有你自己用坚定的意志和立场，向领导婉转而有力的去争取。否则出国的准备又能做到多少呢？特别是乐理方面，我一直放心不下。从今以后，处处都要靠你个人的毅力、信念与意志——实践的意志。我不再和你说教条式的话，去年那三封长信把我所想的话都说尽了；你也已经长大成人，用不着我一再叮嘱。但若你缺少勇气的时候，尽管来信告诉我，我可以替你打气。倘若你心绪不好，也老老实实和我谈谈，我可以安慰安慰你，代你解决一些或大或小的烦恼。关于某某的事，你早已跟我表明态度，相信你一定会实际做到。你年事尚少，出国在即；眼光、嗜好、趣味，都还要经过许多变化；即使一切条件都极美满，也不能担保你最近三四年中，双方的观点不会改变，从而也没法保证双方的感情不变。最好能让时间来考验。我二十岁出国，出国前后和你妈妈已经订婚，但出国四年中间，对她的看法三番四次的改变，动摇得很厉害。这个实在的例子很可以作你的参考，使你做事可以比我谨慎，少些痛苦——尤其为了你的学习，你的艺术前途！

　　另外一点我可以告诉你：就是我一生任何时期，闹恋爱最热烈的时候，也没有忘却对学问的忠诚。学问第一，艺术第一，真理第一，爱情第二，这是我至此为止没有变过的原则。你的情形与我不同：少年得志，更要想到"盛名之下，其实难副"，更要战战兢兢，不负国人对你的期望。你对政府的感激，只有用行动来表现才算是真正的感激！我想你心目中的上帝一定也是 Bach（巴赫）、Beethoven（贝多芬）、Chopin（肖邦）等等第一，爱人第二。既然如此，你目前所能支配的精力与时间，只能贡献给你第一个偶像，还轮不到第二个神明。你说是不是？可惜你没有早学好写作的技术，否则过剩的感情就可用写作（乐曲）来发泄，一个艺术家必须能把自己的感情"升华"，才能于人有益。我绝不是看了来信，夸张你的苦闷，因而着急；但我知道你多少是有苦闷的，我随便和你谈谈，也许能帮助你廓清一些心情。

……

前信问你要不要再版的《嘉尔曼》送朋友，望来信告知。外边阳光甚好，完全是春天的气息了，可惜我还不能出门去散散步，迎接新到的春光。一切珍重，定下心神学习吧，我祝福你，亲爱的孩子，希望你比我少些烦恼，多些幸福，多有成就给人家幸福！

爸爸
三月二十四日上午十一时
（又是第一天起床！）

前天妈把阿敏枕下的信寄给你，敏知道了大不高兴，说他还没写好，怎么可以寄给你呢？

三月二十九日

孩子：

接二十五日信，知道你也在伤风咳嗽，不知看过团里的医生没有？带去的伤风药粉宜每三小时服一次（我病中即如此），吃到完全好为止。咳嗽非看医生不可，切勿大意，否则翻来覆去，缠绕不休，最后会变成别的"并发症"，如肺炎等等。楼上婆婆最近即是一例。

我已大致痊愈，勿念。就是身体还很弱，室内空气及温度略有变化就会再咳嗽。

Dvorak（德沃夏克）①谱一共只两本，都寄给你。能争取不参加，全力对付正规学习，自是最好。

感情问题能自己想通，我们听了都很安慰。你还该想到，目前你一切都已"如愿以偿"，全中国学音乐的青年，没有一个人有你那么好的条件。你冬天回沪前所担心的事都迎刃而解，顺利出乎你的意料之外。你也该满足了。满足以后更当在别方面多多克制。<u>人生没有一桩幸福不要付代价的。东边占了便宜，西边就得吃亏些。何况如我前信所云，这也不是吃亏的事。而是"明哲"的举动。</u>好孩子，安心用功吧，保重身体，医生非"常看"不可，吃药不能有一顿没一顿。再见了，孩子！

《当代文艺》的法文本，我都没有，请代转致张宁和兄，《怎么办》恐怕国际书店能代定。

爸爸
三月二十九

四月七日

聪儿：

记得我从十三岁到十五岁，念过三年法文；老师教的方法既有问题，我也念得很不用功，成绩很糟（十分之九已忘了）。从十六岁到二十岁在大同改念英文，也没念好，只是比法文成绩好一些。二十岁出

---

① 德沃夏克Dvorak，1841—1904，19世纪捷克最伟大的作曲家之一。

国时，对法文的知识只会比你的现在的俄文程度差。到了法国，半年之间，请私人教师与房东太太双管齐下补习法文，教师管读本与文法，房东太太管会话与发音，整天的改正，不用上课方式，而是随时在谈话中纠正。半年以后，我在法国的知识分子家庭中过生活，已经一切无问题。十个月以后开始能听几门不太难的功课。可见国外学语文，以随时随地应用的关系，比国内的进度不啻一与五六倍之比。这一点你在莫斯科遇到李德伦时也听他谈过。我特意跟你提，为的是要你别把俄文学习弄成"突击式"。一个半月之间念完文法，这是强记，决不能消化，而且过了一响大半会忘了的。我认为目前主要是抓住俄文的要点，学得慢一些，但所学的必须牢记，这样才能基础扎实。贪多务得是没用的，反而影响钢琴业务，甚至使你身心困顿，一空下来即昏昏欲睡。这问题希望你自己细细想一想，想通了，就得下决心更改方法，与俄文老师细细商量。一切学问没有速成的，尤其是语言。倘若你目前停止上新课，把已学的从头温一遍，我敢断言，你会发觉有许多已经完全忘了。

你出国去所遭遇的最大困难，大概和我二十六年前的情形差不多，就是对所在国的语言程度太浅。过去我再三再四强调你在京赶学理论，便是为了这个缘故。倘若你对理论有了一个基本概念，那么日后在国外念的时候，不至于语言的困难加上乐理的困难，使你对乐理格外觉得难学。换句话说：理论上先略有门径之后，在国外念起来可以比较方便些。可是你自始至终没有和我提过在京学习理论的情形，连是否已开始亦未提过。我只知道你初到时因罗君①患病而搁置，以后如何，虽经我屡次在信中问你，你也没复过一个字。——现在我再和你说一遍：我的意思最好把俄文学习的时间分出一部分，移作学习乐理之用。

提早出国，我很赞成。你以前觉得俄文程度太差，应多多准备后

---

① 即罗忠镕，我国著名作曲家，时年30岁。

再走。其实像你这样学俄文，即使用最大的努力，再学一年也未必能说准备充分——除非你在北京不与中国人来往，而整天生活在俄国人堆里。——但领导方面究竟如何决定，最好请周广仁或别的比较能参与机密的朋友时时探听，让我们早些知道，早些准备。

恩德那里无论如何忙也得写封信去。自己责备自己而没有行动表现，我是最不赞成的。这是做人的基本作风，不仅对某人某事而已，我以前常和你说的，只有事实才能证明你的心意，只有行动才能表明你的心迹。待朋友不能如此马虎。生性并非"薄情"的人，在行动上做得跟"薄情"一样，是最冤枉的，犯不着的。正如一个并不调皮的人要调皮而结果反吃亏，一个道理。

德伏夏克谱二册收到没有？尽管忙，写信时也得提一提"来信及谱二册均已收到"，不能光提"来信都收到"。

一切做人的道理，你心里无不明白，吃亏的是没有事实表现；希望你从今以后，一辈子记住这一点。大小事都要对人家有交代！

其次，你对时间的安排，学业的安排，轻重的看法，缓急的分别，还不能有清楚明确的认识与实践。这是我为你最操心的。因为你的生活将来要和我一样的忙，也许更忙。不能充分掌握时间与区别事情的缓急先后，你的一切都会打折扣。所以有关这些方面的问题，不但希望你多听听我的意见，更要自己多想想，想过以后立刻想办法实行，应改的应调整的都应当立刻改，立刻调整，不以任何理由耽搁。

这十多天气候老是阴晴天不定，雨特别多，真是"清明时节雨纷纷，路上行人欲断魂"的景象。我身体迄未复原，失去重心的现象和五二年夏天相仿。

匆匆即问　近好

爸爸
四月七日

……

四月二十一日

孩子：

　　接十七日信，很高兴你又过了一关。人生的苦难，theme（主题）不过是这几个，其余只是 variations（变奏曲）而已。爱情的苦汁早尝，壮年中年时代可以比较冷静。古语说得好，塞翁失马，未始非福。你比一般青年经历人事都更早，所以成熟也早。这一回痛苦的经验，大概又使你灵智的长成进了一步。你对艺术的领会又可深入一步。我祝贺你有跟自己斗争的勇气。一个又一个的筋斗栽过去，只要爬得起来，一定会逐渐攀上高峰，超脱在小我之上。辛酸的眼泪是培养你心灵的酒浆。不经历尖锐的痛苦的人，不会有深厚博大的同情心。所以孩子，我很高兴你这种蜕变的过程，但愿你将来比我对人生有更深切的了解，对人类有更热烈的爱，对艺术有更诚挚的信心！孩子，我相信你一定不会辜负我的期望。

　　……

　　阿敏今日起小考。他春假中上苏州去玩了三天，跟学校团体去的，把黄家姨夫的日本照相机给人偷了，少不得要我赔偿。后小偷抓获，相机也追回。

　　园子东南角上叠了些小假山，种了些松、柏、紫荆、紫藤、枫树等等。你回来恐怕要不认得了。

　　匆匆，祝好！

　　　　　　　　　　　　　　　　　　　　　　爸爸
　　　　　　　　　　　　　　　　　　　　　　四月二十一日

妈妈常在牵挂你！

六月二十四日下午

亲爱的孩子：

　　终于你的信到了！联络局没早告诉你出国的时期，固然可惜，但你迟早要离开我们，大家感情上也迟早要受一番考验；送君十里终须一别，人生不是都要靠隐忍来撑过去吗？你初到的那天，我心里很想要你二十以后再走，但始终守法和未雨绸缪的脾气把我的念头压下去了，在此等待期间，你应当把所有留京的琴谱整理一个彻底，用英文写两份目录，一份寄家里来存查。这种工作也可以帮助你消磨时间，省却烦恼。孩子，你此去前程远大，这几天更应当仔仔细细把过去种种作一个总结，未来种种作一个安排；在心理上精神上多作准备，多多锻炼意志，预备忍受四五年中的寂寞和感情的波动。这才是你目前应做的事。孩子，别烦恼。我前信把心里的话和你说了，精神上如释重负。一个人发泄是要求心理健康，不是使自己越来越苦闷。多听听贝多芬的第五，多念念克利斯朵夫里几段艰苦的事迹（第一册末了，第四册第九卷末了），可以增加你的勇气，使你更镇静。好孩子，安安静静的准备出国罢。一切零星小事都要想周到，别怕天热，贪懒，一切事情都要做得妥帖。行前必须把带去的衣服什物记在"小手册"上，把留京及寄沪的东西写一清账。想念我们的时候，看看照相簿。为什么写信如此简单呢？要是我，一定把到京时罗君来接及到团以后的情形描写一番，即使借此练练文字也是好的。

　　近来你很多地方像你妈妈，使我很高兴。但是办事认真一点，却望你像我。最要紧，不能怕烦！

爸爸
二十四日下午

七月十五日

亲爱的聪儿：

你临走前七日发的信，到十日下午才收到，那几天我们左等右等老不见你来信，焦急万分，究竟怎么回事？走了没有？终于信来了，一块石头落了地。原来你是一个人走的，旅途的寂寞，这种滋味我也想像得出来。到了苏联、波兰，是否都有人来接你，我们只有等你的消息了。

关于你感情的事，我看了后感到无限惶惑不安。对这个问题我总觉得你太冲动，不够沉着。这次发生的，有些出乎人情之常，虽然这也是对你多一次教训，但是你应该深深的自己检讨一番，对自己应该加以严厉的责备。我也不愿对你多所埋怨，不过我觉得你有些滥用感情，太不自爱了，这是不必要的痛苦……得到这次教训后，千万要提高警惕，不能重蹈覆辙。你的感情太多了，对你终身是个累。所以你要大彻大悟，交朋友的时候，一定要事先考虑周详，而且也不能五分钟热度，凭一时冲动，冒冒失失的做了。我有句话，久已在心里嘀咕：我觉得你的爱情不专，一个接着一个，在你现在的年龄上，不算少了。我是一个女子，对这方面很了解女人的心理，要是碰到你这样善变，见了真有些寒心。你这次出国数年，除了努力学习以外，再也不要出乱子，这事出入重大，除了你，对爸爸的前途也有影响的。望你把全部精力放在研究学问上，多用理智，少用感情，当然，那是要靠你坚强的信心，克制一切的烦恼，不是件容易的事，但是非克服不可。对于你的感情问题，我向来不参加任何意见，觉得你各方面都在进步，你是聪明人，自会觉悟的。我既是你妈妈，我们是休戚相关的骨肉，不得不唠叨几句，加以规劝。

回想我跟你爸爸结婚以来，二十余年感情始终如一，我十四岁上，你爸爸就爱上了我（他跟你一样早熟），十五岁就订婚，当年冬天爸爸就出国了。在他出国的四年中，虽然不免也有波动，可是他主意老，觉悟得快，所以回国后就结婚。婚后因为他脾气急躁，大大小小的折磨总是难免的，不过我们感情还是那么融洽，那么牢固，到现在年龄大了，火气也退了，爸爸对我更体贴了，更爱护我了。我虽不智，天性懦弱，可是靠了我的耐性，对他无形中或大或小多少有些帮助，这是我觉得可以骄傲的，可以安慰的。我们现在真是终身伴侣，缺一不可的。现在你也长大成人，父母对儿女的终身问题，也常在心中牵挂，不过你年纪还轻，不要操之过急。以你这些才具，将来不难找到一个满意的对象。好了，唠唠叨叨写得太多，你要头痛了。

　　今天接到你发自满洲里的信，真是意想不到的快，高兴极了！等到你接到我们的信时，你早已一切安顿妥当。望你将经过情形详细告诉我们，你的消息对我们永远是新鲜的。爸爸的书房墙壁做好了，可是要等干透，方可迁入。现在爸爸在三楼工作，很安静，新译的书于八月中可以脱稿。阿敏放假了，为了学习问题，有些闹情绪，精神影响身体，这几天很没劲。关于他的问题，爸爸会跟你谈的。

　　孩子，好好保重身体，多写信就是多给我们些安慰！祝

　　快乐

你的妈妈
七月十五日

七月二十七日深夜/二十八日午夜

聪：

　　莫斯科的信昨天收到。我们寄波兰的航空信，不知一共要多少日子，下次来信望提一提。近来我忙得不可开交，又恢复了十小时以上的工作。这封信预算也要分几次写成。晚上睡觉不好，十二点多上床，

总要一小时以后才入睡。原因是临睡前用脑过度,一时停不下来。

你车上的信写得很有趣,可见只要有实情、实事,不会写不好信。你说到李、杜的分别,的确如此。写实正如其他的宗派一样,有长处也有短处。短处就是雕琢太甚,缺少天然和灵动的韵致。但杜也有极浑成的诗,例如"风急天高猿啸哀,渚清沙白鸟飞回,无边落木萧萧下,不尽长江滚滚来……"那首胸襟意境都与李白相仿佛。还有《梦李白》《天末怀李白》几首,也是缠绵悱恻,至情至性,非常动人的。但比起苏、李的离别诗来,似乎还缺少一些浑厚古朴。这是时代使然,无法可想的。汉魏人的胸怀比较更近原始,味道浓,苍茫一片,千古之下,犹令人缅想不已。杜甫有许多田园诗,虽然受渊明影响,但比较之下,似乎也"隔"(王国维语)了一层。回过来说:写实可学,浪漫底克不可学;故杜可学,李不可学;国人谈诗的尊杜的多于尊李的,也是这个缘故。而且究竟像太白那样的天纵之才不多,共鸣的人也少。所谓曲高和寡也。同时,积雪的高峰也令人有"琼楼玉宇,高处不胜寒"之感,平常人也不敢随便瞻仰。

词人中苏、辛确是宋代两大家,也是我最喜欢的。苏的词颇有些咏田园的,那就比杜的田园诗洒脱自然了。此外,欧阳永叔的温厚蕴藉也极可喜,五代的冯延巳也极多佳句,但因人品关系,我不免对他有些成见。

到波兰后想必已见到 Eva(埃娃),我们的信究竟收到没有?倘没有,我这次交给你的信稿有没有给她看过?下次信中望一一告我。

你现在住哪里?食宿是否受招待?零用钱是怎样的?将来倘住定一处,讲定多少钱一个月包定伙食,那么有一点需要注意(也是我从前的经验),就是事先可以协商,倘隔天通知下一天少吃一顿或两顿(早餐当然不算),房东可以不准备饭菜,因此可少算一顿或两顿饭钱。预料你将来不时有人请吃饭,请吃饭也得送些小礼,便是半打花也行,那就得花钱;把平时包饭地方少算的饭钱移作此用,恰好 cover(替代）。否则很容易闹亏空。尤其你现在的情形，无处在经济上讨救兵，故我特别要嘱咐你。

我第一信中所提的事，希望和我详细谈谈。在外倘有任何精神苦闷，也切勿隐瞒，别怕受埋怨。一个人有个大二十几岁的人代出主意，决不会坏事。你务必信任我，也不要怕我说话太严，我平时对老朋友讲话也无顾忌，那是你素知的。并且有些心理波动或是郁闷，写了出来等于有了发泄，自己可痛快些，或许还可免做许多傻事。孩子，我真恨不得天天在你旁边，做个监护的好天使，随时勉励你，安慰你，劝告你，帮你铺平将来的路，准备将来的学业和人格……

七月二十七日深夜

上星期我替恩德讲《长恨歌》与《琵琶行》，觉得大有妙处。白居易对音节与情绪的关系悟得很深。凡是转到伤感的地方，必定改用仄声韵。《琵琶行》中"大弦嘈嘈""小弦切切"一段，好比 staccato（断音，断奏），像琵琶的声音极切；而"此时无声胜有声"的几句，等于一个长的 pause（暂停，间歇）；"银瓶……水浆迸"两句，又是突然的 attack（明确起音），声势雄壮。至于《长恨歌》，那气息的超脱，写情的不落凡俗，处处不脱帝皇的 nobleness（高贵），更是千古奇笔。看的时候可以有几种不同的方法：一是分出段落看叙事的起伏转折；二是看情绪的忽悲忽喜，忽而沉潜，忽而飘逸；三是体会全诗音节与韵的变化。再从总的方面看，把悲剧送到仙界上去，更显得那段罗曼史的奇丽清新，而仍富于人间味（如太真对道士说的一番话）。还有白居易写动作的手腕也是了不起："侍儿扶起娇无力"，"君王掩面救不得"，"九华帐里梦魂惊"几段，都是何等生动！"九重城阙烟尘生，千乘万骑西南行。"写帝王逃难自有帝王气概。"翠华摇摇行复止。"又是多鲜明的图画！最后还有一点妙处：全诗写得如此婉转细腻，却仍不失其雍容华贵，没有半点纤巧之病（细腻与纤巧大不同）！明明是悲剧，而写得不过分的哭哭啼啼，多么中庸有度，这是浪漫底克兼有古典美的绝妙典型。

时间已经很晚，为让你早收到起见，明天先寄此信。我们都引颈而望，只等着你详尽的报告！尤其关于学琴的问题，写得越多越好。

再见了，孩子，一切珍重！

爸爸

七月二十八日午夜

……

七月二十九日

亲爱的聪：

上星期六（七月二十四日）爸爸说三天之内应该有聪的信，果然，他的预感一点儿也不错，二十六日收到你在车中写的，莫斯科发的，由张宁和转寄的信，我们多高兴！你的信，字迹虽是草率，可是写得太好了，我们大为欣赏，一个人孤独了，思想集中，所发的感想都是真情实意。你所赏识的李太白、白居易、苏东坡、辛稼轩等各大诗人也是我们所喜欢，一切都有同感，亦是一乐也。等到你有什么苦闷、寂寞的时候，多多接触我们祖国的伟大诗人，可以为你遣兴解忧，给你温暖……阿敏的琴也脱胶了，正在修理。这一星期来，他又恢复正常，他也有自知之明，并不固执了，因为我们同他讲欣赏与学习是两件事。他是平均发展的，把中学放弃了，未免可惜，我们赞成他提琴不要放弃，中学也不要放弃，陈又新的看法亦然如此。现在他似乎想通了，不闹情绪了，每天拉琴四小时，余下时间看克利斯朵夫，还有听音乐，偶尔出去看看电影。这次波兰电影周，《肖邦的青年时代》他陪我去看了，有些不过瘾，编剧有问题，光线太阴暗，还不是理想的。修理的房子还没有干透，爸爸还在三楼工作，他对工作的有规律，你是深知的。服尔德的作品译了三分之二，每天总得十小时以上，预计九月可出版。近来工作紧张了，晚上不容易睡好，我叫他少做些，他总是非把每天规定的做完不可，性格如此，也没办法。一空下来，他还要为你千思百虑的操心，替你想这样想那样，因为他是出过国的，要把过去的经验尽量告诉你，可以减少许多不必要的周折。他又是样样想得周到，有许多宝贵的意见，他得告诉你，指导你，提醒你。孩子，千万别把爸爸的话当耳边风，一定要牢牢记住，而且要经过一番思索，我们的信可以收起来，一个人孤寂的时候，可以不时翻翻。我们做父母的人，为了儿女，不怕艰难，不辞劳苦，只要为你们好，能够有助于你们的，我们总尽量的给。希望你也能多告诉我们。你的忧，你的乐，就是我们的，让我们永远联结在一起。我们虽然年纪会老，可是不甘落后，永远也想追随在你们后面。

唱片的 card（卡片），我已全部做好，以作曲家为主，什么作品，谁的指挥，什么乐队，谁的独奏，都写得清清楚楚，而且放在哪个柜子，哪一格内，第几号，都写在唱片袋上，所以要找方便，要归还也方便。一共有五百多张唱片，也不算少了。等到书房搬好，爸爸还要我做书的卡片，好像图书馆一样，你看我忙么？反正我喜欢工作，没有事反觉无聊。每天一上午我要帮着做杂务，到下午才有时间分配给爸爸，晚上是我最舒服的时间，透一口气，可以静下来看看书了。

胡家表叔三十日起要轮训四个月，家里只有祖姑母一人，她老人家就是太繁琐了些，她有时来了，我总得陪陪她，看她年老孤独，也够可怜。上星期日（二十五日）柯子歧、汪酉三、汪容生，还有你的学生李明云，来看我们，我请他们吃冰淇淋，容生考进了音乐学院，酉三仍旧休学一年，柯子歧高中毕业了也不考大学，现在跟夏国琼学琴，可怜他眼高手低，相当苦闷。想来想去还是你最幸运的了，机会太好了，所以要抓紧时间，不能随随便便，人家对你的估价愈高，你的努力愈要加强。我们对你讲了许多，望你多看重些，多给我们写信，那是我们最急切而热望的。再有一件要紧事，要你现在起注意的，你现在要开始学习理财了，每个月的用途，一定要有个预算，这是给你实际的训练，钱不能用过头，要积蓄一些，以防不时之需，而且在国外，不像在国内，闹亏空还不要紧，而是丢脸的。希望你能把你的收入、开支，也告诉我们，也许我们可以有些补充的意见。不多谈了，过几天再写。祝

　　好

你的妈妈
七月二十九日

八月十一日午前

好孩子：

　　八月一日的信收到了，今天是十一日，就是说一共只有十天功夫。

　　……

　　你的生活我想像得出，好比一九二九年我在瑞士。但你更幸运，有良师益友为伴，有你的音乐做你崇拜的对象。我二十一岁在瑞士正患着青春期的、浪漫底克的忧郁病：悲观、厌世、徬徨、烦闷、无聊：我在《贝多芬传》译序中说的就是指那个时期。孩子，你比我成熟多了，所有青春期的苦闷，都提前几年，早在国内度过；所以你现在更能够定下心神，发愤为学；不至于像我当年蹉跎岁月，到如今后悔无及。

　　你的弹琴成绩，叫我们非常高兴。对自己父母，不用怕"自吹自捧"的嫌疑，只要同时分析一下弱点，把别人没说出而自己感觉到的短处也一起告诉我们。把人家的赞美报告我们，是你对我们最大的安慰；但同时必须深深的检讨自己的缺陷。这样，你写的信就不会显得过火；而且这种自我批判的功夫也好比一面镜子，对你有很大帮助。

把自己的思想写下来（不管在信中或是用别的方式），比着光在脑中空想是大不同的。写下来需要正确精密的思想，所以写在纸上的自我检讨，格外深刻，对自己也印象深刻。你觉得我这段话对不对？

我对你这次来信还有一个很深的感想。便是你的感觉性极强、极快。这是你的特长，也是你的缺点。你去年一到波兰，弹 Chopin（肖邦）的 style（风格）立刻变了；回国后却保持不住；这一回一到波兰又变了。这证明你的感受力极快。但是天下事有利必有弊，有长必有短，往往感受快的，不能沉浸得深，不能保持得久。去年时期短促，固然不足为定论。但你至少得承认，你的不容易"牢固执著"是事实。我现在特别提醒你，希望你时时警惕，对于你新感受的东西不要让它浮在感受的表面，而要仔细分析，究竟新感受的东西和你原来的观念、情绪、表达方式有何不同。这是需要冷静而强有力的智力，才能分析清楚的。希望你常常用这个步骤来"巩固"你很快得来的新东西（不管是技术是表达）。长此做去，不但你的演奏风格可以趋于稳定、成熟（当然所谓稳定不是刻板化、公式化）；而且你一般的智力也可大大提高，受到锻炼。孩子，记住这些！深深的记住！还要实地做去！这些话我相信只有我能告诉你。

还要补充几句：弹琴不能徒恃 sensation（感觉）、sensibility（情感，敏感性）。那些心理作用太容易变。从这两方面得来的，必要经过理性的整理、归纳，才能深深的化入自己的心灵，成为你个性的一部分，人格的一部分。当然，你在波兰几年住下来，熏陶的结果，多少也（自然而然的）会把握住精华。但倘若你事前有了思想准备，特别在智力方面多下功夫，那么你将来的收获一定更大更丰富，基础也更稳固。再说得明白些：艺术家天生敏感，换一个地方，换一批群众，换一种精神气氛，不知不觉会改变自己的气质与表达方式。但主要的是你心灵中最优秀最特出的部分，从人家那儿学来的精华，都要紧紧抓住，深深的种在自己性格里，无论何时何地这一部分始终不变。这样你才能把独有的特点培养得厚实。

关于这个问题，我想你听了必有所感。不妨跟我多谈谈。

其次，我不得不再提醒你一句：尽量控制你的感情，把它移到艺术中去。你周围美好的天使太多了，我怕你又要把持不住。你别忘了，你自誓要做几年清教徒的，在男女之爱方面要过几年僧侣生活，禁欲生活的！这一点千万要提醒自己！时时刻刻防自己！一切都要醒悟得早，收篷收得早；不要让自己的热情升高之后再去压制，那时痛苦更多，而且收效也少。亲爱的孩子，无论如何你要在这方面听从我的忠告！爸爸妈妈最不放心的不过是这些。

你上课以后，老师如何批评？那时他一定有更切实更具体的指摘，不会光是夸奖了。我们都急于要知道。你对 Chopin（肖邦）的了解，他们认为的长处短处，都望详细报告。technic（技巧）问题也是我最关心的。老师的意见怎样？是否需要从头来起？还是目前只改些小地方，待比赛以后再彻底修改？这些你也不妨请问老师。

……

孩子，你真是个艺术家，从来想不起实际问题的。怎么连食宿的费用，平日的零用等等，一字不提呢？人是多方面的，做父母的特别关心这些，下次别忘了详细报道。乐谱问题怎样解决？在波兰花一大笔钱买了，会不会影响别的用途？

我要工作了，不再多写。远远的希望你保重，因为你这样快乐，用不着再祝你快乐了！

爸爸
八月十一日午前

……

八月十六日

亲爱的聪：

天天想写信，老是忙不过来。房子还没收拾好，天气又热，汗流浃背。爸爸照样在三楼工作，大概到月底能搬下来。

这几天，这里为了防台防汛，各单位各组织都紧张非凡，日夜赶着防御工程，抵抗大潮汛的侵袭。据预测，今年的潮水特别大，有高出黄浦江数尺的可能，为预防起见，故特别忙碌辛苦。长江淮河水患已有数月之久，非常艰苦，为了抢修抢救，不知牺牲了多少生命，同时又保全了多少生命财产。

……

我常常联想起你，你不用参加这件与自然的残酷斗争。幸运的孩子，你在中国可说是史无前例的天之骄子。一个人的机会、享受，是以千千万万人的代价换来的，那是多么宝贵。你得抓住时间，提高警惕，非苦修苦练，不足以报效国家，对得住同胞。看重自己就是看重国家。不要忘记了祖国千万同胞都在自己的岗位上努力，为人类的幸福而努力。尤其要想到目前国内生灵所受的威胁，所作的牺牲。把你个人的烦闷，小小的感情上的苦恼，一齐割舍干净。这也是你爸爸常常和我提到的。我想到爸爸前信要求你在这几年中要过等于僧侣的生活，现在我觉得这句话更重要了。你在万里之外，这样舒服，跟着别人跟不到的老师；学到别人学不到的东西；感受到别人感受不到的气氛；享受到别人享受不到的山水之美，艺术之美，所以在大大小小的地方不能有对不起国家、对不起同胞的事发生。否则，艺术家的慈悲与博爱就等于一句空话了。爸爸一再说你懂得多而表现少，尤其是在人事方面，我也有同感。但我相信你慢慢会有进步的，不会辜负我们的。我又想到国内学艺术的人中间，没有一个人像你这样，从小受了那么多的道德教训。你爸爸花的心血，希望你去完成它；你的成功，应该是你们父子两人合起来的成功。我的感想很多，可怜我不能完全表达出来。

现在离开你们比赛的时期还有六个月，为时不算多，你既要加紧工作，还要学习波兰文，够你忙的了。你居住的地方，可有什么风景片？倘有照相的机会，一定要寄来，我们多想念你，请你把学习经过写得详细些，写回信的时候，再看看我们的信，可有什么遗漏没有回答我们的。

好了，我的手有些酸痛了，希望不久就会收到你的信！祝你努力进步！

你的妈妈
八月十六日

八月十六日晚

孩子：

我忙得很，只能和你谈几桩重要的事。

你素来有两个习惯：一是到别人家里，进了屋子，脱了大衣，却留着丝围巾；二是常常把手插在上衣口袋里，或是裤袋里。这两件都不合西洋的礼貌。围巾必须和大衣一同脱在衣帽间，不穿大衣时，也要除去围巾。手插在上衣袋里比插在裤袋里更无礼貌，切忌切忌！何况还要使衣服走样，你所来往的圈子特别是有教育的圈子，一举一动务须特别留意。对客气的人，或是师长，或是老年人，说话时手要垂直，人要立直。你这种规矩成了习惯，一辈子都有好处。

在饭桌上，两手不拿刀叉时，也要平放在桌面上，不能放在桌下，搁在自己腿上或膝盖上。你只要留心别的有教养的青年就可知道。刀叉尤其不要掉在盘下，叮叮当当的！

出台行礼或谢幕，面部表情要温和，切勿像过去那样太严肃。这与群众情绪大有关系，应及时注意。只要不急，心里放平静些，表情自然会和缓。

　　你的老师有多少年纪了？是哪个音乐学院的教授？过去经历如何？面貌怎样的？不妨告诉我们听听。别忘了爸爸有时也像你们一样，喜欢听故事呢。

　　总而言之，你要学习的不仅仅在音乐，还要在举动、态度、礼貌各方面吸收别人的长处。这些，我在留学的时代是极注意的；否则，我对你们也不会从小就管这管那，在各种 manner（习惯，规矩，礼节）方面跟你们烦了。但望你不要嫌我繁琐，而要想到一切都是要使你更完满、更受人欢喜！

爸爸
八月十六日晚

九月四日

聪，亲爱的孩子：

　　多高兴，收到你波兰第四信和许多照片，邮程只有九日，比以前更快了一天。看照片，你并不胖，是否太用功，睡眠不足？还是室内拍的照，光暗对比之下显得瘦？又是谁替你拍的？在什么地方拍的，怎么室内有两架琴？又有些背后有竞赛会的广告，是怎么回事呢？通常总该在照片反面写印日期、地方，以便他日查考。

　　你的"鬆"字始终写别字，记住：上面是"髟"，下面是"松"，"松"便是"鬆"字的读音，记了这点就不会写错了。要写行书，可以如此写：鬆。高字的草书是高。

　　还有一件要紧的小事情：信封上的字别太大，把整个封面都占满了；两次来信，一封是路名被邮票掩去一部分，一封是我的姓名被贴去一只角。因为信封上实在没有地方可贴邮票了。你看看我给你的信封上的字，就可知道怎样才合式。

你的批评精神越来越强，没有被人捧得"忘其所以"，我真快活！你说的脑与心的话，尤其使我安慰。你有这样的了解，才显出你真正的进步。一到波兰，遇到一个如此严格、冷静、着重小节和分析曲体的老师，真是太幸运了。经过他的锻炼，你除了热情澎湃以外，更有个钢铁般的骨骼，使人觉得又热烈又庄严，又有感情又有理智，给人家的力量更深更强！我祝贺你，孩子，我相信你早晚会走到这条路上：过了几年，你的修养一定能够使你的 brain（理智）与 heart（感情）保持平衡。你的性灵越发掘越深厚、越丰富，你的技巧越磨越细，两样凑在一处，必有更广大的听众与批评家会欣赏你。孩子，我真替你快活。

你此次上台紧张，据我分析，还不在于场面太严肃——去年在罗京比赛不是一样严肃得可怕吗？主要是没先试琴，一上去听见 tone（声音）大，已自吓了一跳；touch（触键）不平均，又吓了一跳；pedal（踏板）不好，再吓了一跳。这三个刺激是你二十日上台紧张的最大原因。你说是不是？所以今后你切须牢记，除非是上台比赛，谁也不能先去摸琴，否则无论在私人家或在同学演奏会中，都得先试试 touch（按键）与 pedal（踏板）。我相信下一回你决不会再 nervous（紧张）的。

大家对你的欣赏，妈妈一边念信一边直淌眼泪。你瞧，孩子，你的成功给我们多大的欢乐！而你的自我批评更使我们喜悦得无可形容。

要是你看我的信，总觉得有教训意味，仿佛父亲老做牧师似的；或者我的一套言论，你从小听得太熟，耳朵起了茧；那么希望你从感情出发，体会我的苦心；同时更要想到：只要是真理，是真切的教训，不管出之于父母或朋友之口，出之于熟人生人，都得接受。别因为是听腻了的,无动于衷,当作耳边风!你别忘了:你从小到现在的家庭背景,不但在中国独一无二,便是在世界上也很少很少。哪个人教育一个年轻的艺术学生,除了艺术以外,再加上这么多的道德的?我完全信任你,我多少年来播的种子,必有一日在你身上开花结果——我指的是一个德艺俱备、人格卓越的艺术家!

你的随和脾气多少得改掉一些。对外国人比较容易,有时不妨直说:我有事,或者:我要写家信。艺术家特别需要冥思默想。老在人堆里(你自己已经心烦了),会缺少反省的机会;思想、感觉、感情也不能好好的整理、归纳。

Krakow(克拉科夫)是一个古城,古色古香的街道,教堂、桥,都是耐人寻味的。清早、黄昏、深夜,在这种地方徘徊必另有一番感触,足以做你诗情画意的材料。我从前住在法国内地一个古城里,叫做Peitier(贝底埃),十三世纪的古城,那种古文化的气息至今不忘,而且常常梦见在那儿踯躅。北欧哥特式(Gothique)建筑,Krakow(克拉科夫)一定不少,也是有特殊风格的。我恨不得飞到你身畔,和你一同赏玩呢!倘有什么风景片(那到处都有卖,很便宜的),不妨写上地名,作明信片寄来。

……

八月十六日到二十五日,北京举行了全国文学翻译工作会议。周扬作总结时说(必姨参加了,讲给我听的):技术一边倒。哪有这话?几曾听说有英国化学法国化学的?只要是先进经验,苏联的要学,别的西欧资本主义国家的也要学。据说这种说法在华东是听不到的。

阿敏已开学,功课之外加上提琴,已忙得不可开交,何来时间学乐理呢?想想他真可怜。他不像你,他童年比你快乐,少年时代却不及你幸运了。现在要补的东西太多了。诗、国文,特别要补。暑中他看了《约翰·克利斯朵夫》,摘下来不懂的phrase(短语,习语)共有几百之多;去夏念《邦斯舅舅》,也是如此。我就在饭后半小时内替他解释，不知解释了多少回才全部解决。一般青年都感到求知欲极旺，根底太差，一下子补又补不起来的苦闷。

这几日因为译完了服尔德，休息几天，身心都很疲倦。夏天工作不比平时，格外容易累人。煦良平日谈翻译极有见解，前天送来万余字精心苦练过的译稿要我看看，哪知一塌糊涂。可见理论与实践距离之大！北京那位苏联戏剧专家老是责备导演们："为什么你们都是理论家，为什么不提提具体问题？"我真有同感。三年前北京《翻译通报》几次要我写文章，我都拒绝了，原因即是空谈理论是没用的，主要是自己动手。

好了，让我歇歇吧，这封信写了两天才写完。我信上的地址倘有错误，望速来信纠正。勃隆斯丹太太那儿，我最近去信，把你的情形报告一番，让她也欢喜欢喜。一切保重！

爸爸
九月四日

十月二日

聪，亲爱的孩子：

收到九月二十二日晚发的第六信，很高兴。我们并没为你前信感到什么烦恼或是不安。我在第八信中还对你预告，这种精神消沉的情形，以后还是会有的。我是过来人，决不至于大惊小怪。你也不必为此担心，更不必硬压在肚里不告诉我们。心中的苦闷不在家信中发泄，又哪里去发泄呢？孩子不向父母诉苦向谁诉呢？我们不来安慰你，又该谁来安慰你呢？<u>人一辈子都在高潮—低潮中浮沉，唯有庸碌的人，生活才如死水一般；或者要有极高的修养，方能廓然无累，真正的解脱。只要高潮不过分使你紧张，低潮不过分使你颓废，就好了。太阳太强烈，会把五谷晒焦；雨水太猛，也会淹死庄稼。</u>我们只求心理相当平衡，不至于受伤而已。你也不是栽了筋斗爬不起来的人。我预料国外这几年，对你整个的人也有很大的帮助。这次来信所说的痛苦，我都理会得；我很同情，我愿意尽量安慰你、鼓励你。克利斯朵夫不是经过多少回这种情形吗？他不是一切艺术家的缩影与结晶吗？慢慢的你会养成另外一种心情对付过去的事：就是能够想到而不再惊心动魄，能够从客观的立场分析前因后果，做将来的借鉴，以免重蹈覆辙。一个人唯有敢于正视现实，正视错误，用理智分析，彻底感悟，终不至于被回忆侵蚀。我相信你逐渐会学会这一套，越来越坚强的。我以前在信中和你提过感情的 ruin（*毁灭，破产*），就是要你把这些事当作心灵的灰烬看，看的时候当然不免感触万端，但不要刻骨铭心的伤害自己，而要像对着古战场一般的存着凭吊的心怀。倘若你认为这些话是对的，对你有些启发作用，那么将来在遇到因回忆而痛苦的时候（那一定免不了会再来的），拿出这封信来重读几遍。

说到音乐的内容，非大家指导见不到高天厚地的话，我也有另外的感触，就是学生本人先要具备条件：心中没有的人，再经名师指点也是枉然的。

……

上海已经秋凉了，你那儿的气候如何？地理书上说波兰是大陆气候，寒暑都有极端。你现在穿些什么衣服？

你练的 *Concerto*（《协奏曲》）是否仍是以前练开头的一支？成绩如何？

不要太紧张，比赛的事不要计较太厉害。"我尽我心"，别的任凭天命。精神松散，效果反而好。祝你快乐

爸爸

十月二日

十月二十二日晨

……

你来信鼓励敏立即停学。我的意思是问题不简单。第一，在家不能单学小提琴，他的语文根底太差。我自己太忙，不能兼顾；要请好教员，大家又忙得要命，再无时间精力出来教课。其他如文史常识也缺乏适当的人教。第二，他自此为止在提琴方面的表现只能说中等；在家专学二三年后是否有发展可能毫无把握。第三，倘要为将来学乐理作准备，则更需要学钢琴，而照我们的学理论的标准，此方面的程度也要和顾圣婴、李名强差不多。此事更难，他年龄已大，目前又有新旧方法两派，既知道了新的，再从旧方法开场，心里有些不乐意。学新方法只有一个夏国琼能教，而这样一个初学的人是否值得去麻烦她呢？敏的看谱能力不强，夜长梦多，对钢琴，更渺茫。第四，截至目前为止，敏根底最好的还是自然科学与数学，至少这是在学校里有系统的训练的；不比语文、文史的教学毫无方法。倘等高中毕业以后再酌量情形决定，则进退自如。倘目前即辍学，假如过了两年，提琴无甚希望，再要回头重读正规学校，困难就多了。我对现在的学校教育当然有很多地方不满，但别无更好的方案可以代替学校教育。你学了二三个月琴，就有显著的特点，所以雷伯伯①也热心，李阿姨②也热心。而且你的时代还能请到好教员补英文国文。敏本身的资质不及你，环境也不及你的好，而且年龄也大了，我不能对他如法炮制。不知你看了我这些分析觉得怎样？

即使我们的目的并不在于训练一个演奏人才，但到乐队去当一个

---

① 雷垣，傅雷的同学。
② 李惠芳，曾教过傅聪钢琴。

普通的小提琴手，也不是容易的事。

爸爸又及

十一月六日午

亲爱的孩子：

一日夜写了（波13）信。二日清晨即接波兰文化代表团来电话，斯曼齐安卡不能说英文、法文，叫另一个会说法文的团员打的，说她要来看我，还有一个副团长，一个作家（即打电话的人）同来，约在下午六至七时，七时后要去"大舞台"听波兰独唱演奏会。因为时间在六七点之间，我就约他们便饭。妈妈立刻出动，预备了五菜一汤，自己烧的，成绩很好。我也预备了礼物，给S.① 的是一幅黄宾虹山水小册页，一只有墨笔山水的小瓷碟，给副团长的是黄宾虹山水小册页，另加一匣荣宝斋仿古信笺。给另一团员的是黄的花卉小册页，荣宝斋山水信笺。他们也带了礼物来：一只木碗，一本画册给我的；一串项链，一只别针（都是玳瑁一类的）送妈妈。

在我家的时间很匆忙，谈不了多少话；只拿些古版书给他们看看，斯曼齐安卡看了你童年的照片，你的琴，略微摸了一下。吃饭时他们说有很多问题要问，可惜没时间；我就约他们在当晚歌唱会后上他们旅馆（锦江）去长谈。

饭后我们五人（客三人，我与你妈妈二人；阿敏另外两张票，与恩德同去），坐了招待会两辆车同去"大舞台"，七点半到九点半完毕，沈枚弹伴奏，弹得一塌糊涂；她在后台见到我，哭丧着脸说："糟透了！糟透了！只有一天工夫准备……"当然这也怪不得她。一共演唱了十八支歌，作家多得很；别说中国，就在国外，也要老资格的伴奏

---

① S.，即波兰著名钢琴家斯曼齐安卡。

才能在一天之内完成。事后招待会传出消息，还说那位女歌唱家在后台大发脾气，沈枚哭了。我想她回家以后一定还要大哭一场呢。

在锦江，直谈到十二点多。先谈京剧、京剧剧本、京剧音乐。他们以为这是中国古已有之的，我不得不把唐以来的音乐与戏剧略说一个梗概，分出古典剧（昆剧）与京剧之不同。他们又问到乐器问题，分不清哪是本土的，哪是外来的。接着又谈到现代音乐的问题，斯曼齐安卡说她听你谈过，大致差不多。后来又谈到上海的生活、舞场等等，问到资产阶级为何销声匿迹，为何上海市面萧条等等。末了，斯曼齐安卡要我们次日陪去买大衣。

三日清晨我们（和妈妈一块）就去锦江陪他们上街，这一天只有斯曼齐安卡和副团长二人，另一位去参观别的地方了。他们买了大衣、衣料。下午四点半后又陪他们逛市街，车子开到黄浦江边，在三马路至北京路之间沿江散步，看江上晚景，谈法国印象派的画。后来请他们到水上饭店吃中国点心，他们从未尝过，吃得津津有味。到六时半送回锦江，作别。他们当晚八点去北站，我们不送车了。陪了他们一天一晚，人也够累了。

他们对我们印象极佳，因为到中国来以后，从未遇到一个人可不用翻译，直接谈天，而且上下古今，无所不谈的。他们老嫌太受拘束，翻译文化水平太低，与教授、作家等等谈话，老是刻板文章、座谈会等等，也觉得枯索无味。宴会上无穷的干杯"站起来——坐下去——站起来——坐下去"（他们说的），太乏味了。能和我们随便走走、看看，无挂无碍，他们才觉得真像朋友，真正尝到了中国的人情味。斯曼齐安卡在江边丢了一枚小钱到水里去，说这是波兰习俗：你愿意再来的地方，就用这个方式发一个愿。她觉得上海是全中国她唯一愿意居住的地方。他们从十月十日左右离开北京，先飞重庆，后飞昆明，又飞广州，再坐火车到杭州，再到上海。前天（三日）坐车去天津，再要上沈阳，再有四个人（斯曼齐安卡、歌唱家、团长、作家）到蒙古去。其余七位团员则一径回波兰。

客人固然大为高兴，招待会却大为紧张。第一，私人送花篮，从来未有；第二，私人请到家去吃饭，也从来未有；第三，客人不要带向导，不要带翻译，更不要保镖，单单坐他们汽车，更是从来未有之事。招待会第一天就问到作协，问唐，我住的地方可有招待外宾的条件。第二天陪买东西时，请了楼上婆婆同看皮货（因我们不内行），招待会又紧张了一阵，怕安全有问题。

S. 说你平日工作太多。工作时也太兴奋。她自己练琴很冷静，你的练琴，从头至尾都跟上台弹一样。她说这太伤精神，太动感情，对健康大有损害。我觉得这话很对。艺术是你的终身事业，艺术本身已是激动感情的，练习时万万不能再紧张过度。人寿有限，精力也有限，要从长里着眼，马拉松赛跑才跑得好。你原是感情冲动的人，更要抑制一些。S. 说 Drz. 老师①也跟你谈过几次这一点。希望你听从他们的劝告，慢慢的学会控制。这也是人生修养的一个大项目。

另托 S. 带一包糖和话梅给你，纯是象征性质。你来信没说需要什么，故虽然 S. 再三讲，要带东西尽管交给她，我们也没什么可托。又有一轴静物画（是前北京艺专教授王雪涛画的）送你的老师，因手头没有相当的黄宾虹作品。假如他喜爱中国山水画，望来信告知，明年也许有机会好带去。

……

事忙，不多写了，祝

康乐

爸爸
十一月六日午
陆续写完

---

① 即杰维茨基，1890—1971，波兰著名钢琴家。

十一月二十三日夜

聪,亲爱的孩子:

多少天的不安,好几夜三四点醒来睡不着觉,到今日才告一段落。你的第八信和第七信相隔整整一个月零三天。我常对你妈说:"只要是孩子工作忙而没写信或者是信在路上丢了,倒也罢了。我只怕他用功过度,身体不舒服,或是病倒了。"谢天谢地!你果然是为了太忙而少写信。别笑我们,尤其别笑你爸爸这么容易着急。这不是我能够克制的。天性所在,有什么办法?以后若是太忙,只要寥寥几行也可以,让我们知道你平安就好了。等到稍空时,再写长信,谈谈一切音乐和艺术的问题。

你为了俄国钢琴家①兴奋得一晚睡不着觉;我们也常常为了些特殊的事而睡不着觉。神经锐敏的血统,都是一样的;所以我常常劝你尽量节制。那钢琴家是和你同一种气质的,有些话只能加增你的偏向。比如说每次练琴都要让整个人的感情激动。我承认在某些 romantic(浪漫)性格,这是无可避免的;但"无可避免"并不一定就是艺术方面的理想;相反,有时反而是一个大累!为了艺术的修养,在 heart(感情)过多的人还需要尽量自制。中国哲学的理想,佛教的理想,都是要能控制感情,而不是让感情控制。假如你能掀动听众的感情,使他们如醉如狂,哭笑无常,而你自己屹如泰山,像调度千军万马的大将军一样不动声色,那才是你最大的成功,才是到了艺术与人生的最高境界。你该记得贝多芬的故事,有一回他弹完了琴,看见听的人都流着泪,他哈哈大笑道:"嘿!你们都是傻子。"艺术是火,艺

---

① 指李赫特 Sviatoslav Richter,1915—1997,俄罗斯钢琴家,时年 39 岁。

术家是不哭的。这当然不能一蹴即成，尤其是你，但不能不把这境界作为你终生努力的目标。罗曼·罗兰心目中的大艺术家，也是这一派。

关于这一点，最近几信我常与你提到，你认为怎样？

我前响对恩德说："音乐主要是用你的脑子，把你朦朦胧胧的感情（对每一个乐曲，每一章，每一段的感情）分辨清楚，弄明白你的感觉究竟是怎么一回事；等到你弄明白了，你的境界十分明确了，然后你的technic（技巧）自会跟踪而来的。"你听听，这话不是和Richter（李赫特）说的一模一样吗？我很高兴，我从一般艺术上了解的音乐问题，居然与专门音乐家的了解并无分别。

技巧与音乐的宾主关系，你我都是早已肯定了的；本无须逢人请教，再在你我之间讨论不完，只因为你的技巧落后，存了一个自卑感，我连带也为你操心；再加近两年来国内为什么school（学派），什么派别，闹得惶惶然无所适从，所以不知不觉对这个问题特别重视起来。现在我深信这是一个魔障，凡是一天到晚闹技巧的，就是艺术工匠而不是艺术家。一个人跳不出这一关，一辈子也休想梦见艺术！艺术是目的，技巧是手段：老是只注意手段的人，必然会忘了他的目的。甚至一些有名的virtuoso（行家里手，艺术大师）也犯的这个毛病，不过程度高一些而已。

你到处的音乐会，据我推想，大概是各地的音乐团体或是交响乐队来邀请的，因为十一月至明年四五月是欧洲各地的音乐节。你是个中国人，能在Chopin（肖邦）的故国弹好Chopin（肖邦），所以他们更想要你去表演。你说我猜得对不对？

……

你各处音乐会的节目能随时寄些来，让我们高兴高兴吗？（不寄节目来，则望将作品写下，我在家替你作记录的。）只要写个信封，在节目单上写上年月,及演奏情况,四五行即可。你一举手,我们得到的快乐已经是无可形容的了!

孩子,一切珍重!附照片,望保存,其中一张黄宾虹像尤其要留着。

爸爸
十一月二十三日夜

十二月二日夜

孩子:

华沙和罗兹的音乐会都已过去,成绩想必不错吧?是否在与乐队合奏外,每处都另有recital(独奏会)?克拉可夫的演出定在何时?恐此信到时,也已过去了。

上海今年很特别,秋季特长,一直没有怎么冷,老在六十度上下。直到今日才降至五十二度(室内),生了炉子。到阴历十一月初八开始生火炉,也是素来没有的。

林伯伯在北京写信来,颇有些好玩的新闻,告诉你听听吧:

苏联歌剧团正在北京演出,中央歌舞团利用机会,请他们的合唱指挥每天四时至六时训练团中的合唱队。唱的是苏联歌剧,由指挥一句一句的教。成绩不错,只是声音不够好,队员的音乐修养不行。指挥说女高音的唱,活像母鸡被捉的怪叫。又说唱快乐的曲子,脸部表情应该快乐,但队员都哭丧着脸,直到唱完后,才有如释重负似的笑容浮现。女低音一向用假声唱,并且强调用假声唱才美。林伯伯去京时就主张用真声,受她们非难。这回苏联指挥说怎么女低音都低不下去,浮得很。中间有几个是林伯伯正在教的学生,便用真声唱下去,他即说:对了,应该这样唱,浓、厚、圆滑,多美!合唱队才恍然大悟，一个个去问林伯伯如何开始改正。

苏联歌剧，林伯伯在京看了二出，第二出叫做《暴风雨》（不知哪个作家，他没说明）。他自称不够 musical（乐感），居然打瞌睡。回到团里，才知道有人比他更不 musical（具备乐感）的，竟睡了一大觉，连一共几幕都没知道！林分析这歌剧引不起兴趣的原因，是主角配角都没有了不起的声音。他慨叹世界上给人听不厌的声音实在太少。

林伯伯在北京录过两次音，由巫漪丽伴奏。第一次录了四支，他自己挑了四支，因为他说：歌唱以情绪为主，情绪常常是第一遍最好，多唱就渐趋虚伪——关于这一点，我认为一部分对，一部分并不对。以情绪为主，当然。每次唱，情绪可能每次稍有出入；但大体不会相差过远。至于第一遍唱的情绪比较真实，多唱会渐渐虚伪，则还是唱的人修养不到家，浸入音乐不深，平日练习不够的缘故。我这意见，不知你觉得如何？

十二月二日夜

十二月二十七日

亲爱的孩子：

十八日收到节目单、招贴、照片及杰老师的信，昨天（二十六日）又收到你的长信（这是你第九封），好消息太多了，简直来不及，不知欢喜了哪一样好！妈妈老说："想起了小团。心里就快活！"好孩子，你太使人兴奋了。

一天练出一个 Concerto（协奏曲）的三个乐章带 cadenza（装饰乐段），你的 technic（技巧）和了解，真可以说是惊人。你上台的日子还要练足八小时以上的琴，也叫人佩服你的毅力。孩子，你真有这个劲儿，大家说还是像我，我听了好不 flattered（受宠若惊）！不过身体还得保重,别为了多争半小时一小时,而弄得筋疲力尽。从现在起,你尤其要保养得好,不能太累,休息要充分,常常保持 fresh(饱满)的精神。好比参加世运的选手,离上场的日期愈近,身心愈要调养得健康,精神饱满比什么都重要。所谓 The first prize is always "luck"(第一名总是"幸运的")这句话,一部分也是这个道理。目前你的比赛节目既然差不多了,technic(技巧),pedal(踏板)也解决了,那更不必过分拖累身子!再加一个半月的琢磨,自然还会百尺竿头,更进一步;你不用急,不但你有信心;老师也有信心,我们大家都有信心:主要仍在于心理修养,精神修养,存了"得失置之度外"、"胜败兵家之常"那样无挂无碍的心,包你没有问题的。第一,饮食寒暖要极小心,一点儿差池不得。比赛以前,连小伤风都不让它有,那就行了。

到波兰五个月,有这样的进步,恐怕你自己也有些出乎意外吧。李先生今年一月初说你:gains come with maturity(收获伴随着成熟),真对。勃隆斯丹过去那样赏识你,也大有先见之明。还是我做父亲的比谁都保留,其实我也是 expect the worst, hope for the best(作最坏之打算,抱最好之希望)。我是你的舵工,责任最重大;从你小时候起,我都怕好话把你宠坏了。现在你到了这地步,样样自己都把握得住,我当然不再顾忌,要跟你说:我真高兴,真骄傲!中国人气质,中国人灵魂,在你身上和我一样强,我也大为高兴。

还要打听你一件事:上次匈牙利小提琴家(音乐院院长)演奏,从头至尾都是拿出谱来拉的;我从前在欧洲从未见过,便是学生登台也没有这样的事;不知你在波兰见过这等例子吗?不妨问问人家。我个人总觉得"差些劲"。周伯伯前晌谈到朗读诗歌,说有人看了原文念,那是念不好的;一定要背,感情才浑成。我觉得这话很有见地。诗歌朗诵尚且如此,何况弹琴、拉琴!我自己教恩德念诗,也有这经验。凡是空口背而念的,比看着原作念的,精神更一贯,情绪更丰富。

你做礼服的料子，其实应该打电话给我们，在上海买的。爸爸有钱买呢！上海料子好得多，我们也会挑。日前可来不及了。手套没问题，马上去买。可惜上海没有最好的东西了。惠罗、福利两公司本是卖最讲究的东西的，如今也没有了。你要什么，尽管写信来；国内物价比波兰仍是便宜，只是航空邮费太贵，有时会超出物品的价值。好在也没什么急用之物，平寄也不过二十多天。我们还想另外寄两瓶头发水给你。此外又另寄书一包，计有：（都有注解）《元朝散曲选》二册，《古诗源选读》二册，《唐五代宋词》二册，《世说新语选》一册。

你现在手头没有散文的书（指古文），《世说新语》大可一读。日本人几百年来都把它当作枕中秘宝。我常常缅怀两晋六朝的文采风流，认为是中国文化的一个高峰。

《人间词话》，青年们读得懂的太少了；肚里要不是先有上百首诗，几十首词，读此书也就无用。再说，目前的看法，王国维的美学是"唯心"的；在此俞平伯"大吃生活"之际，王国维也是受批判的对象。其实，唯心唯物不过是一物之两面，何必这样死拘！我个人认为中国有史以来，《人间词话》是最好的文学批评。开发性灵，此书等于一把金钥匙。一个人没有性灵，光谈理论，其不成为现代学究、当世腐儒、八股专家也鲜矣！为学最重要的是"通"，通才能不拘泥，不迂腐，不酸，不八股；"通"才能培养气节、胸襟、目光；"通"才能成为"大"，不大不博，便有坐井观天的危险。我始终认为弄学问也好，弄艺术也好，顶要紧是 humain① 要把一个"人"尽量发展，没成为某某家某某家以前，先要学做人；否则那种某某家无论如何高明也不会对人类有多大贡献。这套话你从小听腻了，再听一遍恐怕更觉得烦了。

……

---

① 法文，同英文的 human，人。

Richter（李赫特）弹的Rimsky-Korsakow（里姆斯基-科萨可夫）①的 *Piano Concerto*（《钢琴协奏曲》），名强有第一个乐章的唱片，拿来给我们听了；恩德、敏、妈妈，都一致认为跟你的风格很像，怪不得你对他如此相投，如此钦佩。你自己以为如何？

二十五日我刚把巴尔扎克的《于絮尔·弥罗埃》初译译完，加上修改、誊正等等，大概全部完成也要在二三月中。等你比赛结束时我的工作也告一段落。下一部仍是服尔德的两个中篇。再下一部又是巴尔扎克，那要到明年年底完工的了。

恩德近来跟着我大看古画；她极聪明，领会极快，而且 esthetic sense（审美感）很强、很正确。敏究竟年纪小一点，感染慢一些。

妈妈说你的信好像满纸都是 sparkling（光辉四射）。当然你浑身都是青春的火花，青春的鲜艳，青春的生命、才华，自然写出来的有那么大的吸引力了。我和妈妈常说，这是你一生之中的黄金时代，希望你好好的享受、体验，给你一辈子做个最精彩的回忆的底子！眼看自己一天天的长大成熟，进步，了解的东西一天天的加多，精神领域一天天的加阔，胸襟一天天的宽大，感情一天天的丰满深刻：这不是人生最美满的幸福是什么！这不是最隽永最迷人的诗歌是什么！孩子，你好福气！

你挣了这许多钱，应该小心处理。我知道你不会乱花，也没时间出外花钱；但理财不是你的胜长，究竟自己要警惕一些。想法积一点，将来买架好琴。你打听过没有，波兰一架好琴要多少钱？

我们最遗憾的是听不到你弹琴，没法在比赛时到波兰去。不知将来会有一天大使馆（或波兰文化部）把你的录音寄回来吗？妈妈已经说过好几次，等日后你回国，要到北京去接你，到北京去先听你弹琴。

---

① 里姆斯基-科萨可夫 Rimsky-Korsakow，1844—1908，俄国著名作曲家。

你看我们做着多少好梦啊！

前二月，昆明一个不相干的熟人（为了翻译问题）来信说，波兰代表团到昆明时也提到你。那么几年（不过四年！）前昆明一般朋友对你的热情和帮助也算没白费，他们心里一定会想："我们没看错！也没白忙。"你这也算报答了他们的盛意。这样报答知己才是最有意义的！

……

好了，下次再谈。这封信花了我一小时另十分。祝
你进步无疆，希望处处保重。

爸爸
十二月二十七日

……

一九五五年〔十一通——父八通／母三通〕

一月二十六日

亲爱的孩子：

元旦一手扶杖，一手搭在妈妈肩上，试了半步，勉强可走，这两日也就半坐半卧。但和残废一样，事事要人服侍，单独还是一步行不得。大概再要养息一星期方能照常。

早预算新年中必可接到你的信，我们都当作等待什么礼物一般的等着。果然昨天早上收到你（波10）来信，而且是多少可喜的消息。孩子！要是我们在会场上，一定会禁不住涕泗横流的。世界上最高的最纯洁的欢乐，莫过于欣赏艺术，更莫过于欣赏自己的孩子的手和心传达出来的艺术！其次，我们也因为你替祖国增光而快乐！更因为你能借音乐而使多少人欢笑而快乐！想到你将来一定有更大的成就，没有止境的进步，为更多的人更广大的群众服务，鼓舞他们的心情，抚慰他们的创痛，我们真是心都要跳出来了！能够把不朽的大师的不朽的作品发扬光大，传布到地球上每一个角落去，真是多神圣、多光荣的使命！孩子，你太幸福了，天待你太厚了。我更高兴的更安慰的是：多少过分的谀词与夸奖，都没有使你丧失自知之明，众人的掌声、拥抱，名流的赞美，都没有减少你对艺术的谦卑！总算我的教育没有白费，你二十年的折磨没有白受！你能坚强（不为胜利冲昏了头脑是坚强的最好的证据），只要你能坚强，我就一辈子放了心！成就的大小、高低，是不在我们掌握之内的，一半靠人力，一半靠天赋，但只要坚强，就不怕失败，不怕挫折，不怕打击——不管是人事上的，生活上的，技术上的，学习上的——打击；从此以后你可以孤军奋斗了。何况事实上有多少良师益友在周围帮助你，扶掖你。还加上古今的名著，时时刻刻给你精神上的养料！孩子，从今以后，你永远不会孤独的了，即使孤独也不怕的了！

赤子之心这句话，我也一直记住的。赤子便是不知道孤独的。赤子孤独了，会创造一个世界，创造许多心灵的朋友！永远保持赤子之心，到老也不会落伍，永远能够与普天下的赤子之心相接相契相抱！你那位朋友说得不错，艺术表现的动人，一定是从心灵的纯洁来的！不是纯洁到像明镜一般，怎能体会到前人的心灵？怎能打动听众的心灵？

斯曼齐安卡说的肖邦协奏曲的话，使我想起前二信你说 Richter（李赫特）弹柴可夫斯基的协奏曲的话。一切真实的成就，必有人真正的赏识。

音乐院院长说你的演奏像流水、像河；更令我想到克利斯朵夫的象征。天舅舅说你小时候常以克利斯朵夫自命；而你的个性居然和罗曼·罗兰的理想有些相像了。河，莱茵，江声浩荡……钟声复起，天已黎明……中国正到了"复旦"的黎明时期，但愿你做中国的——新中国的——钟声，响遍世界，响遍每个人的心！滔滔不竭的流水，流到每个人的心坎里去，把大家都带着，跟你一块到无边无岸的音响的海洋中去吧！名闻世界的扬子江与黄河，比莱茵的气势还要大呢！……黄河之水天上来，奔流到海不复回！……无边落木萧萧下，不尽长江滚滚来！……有这种诗人灵魂的传统的民族，应该有气吞牛斗的表现才对。

你说常在矛盾与快乐之中，但我相信艺术家没有矛盾不会进步，不会演变，不会深入。有矛盾正是生机蓬勃的明证。眼前你感到的还不过是技巧与理想的矛盾，将来你还有反复不已更大的矛盾呢：形式与内容的枘凿，自己内心的许许多多不可预料的矛盾，都在前途等着你。别担心，解决一个矛盾，便是前进一步！矛盾是解决不完的，所以艺术没有止境，没有 perfect（完美）的一天，人生也没有 perfect（完美）的一天！唯其如此，才需要我们日以继夜，终生的追求、苦练；要不然大家做了羲皇上人，垂手而天下治，做人也太腻了！

我倒不明白你为什么穿绸衬衫。第一，绸衬衫容易皱，第二，欧洲人习惯都不用绸子做衬衫。他们最讲究的也是荷兰细布（近乎府绸一类）。穿上大礼服更是要穿烫得像纸版一般硬的衬衫。照理穿考究衬衫，不能连领子，要另外戴硬领的；袖子也要另外加套钮，不是普通钮扣。你来信都未提，我们做起来倒很为难。

大礼服究竟做了没有？做好了马上得穿上硬衬衫，戴上硬领，关起门来练二三天琴（当然礼服也要穿在身上）。平日我们穿了不做事也怪拘束，一切动作皆不如意。弹琴更苦。我前几封信老问你大礼服的事，便是担心这一点。事前一定要在家试穿好几次，穿了练琴，习惯以后方能上台。要不然临时要吃大苦的。孩子，千万记住！这与你的比赛成绩有关，马虎不得！

……

手套收到没有？祝

你快乐！

爸爸

一月二十六日

元月初三

三月六日

亲爱的聪：

一天不接到你的信，我们一天不得安心。在比赛期间，我们也跟着紧张；比赛以后，太兴奋了，也是不定心。于是天天伸长头颈等你的信。我们预算月底月初一定会有你的信，可是到了今天已经是六日了，还是杳无音讯。我们满怀着愉快的心情写的前后八九封信，好像石沉大海，你竟只字不回。我们做了种种猜测，以为比赛过后你太忙了，也许紧张了一个月，身体支持不住而病了。这到底是怎么回事呢？实在弄不明白。至少马思聪先生离开华沙的时候，你是好好的，因为他来信没有说你有什么病的情况。你是知道我们日夜关心你，尤其是爸爸，忍耐着。左等右等，等急了，只是叹气。这个不必要的给我们的磨难，真是太突兀了。爸爸说，工作对他是一种麻醉剂，可是一有空就会想到你。晚上翻来覆去的睡不着，也是想到你。因为弄不明白其中的原因而感到痛苦。孩子，你明明知道你是我们的安慰，为什么轻而易举的事，这样吝啬起来呢！我们之间是无话不谈的，你有什么意见，尽可来信商量，爸爸会深思熟虑的帮你解决问题，因为他可以冷静的客观的分析问题，对你有很大的帮助。不论在哪方面，尤其在人情上来讲。你比赛后，一定急急的要告诉我们前后的经过，这是天经地义没有问题的。怎么你会令人不解到如此地步呢！因为没有你的信，我们做什么事都没有情绪，真是说不出的忧虑！

爸爸自去年年底摔痛了腿以后，至今没有恢复正常，也许休息得不够彻底。最近两星期来，又在复发，腰酸背痛的厉害，走路也不利落，所以又在看伤科医生。但是他还是勉强工作，他的身体大不如前，我很担心。望速来信，并告诉我们写信写到什么地方？还是克拉可夫？

妈妈

三月六日

我们还满以为有照片寄来呢！因为这里报上登载的照片不清楚，给奖的照片也很糊涂。

三月十五

亲爱的聪：

自从二月二十一日起，我们的心始终吊着，老是七上八下的不得安宁，想你想得太厉害了，简直每天晚上都会梦见你，梦中惊醒了，就得长时间的回味一下，可是梦境总是迷迷糊糊的，有时竟越想越糊涂了，不胜懊恼之至，我跟你爸爸总得翻来覆去的互相倾吐，也是一种乐处。孩子，我们太想念你了，真是非笔墨所能形容的。

三月六日、十三日，各报都有登载关于肖邦比赛的消息，我们太高兴了，知道你自第一轮进入第二轮，又自第二轮进入第三轮最后一次决赛。报载第一轮参加的是七十四人，第二轮四十一人，到最后一次只有二十人了。与你以前来信说有一百三十多人参加不符，大概事先给淘汰了。我们估计这几天该轮到你弹协奏曲了，我有时紧张得心忐忑乱跳，明知那是多余的，但是有什么办法能克制呢！这里的亲友们，都非常兴奋，你的胜利就是国家的光荣，这个竞争太伟大了，我们希望你有最大的成就。大概到十九日左右，最后结果就会揭晓，我们因此更心焦，似乎日子过得太慢了。我们知道你忙，没有心思写信，所以在比赛期间也不想有你的信了。但愿你比赛过后，痛痛快快把详细情形告诉我们，让我们也热闹一下，心里温暖温暖。我们二人每晚临睡前，总是谈论你，不是回忆，就是猜测，真是津津有味，也是一乐也。

你的老师寄了一份肖邦纪念册来（法文本），其中有他的一篇文章，爸爸花了两天功夫译了出来，让弹琴的朋友作为参考，今晨也寄了一份给你。（航空寄华沙）

爸爸的新书《老实人》已出版，不久就会平信寄给你，寄到克拉可夫去。

听说马思聪先生要四月底回国，如果波兰提琴弦线好，你不妨为阿敏多带几套来，上海货不好，香港货也不好，而且托人很麻烦，宋伯伯他是外行，所以花了钱，总是不满意。现在乘有马先生是内行，你可以向他讨教，那是不会错的，你看怎么样？

我们的脑子里只有肖邦和你，还有比赛，等你的信来了，我们也放心了。不多谈了，祝你快乐！

妈妈
三月十五日

比赛后多多休息几天！！

看到上届一九四九年比赛得奖名单及一二奖的照相，大有感触；想那时你在昆明，只能谈门德尔松的 *Song Without Words*（《无词歌》）和 *French Suite*（《法国组曲》），谁料到你五年之后也在华沙 Philharmonic Hall（音乐厅）里大显身手呢！而且你不比别国的人，多少年受着严格的训练与高明的指导。所以即使你名次在别人之后，实际上等于在别人之前了。假定你受的是和苏联人或波兰人同样的 piano（钢琴）教育，你不是早夺锦标了吗？可惜我们没有听到你，这是最大的遗憾。

爸爸附笔

三月十五日夜

亲爱的孩子：

快两个月没接到你的信，可是报上有了四次消息。第一次只报告比赛事，也没提到中国参加。第二次提到中国有你参加。第三次是本月七日（新华社六日电），报告第一轮从七十四人淘汰为四十一人，并说你进入第二轮。第四次是十四日（昨天），说你进入第三轮。接着也有一二个接近的朋友打电话来道喜了。

这一晌你的紧张，不问可知，单想想我们自己就感觉得到。我好几次梦见你，觉得自己也在华沙；醒来就要老半天睡不着。人的感情真是不可解，尤其是梦，那是无从控制的，怎么最近一个月来，梦见你的次数会特别多呢？

此信到时，大会已告结束，成绩也已公布。不论怎样，你总可以详详细细来封信了吧？马思聪先生有家信到京（还在比赛前写的），由王棣华转给我们看。他说你在琴上身体动得厉害，表情十足，但指头触及键盘时仍紧张。他给你指出了，两天以内你的毛病居然全部改正，使老师也大为惊奇,不知经过情形究竟如何?

好些人看过 Glinka①(格林卡)的电影,内中 Richter(李赫特)扮演李斯特在钢琴上表演,大家异口同声对于他火爆的表情觉得刺眼。我不知这是由于导演的关系,还是他本人也倾向于琴上动作偏多?记得你十月中来信,说他认为整个的人要跟表情一致。这句话似乎有些毛病,很容易鼓励弹琴的人身体多摇摆。以前你原是动得很剧烈的,好容易在一九五三年上改了许多。从波兰寄回的照片上,有几张可看出你又动得加剧了。这一点希望你注意。传说李斯特在琴上的戏剧式动作,实在是不可靠的;我读过一段当时人描写他的弹琴,说像 rock(岩石)一样。鲁宾斯坦(安东)也是身如岩石。唯有肉体静止,精神的活动才最圆满:这是千古不变的定律。在这方面,我很想听听你的意见。

你比赛期间大概没法听到别人演奏,你也不一定能听到有关比赛的花花絮絮;可不可以代我要求马思聪先生给我一封信,把这一类的消息告诉我一些?千万别忘了向他提!

你对自己此次三场演奏的意见如何?望详细告知。与会前的历次演奏相比,优劣如何?在台上是否从头至尾没有发慌过?技巧如何?波兰许多教授的批评又如何?杰维茨基先生寄了一份纪念册来,本届评判员名单并未寄来,你能找补一份吗?我们真是急于要知道有关大会的情形,越详细越妙,我们像饥荒已久的人,胃口大得很呢。

马先生信中说有一百零六人参加,报上第一次消息说有一百三十三人参加。结果只有七十四名。马先生说有些人简直开玩笑,是否在会前就把他们否决了?但他们既然来了,怎么不经初赛就能把他们摈斥呢?用的什么手续呢?这一点也许马先生知道,你可问问他——希望你会后不要写了一封信就算了,过几天必能想起更多的事和我们谈

---

① 格林卡 Glinka,1804—1857,俄国 19 世纪作曲家。

的。我们不要求别的，只想多听听新闻，想你总能满足我们吧？

爸爸

三月十五夜

三月二十日上午

聪，亲爱的孩子：

期待了一个月的结果终于揭晓了，多少夜没有好睡，十九日晚更是神思恍惚，昨（二十日）夜为了喜讯过于兴奋，我们仍没睡着。先是昨晚五点多钟，马太太从北京来长途电话；接着八时许无线电报告（仅至第五名为止），今晨报上又披露了十名的名单。难为你，亲爱的孩子！你没有辜负大家的期望，没有辜负祖国的寄托，没有辜负老师的苦心指导，同时也没辜负波兰师友及广大群众这几个月来对你的鼓励！

也许你觉得应该名次再前一些才好，告诉我，你是不是有"美中不足"之感？可是别忘了，孩子，以你离国前的根基而论，你七个月中已经作了最大的努力，这次比赛也已经 do your best（尽力）。不但如此，这七个月的成绩已经近乎奇迹。想不到你有这么些才华，想不到你的春天来得这么快，花开得这么美，开到世界的乐坛上放出你的异香。东方升起了一颗星，这么光明，这么纯净，这么深邃；替新中国创造了一个辉煌的世界纪录！我做父亲的一向低估了你，你把我的错误用你的才具与苦功给点破了，我真高兴，我真骄傲，能够有这么一个儿子把我错误的估计全部推翻！妈妈是对的，母性的伟大不在于理智，而在于那种直觉的感情；多少年来，她嘴上不说，心里是一向认为我低估你的能力的；如今她统统向我说明了。我承认自己的错误，但是用多么愉快的心情承认错误：这也算是一个奇迹吧？

回想到一九五三年十二月你从北京回来，我同意你去波学习，但不鼓励你参加比赛，还写信给周巍峙要求不让你参加。虽说我一向低估你，但以你那个时期的学力，我的看法也并不全错。你自己也觉得即使参加，未必有什么把握。想你初到海滨时，也不见得有多大信心吧？可见这七个月的学习，上台的经验，对你的帮助简直无法形容，非但出于我们意料之外，便是你以目前和七个月以前的成绩相比，你自己也要觉得出乎意料之外，是不是？

今天清早柯子歧①打电话来，代表他父亲母亲向我们道贺。子歧说：与其你光得第二，宁可你得第三，加上一个玛祖卡奖。这句话把我们心里的意思完全说中了。你自己有没有这个感想呢？

再想到一九四九年第四届比赛的时期，你流浪在昆明，那时你的生活，你的苦闷，你的渺茫的前途，跟今日之下相比，不像是做梦吧？谁想得到，一九五一年回上海时只弹"Pathetique" Sonata（《"悲怆"奏鸣曲"》）还没弹好的人，五年以后会在国际乐坛的竞赛中名列第三？多少迂回的路，多少痛苦，多少失意，多少挫折，换来你今日的成功！可见为了获得更大的成功，只有加倍努力，同时也得期待别的迂回，别的挫折。我时时刻刻要提醒你，想着过去的艰难，让你以后遇到困难的时候更有勇气去克服，不至于失掉信心！人生本是没穷尽没终点的马拉松赛跑，你的路程还长得很呢：不过是一个光辉的开场。

回过来说：我过去对你的低估，在某些方面对你也许有不良的影响，但有一点至少是对你有极大的帮助的。唯其我对你要求严格，终不至于骄纵你——你该记得罗马尼亚三奖初宣布时你的愤懑心理，可见年轻人往往容易估高自己的力量。我多少年来把你紧紧拉着，至少养成了你对艺术的严肃的观念，即使偶尔忘形，也极易拉回来。我提这些话，不是要为我过去的做法辩护，而是要趁你成功的时候特别让你提高警惕，绝对不让自满和骄傲的情绪抬头。我知道这也用不着多

---

① 柯子歧，傅聪青少年时的朋友。

嘱咐，今日之下，你已经过了这一道骄傲自满的关，但我始终是中国儒家的门徒，遇到极盛的事，必定要有"如临深渊，如履薄冰"的格外郑重、危惧、戒备的感觉。

现在再谈谈实际问题：——

据我们猜测，你这一回还是吃亏在 technic（技巧），而不在于 music（音乐）；根据你技巧的根底，根据马先生到波兰后的家信，大概你在这方面还不能达到极有把握的程度。当然难怪你，过去你受的什么训练呢？七个月能有这成绩已是奇迹，如何再能苛求？你几次来信，和在节目单上的批语，常常提到"佳，但不完整"。从这句话里，我们能看出你没有列入第一二名的最大关键。大概马先生到波以后的几天，你在技巧方面又进了一步，要不然，眼前这个名次恐怕还不易保持。在你以后的法、苏、波几位竞争者，他们的技巧也许还胜过你呢？假若比赛是一九五四年夏季举行，可能你是会名落孙山的；假若你过去二三年中就受着杰维茨基教授指导，大概这一回稳是第一；即使再跟他多学半年吧，第二也该不成问题了。

告诉我，孩子，你自己有没有这种感想？

说到"不完整"，我对自己的翻译也有这样的自我批评。无论译哪一本书，总觉得不能从头至尾都好；可见任何艺术最难的是"完整"！你提到 perfection（完美），其实 perfection（完美）根本不存在的，整个人生、世界、宇宙，都谈不上 perfection（完美）。要不就是存在于哲学家的理想和政治家的理想之中。我们一辈子的追求，有史以来多少世代的人的追求，无非是 perfection（完美），但永远是追求不到的，因为人的理想、幻想，永无止境，所以 perfection（完美）像水中月、镜中花，始终可望而不可即。但能在某一个阶段求得总体的"完整"或是比较的"完整"，已经很不差了。

……

比赛既然过去了，我们希望你每个月能有两封信来。尤其是我希望多知道：(1)国外音乐界的情形；(2)你自己对某些乐曲的感想和心得。千万抽出些功夫来！以后不必再像过去那样日以继夜的扑在琴上。修养需要多方面的进行，技巧也得长期训练，切勿操之过急。静下来多想想也好，而写信就是强迫你整理思想，也是极好的训练。

乐理方面，你打算何时开始？当然，这与你波兰文程度有关。

……

暂时带住，我们，妈妈、弟弟，全都祝贺你，再告诉你一声：我们为了你多快乐，多骄傲！希望你大战之后充分休息！

爸爸

三月二十日上午

……

三月二十六日深夜

亲爱的聪：

这一个月来，你的喜讯不断在报上发表，最后的结果揭晓后，尤其热闹，简直妇孺皆知了。在你比赛期间，我们跟着睡不着觉，但是比赛后，因为太兴奋了，又是不得安睡。这几天不是祝贺我们的电话就是朋友亲自上门道贺。回忆到你小的时候，我陪着你去上琴课，自己也等于跟着学习，现在你为国争光，我为你花的一些心血，有了极大的酬报，我快活得"死而无怨"了。熟悉我们家庭情形的朋友，叫我"光荣妈妈""无名英雄"，我觉得当之无愧，我可以骄傲的了。

爸爸尤其忙得不可开交，一面赶自己的工作，一面还有写儿子的长信，朋友的信，老师的信，答复朋友来道贺而致谢的信。上海人民电台，于二十五日播放你以前录音的肖邦节目，播放之前要求爸爸写一个简单的关于你的学习经过。这可不简单，既需口语化，又需有内容，时间限十分钟讲完，文字不能超过一千五百字，差不多花了整整一天。爸爸又给华东文艺月报（唐弢等主编的）写了一短篇"国际肖邦比赛的沿革"。塔斯社也有电话来，苏联记者认为你是个天才，要知道些你的年龄及学习情形；对方不懂法文，也不能讲英文，只有经过翻译在电话里略为讲了一些。

爸爸最近向文化部提两个建议，一个是关于你留学期间的衣着，你应有的一份，可以在参加第五届国际联欢节的代表团到波兰的时候，带些衣料来，做工由大使馆负责代付。爸爸叫你将来千万不要在大使馆露出口风，说是做工可归你。爸爸的意思，你自己的钱，将来回国时，可以买一架好钢琴，这是为你将来教学上的需要，倒并不是出于自私自利。因为留学生的服装，本来国家有预算的，我们也不放弃。我深知你是满不在乎的，所以要提醒你，否则人家要误会爸爸小气了。而且你也需要买些音乐上的参考东西，如唱片、乐谱、书籍等等。所以你平时的用度，也要有个预算，能多积蓄些，我将来回国时派用场最好。

还有一个建议，是向文化部要求把你这次比赛的全部节目灌成唱片，因为（一）录音的效果差，（二）录音的胶带有时间性，不能保存长久。希望政府方面向波兰有关部门代办灌音的事，印制几百套，将来完成后，政府可以分发各人民电台，音乐团体，音乐院，作参考资料，教育意义很深。尤其你现在肖邦的成绩，正在高峰；不久你当然要学习古典的及现代的作品，所以乘现在你对肖邦最有把握的时候灌下来，一方面是极有意义的纪念，同时也有提高水平的作用。

昨晚人民电台播送你在"市三"弹的录音，放了一年多，效果太差了，响的时候简直是一片糊涂账，只有轻的部分，还听出其中的妩媚细腻。最后放十三只 Scriabine（斯克里亚宾）[①] 的 Preludes（序曲）因为轻多响少，所以其中曲折微妙的地方，都能体会到。爸爸听了这

[①] 斯克里亚宾只 Scriabine，1871—1915，俄国近代作曲家、钢琴家。

次的Scriabine（斯克里亚宾），觉得你的tone（音质，音色）的美，而且变化很多，非常满意，他说似乎以前还没有这样深入的欣赏。恩德听了后，觉得你的tone（音质，音色）都是着实的，就是pp也是着实的，她对Scriabine（斯克里亚宾，俄国近代作曲家、钢琴家）也赞赏不置。去年秋天苏联专家的录音，现在也变得一塌糊涂，声音既扬，而且走音。可知录音的不真实，不可靠，不耐久。据懂这一门的专家说：钢丝或胶带录音，本质上便是因磁性作用而要慢慢变质，越变越厉害的。即使没有变质的，新录下来的，品质远不能和唱片相比。

恩德说，上次爸爸写信给你时，忘记附笔祝贺你，回去被她母亲埋怨了一顿，所以这次要我向你道贺。二十四日毛楚恩结婚那天，非常热闹。黄贻均，谭抒真，赵志华，尹正修，张俊伟等都在那里喝喜酒，特来向我们道贺。打电话来的有牛伯母，贺绿汀，刘海粟，唐庆贻（交大创办人唐文治的儿子，是瞎子，英文很好，你应该记得吧!），柯子歧，李名强，胡尚宗，柯灵，唐弢，陈西禾，裘劭恒等等。赵志华告诉我们，二十一日晨，到音分院的校车上，范继森第一个抢到报纸，看了你的最后结果，他就大声说：告诉你们傅聪的好消息，于是大家要抢来看，他偏不肯，还要特为拉慢了一句一句的念出来，大家不胜高兴。亲自上门来的有沈知白，必姨，汪酉三，金石，雷伯伯想来而还没有空来，林医生夫妇当晚知道了，已经睡了，再起来，到我们家来时还穿着睡衣呢！恩德兴奋得整晚睡不着。张阿姨，祖姑母，路得阿姨，都非常快活。还有罗忠镕，裘复生，程雪门（前商务书馆经理，已有三年不通消息）都写信来道贺。还有很多，我记不起了，大家都是真心的觉得光荣。

还有阿妹①的丈夫耕生为了肺病在休养所里，同住的工友，看见了报纸说："不得了，我们出了一个大好老，弹钢琴全世界第三名，只

---

① 阿妹当年傅雷家的佣人。

有二十一岁,真是光荣!"耕生说:"叫什么名字?"说叫傅聪,他一听见就说:"那是我里大阿官呀!"于是工友们大为奇怪,怎么你会知道的,还不相信,要他提出证明,是怎么样的人。他就告诉他们:"就是我里阿妹东家的儿子!"于是大谈而特谈了,大家高兴非凡。

……

下星期三(三月三十日,即阴历三月初七日)是爸爸的生日,他从来不肯为自己的生日请客的,这次破例,预备到梅龙镇去叫一桌菜,请几个好朋友吃饭,也有庆贺你的意思。你知道了一定会高兴吧!爸爸难得为自己的生日而起劲的。

张阿姨再三同我说,要在信上带一笔祝贺你。还有好姆妈(家和)有信来,她知道了你的消息,常常快活的哭起来,因为她是自小看你长大的。她希望有一天回来看见你上台弹奏,而她是听家之一。她是了解我们对你的教育的,看到你为了琴而受到的苦难,所以这次更加亲切,更加感动。

……

每个朋友来,总要问起你最近有没有信来,我们已有足足两个多月没有你的信,比赛过后,想你一定已写出,我们这几天正等待着,多么急切的等待!我这封长信写了五六个钟点,也是破天荒的了,再加上抄一份爸爸译的有关莫扎特文章给你,我的手真是酸痛不堪,你要理会到我们爱你的心,你就不会少写信了。你的信我们像宝贝一样编了号藏起来,想你也把我们的信好好收起来的吧!我脑子里一天到晚有你的影子,最近睡眠还是不好,一定要等你的信来了,才能定下心来。孩子,多多给我们信,我们唯一的安慰就是你!写到此我要停下来了,等爸爸接上。

妈妈
三月二十六日深夜

……

三月二十七日夜

聪：

　　为你参考起见，我特意从一本专论莫扎特的书里译出一段给你。另外还有罗曼·罗兰论莫扎特的文字，来不及译。不知你什么时候学莫扎特？肖邦在写作的 taste（品味）方面，极注意而且极感染莫扎特的风格。刚弹完肖邦，接着研究莫扎特，我觉得精神血缘上比较相近。不妨和杰老师商量一下。你是否可在贝多芬第四弹好以后，接着上手莫扎特？等你快要动手时，先期来信，我再寄罗曼·罗兰的文字给你。

　　从我这次给你的译文中，我特别体会到，莫扎特的那种温柔妩媚，所以与浪漫派的温柔妩媚不同，就是在于他像天使一样的纯洁，毫无世俗的感伤或是靡靡的 sweetness（甜腻）。神明的温柔，当然与凡人的不同，就是达·芬奇与拉斐尔的圣母，那种妩媚的笑容决非尘世间所有的。能够把握到什么叫做脱尽人间烟火的温馨甘美，什么叫做天真无邪的爱娇，没有一点儿拽心，没有一点儿情欲的骚乱，那么我想表达莫扎特可以"虽不中，不远矣"。你觉得如何？往往十四五岁到十六七岁的少年，特别适应莫扎特，也是因为他们童心没有受过玷染。

　　将来你预备弹什么近代作家，望早些安排，早些来信；我也可以供给材料。在精神气氛方面，我还有些地方能帮你忙。

　　我再要和你说一遍：平日来信多谈谈音乐问题。你必有许多感想和心得，还有老师和别的教授们的意见。这儿的小朋友们一个一个都在觉醒，苦于没材料。他们常来看我，和我谈天；我当然要尽量帮助他们。你身在国外，见闻既广，自己不断的在那里进步，定有不少东西可以告诉我们。同时一个人的思想是一边写一边谈出来的，借此可以刺激头脑的敏捷性，也可以训练写作的能力与速度。此外，也有一个道义的责任，使你要尽量的把国外的思潮向我们报道。一个人对人民的服务不一定要站在大会上演讲或是做什么惊天动地的大事业，随时随地，点点滴滴的把自己知道的、想到的告诉人家，无形中就是替国家播种、施肥、垦植！孩子，你千万记住这些话，多多提笔！

你究竟何时回克拉可夫，我们寄信很为难。寄大使馆转，恐怕多耽搁日子；寄克拉可夫，又怕长时间搁在门房里。

……这几天望眼欲穿的等你的详细报道！你单写一封信决谈不完比赛的花絮；别自己找理由推诿，你看看我们为你花的时间吧！

黄宾虹先生于本月二十五日在杭患胃癌逝世，享寿九十二岁。以艺术家而论，我们希望他活到一百岁呢。去冬我身体不好，中间摔了一跤，很少和他通信；只是在十一月初到杭州去，连续在他家看了两天画，还替他拍了照，不料竟成永诀。听说他病中还在记挂我，跟不认识我的人提到我。我听了非常难过，得信之日，一晚没睡好。

从比赛揭晓到现在，整整一星期，我没有好好工作，也没有充分的休息；当然心里始终是非常快乐的。所以这封信也不再拉长了。等你来信后再写吧。你休息了没有？谁都要转告你，注意身体！

爸爸
三月二十七日夜

……

四月三日

今日接马先生（三十日）来信，说你要转往苏联学习，又说已与文化部谈妥，让你先回国演奏几场；最后又提到预备叫你参加明年二月德国的 Schumann（舒曼）① 比赛。

我认为回国一行，连同演奏，至少要花两个月；而你还要等波兰

---

① 舒曼 Schumann，1810—1856，德国钢琴家、作曲家、音乐评论家。

的零星音乐会结束以后方能动身。这样,前前后后要费掉三个多月。这在你学习上是极大的浪费。尤其你技巧方面还要加工,倘若再想参加明年的 Schumann(舒曼)比赛,他的技巧比肖邦的更麻烦,你更需要急起直追。与其让政府花了一笔来回旅费而耽误你几个月学习,不如叫你在波兰灌好唱片(像我前信所说)寄回国内,大家都可以听到,而且是永久性的;同时也不妨碍你的学业。我们做父母的,在感情上极希望见见你,听到你这样成功的演奏,但为了你的学业,我们宁可牺牲这个福气。我已将此意写信告诉马先生,请他与文化部从长考虑。我想你对这个问题也不会不同意吧?

其次,转往苏联学习一节,你从来没和我们谈过。你去波以后我给你二十九封信,信中表现我的态度难道还使你不敢相信,什么事都可以和我细谈、细商吗?你对我一字不提,而托马先生直接向中央提出,老实说,我是很有自卑感的,因为这反映你对我还是不放心。大概我对你从小的不得当、不合理的教育,后果还没有完全消灭。你比赛以后一直没信来,大概心里又有什么疙瘩吧!马先生回来,你也没托带什么信,因此我精神上的确非常难过,觉得自己功不补过。现在谁都认为(连马先生在内)你今日的成功是我在你小时候打的基础,但事实上,谁都不再对你当前的问题再来征求我一分半分意见;是的,我承认老朽了,不能再帮助你了。

可是我还有几分自大的毛病,自以为看事情还能比你们青年看得远一些,清楚一些。

同时我还有过分强的责任感,这个责任感使我忘记了自己的老朽,忘记了自己帮不了你忙而硬要帮你忙。

所以倘使下面的话使你听了不愉快,使你觉得我不了解你,不了解你学习的需要,那么请你想到上面两个理由而原谅我,请你原谅我是人,原谅我抛不开天下父母对子女的心。

一个人要做一件事,事前必须考虑周详。尤其是想改弦易辙,丢开老路,换走新路的时候,一定要把自己的理智做一个天平,把老路与新路放在两个盘里很精密的称过。现在让我来替你做一件工作,帮你把一项项的理由,放在秤盘里:

〔甲盘〕

(一) 杰老师过去对你的帮助是否不够?假如他指导得更好,你的技术是否还可以进步?

(二) 六个月在波兰的学习,使你得到这次比赛的成绩,你是否还不满意?

(三) 波兰得第一名的,也是杰老师的学生,他得第一的原因何在?

(四) 技术训练的方法,波兰派是否有毛病,或是不完全?

(五) 技术是否要靠时间慢慢的提高?

(六) 除了肖邦以外,对别的作家的了解,波兰的教师是否不大使你佩服?

(七) 去年八月周小燕在波兰知道杰老师为了要教你,特意训练他的英语,这点你知道吗?

〔乙盘〕

(一) 苏联的教授法是否一定比杰老师的高明?技术上对你可以有更大的帮助?

(二) 假定过去六个月在苏联学,你是否觉得这次的成绩可以更好?名次更前?

(三) 苏联得第二名的,为什么只得一个第二?

(四) 技术训练的方法,在苏联是否一定胜过任何国家?

(五) 苏联是否有比较快的方法提高?

(六) 对别的作家的了解,是否苏联比别国也高明得多?

(七) 苏联教授是否比杰老师还要热烈?

〔一般性的〕

(八) 以你个人而论,是否换一个技术训练的方法,一定还能有更大的进步?所以对第(二)项要特别注意,你是否觉得以你六个月的努力,倘有更好的方法教你,你是否技术上可以和别人并驾齐驱,或是更接近?

(九) 以学习Schumann(舒曼)而论,是否苏联也有特殊优越的条件?

(十) 过去你盛称杰老师教古典与近代作品教得特别好,你现在是否改变了意见?

(十一) 波兰居住七个月来的总结,是不是你的学习环境不大理想?苏联是否在这方面更好?

(十二) 波兰各方面对你的关心、指点,是否在苏联同样可以得到?

(十三) 波兰方面一般带着西欧气味,你是否觉得对你的学习不大好?

这些问题希望你平心静气,非常客观的逐条衡量,用"民主表决"的方法,自己来一个总结。到那时再作决定。总之,听不听由你,说不说由我。你过去承认我"在高山上看事情",也许我是近视眼,看出来的形势都不准确。但至少你得用你不近视的眼睛,来检查我看到的是否不准确。果然不准确的话,你当然不用,也不该听我的。

假如你还不以为我顽固落伍,而愿意把我的意见加以考虑的话,那对我真是莫大的"荣幸"了!等到有一天,我发觉你处处比我看得清楚,我第一个会佩服你,非但不来和你"缠夹二"乱提意见,而且还要遇事来请教你呢!目前,第一不要给我们一个闷葫芦!磨难人最厉害的莫如unknown(未知)和uncertain(未定)!对别人同情之前,对父母先同情一下吧!

爸爸

四月三日

四月二十一日夜

孩子:

能够起床了,就想到给你写信。

邮局把你比赛后的长信遗失,真是害人不浅。我们心神不安半个多月,都是邮局害的。三月三十日是我的生日,本来预算可以接到你的信了。到四月初,心越来越焦急,越来越迷糊,无论如何也想不通你始终不来信的原因。到四月十日前后,已经根本抛弃希望,似乎永远也接不到你的家信了。

四月十日上午九时半至十一时,听北京电台广播你弹的 Berceuse(《摇篮曲》)和一支 Mazurka(《玛祖卡》),一边听,一边说不出有多少感触。耳朵里听的是你弹的音乐,可是心里已经没有把握孩子对我们的感情怎样——否则怎么会没有信呢?——真的,孩子,你万万想不到我跟你妈妈这一个月来的精神上的波动,除非你将来也有了孩子,而且也是一个像你这样的孩子!马先生三月三十日就从北京寄信来,说起你的情形,可见你那时身体是好的,那么迟迟不写家信更叫我们惶惑"不知所措"了。何况你对文化部提了要求,对我连一个字也没有:难道又不信任爸爸了吗?这个疑问给了我最大的痛苦,又使我想到舒曼痛惜他父亲早死的事,又想到莫扎特写给他父亲的那些亲切的信:其中有一封信,是莫扎特离开了 Salzburg(萨尔茨堡)大主教,受到父亲责难,莫扎特回信说:

"是的,这是一封父亲的信,可不是我的父亲的信!"

聪,你想,我这些联想对我是怎样的一种滋味!四月三日(第30号)的信,我写的时候不知怀着怎样痛苦、绝望的心情,我是永远忘不了的。妈妈说的:"大概我们一切都太顺利了,太幸福了,天也嫉妒我们,所以要给我们受这些挫折!"要不这样说,怎么能解释邮局会丢失这么一封要紧的信呢?

你那封信在我们是有历史意义的,在我替你编录的"学习经过"和"国外音乐报道"(这是我把你的信分成的类别,用两本簿子抄下来的),是极重要的材料。我早已决定,我和你见了面,每次长谈过后,我一定要把你谈话的要点记下来。为了青年朋友们的学习,为了中国这么一个处在音乐萌芽时代的国家,我做这些笔记是有很大的意义的。所以这次你长信的失落,逼得我留下一大段空白,怎么办呢?

可是事情不是没有挽回的。我们为了丢失那封信,二十多天的精神痛苦,不能不算是付了很大的代价;现在可不可以要求你也付些代价呢?只要你每天花一小时的工夫,连续三四天,补写一封长信给我们,事情就给补救了。而且你离开比赛时间久一些,也许你一切的观感倒反客观一些。我们极需要知道你对自己的演出的评价,对别人的评价——尤其是对于前四五名的。我一向希望你多发表些艺术感想,甚至对你弹的Chopin(肖邦)某几个曲子的感想。我每次信里都谈些艺术问题,或是报告你国内乐坛消息,无非想引起你的回响,同时也使你经常了解国内的情形。

你每次要东西,我们无不立刻商量,上哪儿买,找哪种货;然后妈妈立刻出动,有时她出去看了回来,再和我一同去买。但是你收到以后从来不提,连是否收到我们都没有把握。我早告诉你,收到东西,光是寄一张航空明信片也行。

……

你说要回来,马先生信中说文化部同意(三月三十日信)你回来一次表演几场;但你这次(四月九日)的信和马先生的信,都叫人看不出究竟是你要求的呢?还是文化部主动的?我认为以你的学习而论,回来是大大的浪费。但若你需要休息,同时你绝对有把握耽搁三四个月不会影响你的学习,那么你可以相信,我和你妈妈未有不欢迎的!在感情的自私上,我们最好每年能见你一面呢!

至于学习问题，我并非根本不赞成你去苏联；只是觉得你在波兰还可以多耽二三年，从波兰转苏联，极方便；再要从苏联转波兰，就不容易了！这是你应当考虑的。但若你认为在波兰学习环境不好，或者杰老师对你不相宜，那么我没有话说，你自己决定就是了。但决定以前，必须极郑重、极冷静，从多方面、从远处大处想周到。

你去年十一月中还说："希望比赛快快过去，好专攻古典和近代作品。杰老师教出来的古典真叫人佩服。"难道这几个月内你这方面的意见完全改变了吗？

倘说技巧问题，我敢担保，以你的根基而论，从去年八月到今年二月的成就，无论你跟世界上哪一位大师哪一个学派学习，都不可能超出这次比赛的成绩！你的才具，你的苦功，这一次都已发挥到最高度，老师教你也施展出他所有的本领和耐性！你可曾研究过 program（节目单）上人家的学历吗？我是都仔细看过了的；我敢说所有参加比赛的人，除了非洲来的以外，没有一个人的学历像你这样可怜的，——换句话说，跟到名师只有六七个月的竞选人，你是独一无二的例外！所以我在三月二十一日（第 28 号）信上就说拿你的根基来说，你的第三名实际是远超过了第三名。说得再明白些，你想 Harasiewicz（哈拉谢维兹）、Askenasi（阿什肯纳奇），Ringeissen（林格森），① 这几位，假如过去学琴的情形和你一样，只有十至十二岁半的时候，跟到一个 Paci（百器），十七至十八岁跟到一个 Bronstein（勃隆斯丹），再到比赛前七个月跟到一个杰维茨基，你敢说：他们能获得第三名和 *Mazurka*（《玛祖卡》）奖吗？

我说这样的话，绝对不是鼓励你自高自大，而是提醒你过去六七个月，你已经尽了最大的努力，杰老师也尽了最大的努力，假如你以为换一个 school（学派），你六七个月的成就可以更好，那你就太不自

---

① 以上三位均是参加第五届国际肖邦钢琴比赛的外国选手。

量，以为自己有超人的天才了。一个人太容易满足固然不行，太不知足而引起许多不现实的幻想也不是健全的！这一点，我想也只有我一个人会替你指出来。假如我把你意思误会了（因为你的长信失落了，也许其中有许多理由，关于这方面的），那么你不妨把我的话当作"有则改之，无则加勉"。爸爸一千句、一万句，无非是为你好，为你个人好，也就是为我们的音乐界好，也就是为我们的祖国、人民以及全世界的人类好！

我知道克利斯朵夫（晚年的）和乔治之间的距离，在一个动荡的时代是免不了的。但我还不甘落后，还想事事、处处追上你们、了解你们，从你们那儿汲取新生命、新血液、新空气，同时也想竭力把我们的经验和冷静的理智，献给你们，做你们一支忠实的手杖！万一有一天，你们觉得我这根手杖是个累赘的时候，我会感觉到，我会销声匿迹，决不来绊你们的脚！

你有一点也许还不大知道。我一生遇到重大的问题，很少不是找几个内行的、有经验的朋友商量的；反之，朋友有重大的事也很少不来找我商量的。我希望和你始终能保持这样互相帮助的关系。

杰维茨基教授四月五日来信说："聪很少和我谈到将来的学习计划。我只知道他与苏联青年来往甚密，他似乎很向往于他们的学派。但若聪愿意，我仍是很高兴再指导他相当时期。他今后不但要在技巧方面加工，还得在情绪（emotion）和感情（sentimento）的平衡方面多下克制功夫（这都是我近二三年来和你常说的）；我预备教他一些less romantic（较不浪漫）的东西，即巴赫、莫扎特、斯卡拉蒂、初期的贝多芬等等。"

……

你是否已决定明年五月参加舒曼比赛，会不会妨碍你的正规学习呢？是否同时可以弄古典呢？你的古典功夫一年又一年的耽下去，我实在不放心。尤其你的mentality（心态），需要早早借古典作品的熏陶来维持它的平衡。我们学古典作品，当然不仅仅是为古典而古典，而尤其是为了整个人格的修养，尤其是为了感情太丰富的人的修养！

所以，我希望你和杰老师谈谈，同时自己也细细思忖一番，是否准备Schumann（舒曼）和研究古典作品可以同时并进？这些地方你必须紧紧抓住自己。我很怕你从此过的多半是选手生涯。选手生涯往往会限制大才的发展，影响一生的基础！

不知你究竟回国不回国？假如不回国，应及早对外声明，你的代表中国参加比赛的身份已经告终；此后是纯粹的留学生了。用这个理由可以推却许多邀请和群众的热情的（但是妨碍你学业的）表示。做一个名人也是有很大的危险的，孩子，可怕的敌人不一定是面目狰狞的，和颜悦色、一腔热爱的友情，有时也会耽误你许许多多宝贵的光阴。孩子，你在这方面极需要拿出勇气来！

我坐不住了，腰里疼痛难忍，只希望你来封长信安慰安慰我们。

爸爸
四月二十一日夜

五月八日/九日

孩子：

昨晚有匈牙利的flutist（长笛演奏家）和pianist（钢琴家）的演奏会，作协送来一张票子，我腰酸不能久坐，让给阿敏去了。他回来说pianist弹的不错，就是身体摇摆得太厉害。因而我又想起了Richter（李赫特）在银幕扮演李斯特的情形。我以前跟你提过，不知李赫特平时在台上是否也摆动很厉害？这问题，正如多多少少其他的问题一样，你没有答复我。记得马先生二月十七日从波兰写信给王棣华，提到你在琴上"表情十足"。不明白他这句话是指你的手下表达出来的"表情十足"呢，还是指你身体的动作？因为你很钦佩Richter（李赫特），所以我才怀疑你从前身体多摇动的习惯，不知不觉的又恢复过来，而且加强了。这个问题,我记得在第二十六(或二十七)信内和你提过,但你也至今不答复。

说到"不答复",我又有了很多感慨。我自问:长篇累牍的给你写信,不是空唠叨,不是莫名其妙的 gossip(说长道短),而是有好几种作用的。第一,我的确把你当作一个讨论艺术、讨论音乐的对手;第二,极想激出你一些青年人的感想,让我做父亲的得些新鲜养料,同时也可以间接传布给别的青年;第三,借通信训练你的——不但是文笔,而尤其是你的思想;第四,我想时时刻刻,随处给你做个警钟,做面"忠实的镜子",不论在做人方面,在生活细节方面,在艺术修养方面,在演奏姿态方面。我做父亲的只想做你的影子,既要随时随地帮助你、保护你,又要不让你对这个影子觉得厌烦。但我这许多心愿,尽管我在过去的三十多封信中说了又说,你都似乎没有深刻的体会,因为你并没有适当的反应,就是说:尽量给我写信,"被动的"对我说的话或是表示赞成,或是表示异议,也很少"主动的"发表你的主张或感想——特别是从十二月以后。

你不是一个作家,从单纯的职业观点来看,固无须训练你的文笔。但除了多写之外,以你现在的环境,怎么能训练你的思想、你的理智、你的 intellect(理解力)呢?而一个人思想、理智、intellect(理解力)的训练,总不能说不重要吧?多少读者来信,希望我多跟他们通信;可惜他们的程度与我相差太远,使我爱莫能助。你既然具备了足够的条件,可以和我谈各式各种的问题,也碰到我极热烈的渴望和你谈这些问题,而你偏偏很少利用!孩子,一个人往往对有在手头的东西(或是机会,或是环境,或是任何可贵的东西)不知珍惜,直到要失去了的时候再去后悔!这是人之常情,但我们不能因为是人之常情而宽恕我们自己的这种愚蠢,不想法去改正。

你不是抱着一腔热情,想为祖国、为人民服务吗?而为祖国、为人民服务是多方面的,并不限于在国外为祖国争光,也不限于用音乐去安慰人家——虽然这是你最主要的任务。我们的艺术家还需要把自己的感想、心得，时时刻刻传达给别人，让别人去作为参考的或者是批判的资料。你的将来，不光是一个演奏家，同时必须兼做教育家；所以你的思想，你的理智，更其需要训练，需要长时期的训练。我这个可怜的父亲，就在处处替你作这方面的准备，而且与其说是为你作准备，还不如说为中国音乐界作准备更贴切。孩子，一个人空有爱同胞的热情是没用的，必须用事实来使别人受到我的实质的帮助。这才是真正的道德实践。别以为我们要求你多写信是为了父母感情上的自私——其中自然也有一些，但决不是主要的。你很知道你一生受人家的帮助是应当用行动来报答的；而从多方面去锻炼自己就是为报答人家作基本准备。

……

和你的话是谈不完的，信已经太长，妈妈怕你看得头昏脑涨，劝我结束。她觉得你不能回来一次，很遗憾。我们真是多么想念你啊！你放心，爸爸是相信你一切都很客观，冷静，对人的批评并非意气用事；但是一个有些成就的人，即使事实上不骄傲，也很容易被人认为骄傲的（一个有些名和地位的人，就是这样的难做人！），所以在外千万谨慎，说话处处保留些。尤其双方都用一种非祖国的语言，意义轻重更易引起误会。

爸爸
从五月八日写到五月九日

……

十二月十一日夜

亲爱的孩子：

……你始终太容易信任人。我素来不轻信人言，等到我告诉你什么话，必有相当根据，而你还是不大重视，轻描淡写。这样的不知警惕，对你将来是危险的！一个人妨碍别人，不一定是因为本性坏，往往是因为头脑不清，不知利害轻重。所以你在这些方面没有认清一个人的时候，切忌随口吐露心腹。一则太不考虑和你说话的对象，二则太不考虑事情所牵涉的另外一个人。（还不止一个呢！）来信提到这种事，老是含混得很。去夏你出国后，我为另一件事写信给你，要你检讨，你以心绪恶劣推掉了。其实这种作风，这种逃避现实的心理是懦夫的行为，决不是新中国的青年所应有的。你要革除小布尔乔亚根性，就要从这等地方开始革除！

别怕我责备！（这也是小布尔乔亚的懦怯。）也别怕引起我心烦，爸爸不为儿子烦心，为谁烦心？爸爸不帮助孩子，谁帮助孩子？儿子苦闷不向爸爸求救，向谁求救？你这种顾虑也是一种短视的温情主义，要不得！

……

至于过去的感情纠纷，时时刻刻来打扰你的缘故，也就由于你没仔细挖根。我相信你不是爱情至上主义者，而是真理至上主义者；那么你就该用这个立场去分析你的对象（不论是初恋的还是以后的），你跟她（不管是谁）在思想认识上，真理的执著上，是否一致或至少相去不远？从这个角度上去把事情解剖清楚，许多烦恼自然迎刃而解。你也该想到，热情是一朵美丽的火花，美则美矣，无奈不能持久。希望热情能永久持续，简直是愚妄；不考虑性情、品德、品格、思想等等，而单单执著于当年一段美妙的梦境，希望这梦境将来会成为现实，那么我警告你，你可能遇到悲剧的！世界上很少如火如荼的情人能成为美满的、白头偕老的夫妇的；传奇式的故事，如但丁之于裴阿脱里克斯，所以成为可哭可泣的千古艳事，就因为他们没有结合；但丁只见过几面（似乎只有一面）裴阿脱里克斯。歌德的太太克里斯丁纳是个极庸俗的女子，但歌德的艺术成就，是靠了和平宁静的夫妇生活促成的。过去的罗曼史，让它成为我们一个美丽的回忆，作为一个终生怀念的梦，我认为是最明哲的办法。老是自苦是只有消耗自己的精力，对谁都没有裨益的。孩子，以后随时来信，把苦闷告诉我，我相信还能凭一些经验安慰你呢。爸爸受的痛苦不能为儿女减除一些危险，那么爸爸的痛苦也是白受了。但希望你把苦闷的缘由写得详细些（就是要你自己先分析一个透彻），免得我空发议论，无关痛痒的对你没有帮助。好了，再见吧，<u>多多来信，来信分析你自己就是一种发泄，而且是有益于心理卫生的发泄</u>。爸爸还有足够的勇气担受你的苦闷，相信我吧！你也有足够的力量摆脱烦恼，有足够的勇气正视你的过去，我也相信你！

　　妈妈的照片该收到了吧？贝多芬第四、第五的材料共十六页，是前天（九日）平信挂号寄的。

爸爸
十二月十一日夜

　　我一天到晚忙着杂务，静不下来写信，可是你的影子永远在我脑海里盘旋，望你多多来信安慰我们。

妈妈

一九五六年 〔三通——父三通〕

二月二十九日夜

亲爱的孩子：

昨天整理你的信，又有些感想。

关于莫扎特的话，例如说他天真、可爱、清新等等，似乎很多人懂得；但弹起来还是没有那天真、可爱、清新的味儿。这道理，我觉得是"理性认识"与"感情深入"的分别。感性认识固然是初步印象，是大概的认识；理性认识是深入一步，了解到本质。但是艺术的领会，还不能以此为限。必须再深入进去，把理性所认识的，用心灵去体会，才能使原作者的悲欢喜怒化为你自己的悲欢喜怒，使原作者每一根神经的震颤都在你的神经上引起反响。否则即使道理说了一大堆，仍然是隔了一层。一般艺术家的偏于 intellectual（理智），偏于 cold（冷静），就因为他们停留在理性认识的阶段上。

比如你自己，过去你未尝不知道莫扎特的特色，但你对他并没发生真正的共鸣；感之不深，自然爱之不切了；爱之不切，弹出来当然也不够味儿；而越是不够味儿，越是引不起你兴趣。如此循环下去，你对一个作家当然无从深入。

这一回可不然，你的确和莫扎特起了共鸣，你的脉搏跟他的脉搏一致了，你的心跳和他的同一节奏了；你活在他的身上，他也活在你身上；你自己与他的共同点被你找出来了，抓住了，所以你才会这样欣赏他，理解他。

由此得到一个结论：艺术不但不能限于感性认识，还不能限于理性认识，必须要进行第三步的感情深入。换言之，艺术家最需要的，除了理智以外，还有一个"爱"字！所谓赤子之心，不但指纯洁无邪，指清新，而且还指爱！法文里有句话叫做"伟大的心"，意思就是"爱"。这"伟大的心"几个字，真有意义。而且这个爱绝不是庸俗的，婆婆妈妈的感情，而是热烈的、真诚的、洁白的、高尚的、如火如荼的、忘我的爱。

从这个理论出发,许多人弹不好东西的原因都可以明白了。光有理性而没有感情,固然不能表达音乐;有了一般的感情而不是那种火热的同时又是高尚、精练的感情,还是要流于庸俗;所谓 sentimental（多愁善感,富有情感）,我觉得就是指的这种庸俗的感情。

一切伟大的艺术家（不论是作曲家,是文学家,是画家……）必然兼有独特的个性与普遍的人间性。我们只要能发掘自己心中的人间性,就找到了与艺术家沟通的桥梁。再若能细心揣摩,把他独特的个性也体味出来,那就能把一件艺术品整个儿了解了。当然不可能和原作者的理解与感受完全一样,了解的多少、深浅、广狭,还是大有出入;而我们自己的个性也在中间发生不小的作用。

大多数从事艺术的人,缺少真诚。因为不够真诚,一切都在嘴里随便说说,当做唬人的幌子,装自己的门面,实际只是拾人牙慧,并非真有所感。所以他们对作家决不能深入体会,先是对自己就没有深入分析过。这个意思,克利斯朵夫（在第二册内）也好像说过的。

真诚是第一把艺术的钥匙。知之为知之,不知为不知。真诚的"不懂",比不真诚的"懂",还叫人好受些。最可厌的莫如自以为是,自作解人。有了真诚,才会有虚心,有了虚心,才肯丢开自己去了解别人,也才能放下虚伪的自尊心去了解自己。建筑在了解自己了解别人上面的爱,才不是盲目的爱。

而真诚是需要长时期从小培养的。社会上,家庭里,太多的教训使我们不敢真诚,真诚是需要很大的勇气作后盾的。所以做艺术家先要学做人。艺术家一定要比别人更真诚,更敏感,更虚心,更勇敢,更坚忍,总而言之,要比任何人都 less imperfect（少欠佳之处）!

好像世界上公认有个现象:一个音乐家（指演奏家）大多只能限于演奏某几个作曲家的作品。其实这种人只能称为演奏家而不是艺术家。因为他们的胸襟不够宽广,容受不了广大的艺术天地,接受不了变化无穷的形与色。假如一个人永远能开垦自己心中的园地,了解任何艺术品都不应该有问题的。

有件小事要和你谈谈。你写信封为什么老是这么不 neat（整洁，干净）？日常琐事要做得 neat（整洁，干净），等于弹琴要讲究干净是一样的。我始终认为做人的作风应当是一致的，否则就是不调和；而从事艺术的人应当最恨不调和。我这回附上一小方纸，还比你用的信封小一些，照样能写得很宽绰。你能不能注意一下呢？以此类推，一切小事养成这种 neat（整洁，干净）的习惯，对你的艺术无形中也有好处。因为无论如何细小不足道的事，都反映出一个人的意识与性情。修改小习惯，就等于修改自己的意识与性情。所谓学习，不一定限于书本或是某种技术；否则"随时随地都该学习"这句话，又怎么讲呢？我想你每次接到我的信，连寄书谱的大包，总该有个印象，觉得我的字都写得整整齐齐、清楚明白吧！

……

再会吧，孩子，路上小心，一切保重！特别注意饮食，寒暖，出门演奏更要当心身体！

爸爸
二月二十九日夜

……

十月三日晨

亲爱的孩子：

你回来了，又走了；① 许多新的工作、新的忙碌、新的变化等着你，你是不会感到寂寞的；我们却是静下来，慢慢的回复我们单调的生活，和才过去的欢会与忙乱对比之下，不免一片空虚——昨儿整整一天若有所失。孩子，你一天天的在进步，在发展：这两年来你对人

---

① 傅聪于 1956 年 8 月曾短暂回国与父母团聚。

生和艺术的理解又跨了一大步，我愈来愈爱你了，除了因为你是我们身上的血肉所化出来的而爱你以外，还因为你有如此焕发的才华而爱你：正因为我爱一切的才华，爱一切的艺术品，所以我也把你当作一般的才华（离开骨肉关系），当作一件珍贵的艺术品而爱你。你得千万爱护自己，爱护我们所珍视的艺术品！遇到任何一件出入重大的事，你得想到我们——连你自己在内——对艺术的爱！不是说你应当时时刻刻想到自己了不起，而是说你应当从客观的角度重视自己：你的将来对中国音乐的前途有那么重大的关系，你每走一步，无形中都对整个民族艺术的发展有影响，所以你更应当战战兢兢，郑重其事！随时随地要准备牺牲目前的感情，为了更大的感情——对艺术对祖国的感情。你用在理解乐曲方面的理智，希望能普遍的应用到一切方面，特别是用在个人的感情方面。我的园丁工作已经做了一大半，还有一大半要你自己来做的了。爸爸已经进入人生的秋季，许多地方都要逐渐落在你们年轻人的后面，能够帮你的忙将要越来越减少；一切要靠你自己努力，靠你自己警惕，自己鞭策。你说到技巧要理论与实践结合，但愿你能把这句话用在人生的实践上去；那么你这朵花一定能开得更美，更丰满，更有力，更长久！

　　谈了一个多月的话，好像只跟你谈了一个开场白。我跟你是永远谈不完的，正如一个人对自己的独白是终身不会完的。你跟我两人的思想和感情，不正是我自己的思想和感情吗？清清楚楚的，我跟你的讨论与争辩，常常就是我跟自己的讨论与争辩。父子之间能有这种境界，也是人生莫大的幸福。除了外界的原因没有能使你把假期过得像个假期以外，连我也给你一些小小的不愉快，破坏了你回家前的对家庭的期望。我心中始终对你抱着歉意。但愿你这次给我的教育（就是说从和你相处而反映出我的缺点）能对我今后发生作用，把我自己继续改造。尽管人生那么无情，我们本人还是应当把自己尽量改好，少给人一些痛苦，多给人一些快乐。说来说去，我仍抱着"宁天下人负我，毋我负天下人"的心愿。我相信你也是这样的。

这几日你跟马先生一定谈得非常兴奋。能有一个师友之间的人和你推心置腹，也是难得的幸运。孩子，你不是得承认命运毕竟是宠爱我们的吗？

……

多么爱你的爸爸、妈妈
十月三日晨

这次没有能和你细细欣赏一下古诗文，觉得非常遗憾。《花间集》要吗？

你写的"乐"字行书，写错了，应当是"乐"，切不可写得更复杂。你给音院同学的信上都写得不对，已代改正，否则人家会不识的。

《解放日报》上的文字，可给马先生一阅，阅后即收存带波。

十月十一日下午

亲爱的孩子：

今日上午收到来信。你这样忙，怎么还去录音？身体既吃不消，效果也不一定会好。

谢谢你好意，想送我《苏加诺藏画集》。可是孩子，我在沪也见到了，觉得花一百五十元太不值得。真正的好画，真正的好印刷（三十年代只有德、荷、比三国的美术印刷是世界水平；英、法的都不行。二次大战以后，一般德国犹太人亡命去美，一九四七年时看到的美国名画印刷才像样），你没见过，便以为那画册是好极了。上海旧书店西欧印的好画册也常有，因价贵，都舍不得买。你辛辛苦苦，身体吃了很多亏挣来的钱，我不能让你这样花。所以除了你自己的一部以外，我已写信托马先生退掉一部。省下的钱，慢慢替你买书买谱，用途多得很，不会嫌钱太多的。这几年我版税收入少，要买东西全靠你这次回来挣的一笔款子了。

……

　　说到骄傲，我细细分析之下，觉得你对人不够圆通固然是一个原因，人家见了你有自卑感也是一个原因；而你有时说话太直更是一个主要原因。例如你初见恩德，听了她弹琴，你说她简直不知所云。这说话方式当然有问题。倘能细细分析她的毛病，而不先用大帽子当头一压，听的人不是更好受些吗？有一夜快十点多了，你还要练琴，她劝你明天再练，你回答说：像你那样，我还会有成绩吗？对待人家的好意，用反批评的办法，自然不行。妈妈要你加衣，要你吃肉，你也常用这一类口吻。你惯了，不觉得；但恩德究不是亲姐妹，便是亲姐妹，有时也吃不消。这些毛病，我自己也常犯，但愿与你共勉之！从这些小事情上推而广之，你我无意之间伤害人的事一定不大少，也难怪别人都说我们骄傲了。我平心静气思索以后，有此感想，不知你以为如何？

　　留波学习问题，且待过了明年再商量。那时以前我一定会去北京，和首长们当面协商。主要是你能把理论课早日赶完，跟杰老师多学些东西。照我前一晌提议的，每个作家挑一二代表作，彻底研究，排好日程，这一二年内非完成不可。

　　平日仍望坚持牛奶、鸡子、牛油。无论如何，营养第一，休息睡眠第一。为了艺术，样样要多克制自己！再过二年的使徒生活，战战兢兢的应付一切。人越有名，不骄傲别人也会有骄傲之感；这也是常情；故我们自己更要谦和有礼！

　　好了，已经太啰嗦了。能把在京与夏部长谈的再补充一些，最好。再见，孩子，处处保重！

爸爸
十月十一日　下午

……

一九五七年 〔四通——父一通／母三通〕

三月十八日深夜于北京

亲爱的孩子：

……

我也和马先生、庞伯伯细细商量过，假如改往苏联学习，一般文化界的空气也许要健全些，对你有好处；但也有一些教条主义味儿，你不一定吃得消；日子长了，你也要叫苦。他们的音乐界，一般比较属于 cold（**冷淡，冷静**）型，什么时候能找到一个老师对你能相忍相让，容许你充分自由发展的，很难有把握。马先生认为苏联的学派与教法与你不大相合。我也同意此点。最后，改往苏联，又得在语言文字方面重起炉灶，而你现在是经不起耽搁的。周扬先生听我说了杰老师的学问，说："多学几年就多学几年吧。"（几个月前，夏部长有信给我，怕波兰动荡的环境，想让你早些回国。现在他看法又不同了。）你该记得，胜利以前的一年，我在上海集合十二三个朋友（内有宋伯伯、姜椿芳、两个裘伯伯等等），每两周聚会一次，由一个人作一个小小学术讲话；然后吃吃茶点，谈谈时局，交换消息。那个时期是我们最苦闷的时期，但我们并不消沉，而是纠集了一些朋友自己造一个健康的小天地，暂时躲一下。你现在的处境和我们那时大不相同，更无须情绪低落。我的性格的坚韧，还是值得你学习的。我的脆弱是在生活细节方面，可不在大问题上。希望你坚强，想想过去大师们的艰苦奋斗，想想克利斯朵夫那样的人物，想想莫扎特、贝多芬；挺起腰来，不随便受环境影响！别人家的垃圾，何必多看？更不必多烦心。作客应当多注意主人家的美的地方；你该像一只久饥的蜜蜂，尽量吮吸鲜花的甘露，酿成你自己的佳蜜。何况你既要学 piano（**钢琴**），又要学理论，又要弄通文字，整天在艺术、学术的空气中，忙还忙不过来，怎会有时间多想邻人的家务事呢？

亲爱的孩子，听我的话吧，爸爸的一颗赤诚的心，忙着为周围的几个朋友打气，忙着管闲事，为社会主义事业尽一分极小的力，也忙着为本门的业务加工，但求自己能有寸进；当然更要为你这儿子作园丁与警卫的工作：这是我的责任，也是我的乐趣。多多休息，吃得好，睡得好，练琴时少发泄感情，（谁也不是铁打的！）生活有规律些，自然身体会强壮，精神会饱满，一切会乐观。万一有什么低潮来，想想你的爸爸举着他一双瘦长的手臂远远的在支撑你；更想想有这样坚强的党、政府与毛主席，时时刻刻作出许多伟大的事业，发出许多伟大的言论，无形中但是有效的在鼓励你前进！平衡身心，平衡理智与感情，节制肉欲，节制感情，节制思想，对像你这样的青年是有好处的。修养是整个的，全面的；不仅在于音乐，特别在于做人——不是狭义的做人，而是包括对世界、对政局的看法与态度。二十世纪的人，生在社会主义国家之内，更需要冷静的理智，唯有经过铁一般的理智控制的感情才是健康的，才能对艺术有真正的贡献。孩子，我千言万语也说不完，我相信你一切都懂，问题只在于实践！我腰酸背疼，两眼昏花，写不下去了。我祝福你，我爱你，希望你强，更强，永远做一个强者，有一颗慈悲的心的强者！

爸爸

三月十八日　深夜

九月十七日

亲爱的聪：

不接到你的信，心里总是不安。马先生他们是昨天下午到沪的，住锦江饭店，昨晚先通了电话，约好今晨九时去看他们。我们是准时去的，马先生马太太都好，关于你的事也谈了许多，觉得他们两人对你的爱护，比你自己的父母还强，他们把你当作自己的儿女，什么也不计较，你一定要拿行动来报答他们。他们对你的劝告，难能可贵的忠言，一定要牢记在心，而且要拿出实际行动来……他们还要去南昌，杭州，大概下月五六日在杭州，那么回北京一定要在十日左右了。你现在住在马家，小主人招待你，一定要像个样。他们虽然年纪小，可是很懂事，你要尊重他们，到什么地方去，都应该告诉他们，回去吃饭或不回去吃饭都要讲的清清楚楚。这一切非但是礼貌，而且是人情……

我们叫你一到北京就跟夏部长通电话，阿敏信上没有提，我们真不放心，事情要分重要次要，你就单凭自己的主观，这是不应该的。文化部报到后，究竟派你在哪个团体里学习？与夏部长或周巍峙同志见了面没有？楼伯伯那里去过没有？我们天天等你的信，希望你将具体情况告诉我们。为了你，真是提心吊胆，一刻也不安宁。离家前，爸爸对你的忠言，要仔细多想想，你的主观太强，非把"大我"化为"小我"，甚至化为"小小我"不可。至于感情问题，我们也讲尽了，只要你有理智，坚强起来，要摆脱是没有问题的。你要做一个为人民所爱的艺术家，不要做给人唾弃的艺术家。把你的热情化到艺术中去，那才伟大呢！我们也知道你克制的能力最差，这是很大的缺点，都得由你自己去克服。你这一次参加整风学习，机会难得，要冷静观察，虚心学习，多一次锻炼，对你是有好处的。……

你的飞机票马伯母带在身边，现在由我寄上。马伯母再三关照，日期是定好的，不过要早几天拿了护照和飞机票去航空公司签字，假如要早走的话，更要早些去办手续。

不多谈了，千万跟马家的弟妹们要和和气气……请你代我问候他们，谢谢他们招待你。

妈妈
九月十七日

九月二十五日下午

亲爱的聪：

收到你二十二日夜写的信，很高兴你经过了一番锻炼后，得到深刻的教育，使你有机会痛改前非；他们向你提的意见，就是你在家时我们提的意见。可知大家对你的爱护是一致的……

你现在思想方面，固然认识有所提高，但在感情方面是否也认识清楚了呢？……你初回家时，晚上在园子里爸爸对你讲的一番话，一番分析，你现在的头脑应该比较冷静，可以好好想一想，是否有所清醒呢！要是一个人的幸福建筑在人家的痛苦上，不是彻头彻尾的个人主义，也就是小资产阶级的意识么！……为了国家，为了广大人民，为了你自己的一生，为了你的艺术，是不是应该把事情看得远一些，为了将来的幸福而忍受一下眼前的苦闷呢！

回想二十年前，我跟你爸爸的情形，那时你五岁，弟弟二岁，我内心的斗争是剧烈的，为了怨恨，不能忍受，我可以一走了之；可是我再三考虑，觉得不是那么简单，我走了，孩子要吃苦，我不应该那么忍心、自私，为了一个"我"而牺牲了你们的幸福。我终于委曲求全的忍受了下来。反过来想一想，要是你爸爸当时也只为了眼前的幸福而不顾一切，那么，今天还有你们吗？还有我们这个美满的家庭吗？那是不可想像的。所以幸福是拿或多或少的痛苦换来的。眼前的，短时期的幸福往往种下了将来的、长期的、甚至下一代痛苦的根，这是最值得深思的。常常要设身处地的为人家想，这也是化"大我"为"小我"的一例。我们做父母的，决不自私。对人家的婚姻，有美满的，有痛苦的，看也看得多了，因此对你敲敲警钟，无非出于爱子之心……

　　马先生夫妇太关心你了，差不多天天打电话来问有没有信。我们是二十三日请他们来的，因为二十二日那天马伯母不舒服而改期的。爸爸给他们看了些黄宾虹先生的画，马先生很高兴。马伯母告诉我，她接到小妹的第一信，说叫她放心，他们都好，不会欺负她的干儿子的。第二信说傅哥哥搬文化部去住了……

　　音乐会开不开？最近的思想情况，希望随时报告。护照签好了吗？飞机票也要去签字的，办好了吗？不多谈了，等你来信！

妈妈

九月二十五日　下午二时

十月一日

亲爱的聪：

　　前昨二天的《人民日报》看见了你独奏会的广告，知道你最近一定忙于练琴了。望你音乐会后即来信，告知详情。我和你爸爸的长信收到了后，对你感情方面有否帮助，希望你坦白告诉我们。

　　前天接到杰老师的明信片，他老人家非常关心你，问你在苏联演出后的情形，及在中国有否开音乐会，问你身体好不好？爸爸立刻写了回信去，告诉他你的近况，并告诉他你还要在莫斯科演出，约二十日左右回华沙。我们从此感到通一国外文多有用！从此也证明你的波兰文非弄通不可，爸爸不能永远做你的秘书，事实上也不可能做。因为许多问题，不论音乐方面、思想方面，都要你自己发挥才达意。要是你能写波兰文，那你早已会去信告诉老师，不会让他担心了。你现在弄得像 boy（西崽）一样，英文会讲一点，波兰文会讲，俄文也可冒充一下,可是一种文字也不能写,这是个大大的缺陷,也是丢人的事。望你此次回华沙,文字一定要弄通,你说过,只要肯花功夫是不难的,那么就多花些时间在文字方面吧,你将来回国后,可以跟老师朋友通信讨教,得益不浅。出国了三年,文字不会写,真是说不过去。望你努力。

给我们来信!祝好!

妈妈
十月一日

……

一九五九年　［三通——父二通／母一通］

三月十二日①

一、对外只谈艺术，言多必失，防人利用。
二、行动慎重，有事多与老辈商量，三思而行。
三、生活节俭，用钱要计算。
四、爸爸照常工作。

一九五九年三月十二日

十月一日

孩子：

十个月来我的心绪你该想像得到；我也不想千言万语多说，以免增加你的负担。②你既没有忘怀祖国，祖国也没有忘了你，始终给你留着余地，等你醒悟。我相信：祖国的大门是永远向你开着的。

好多话，妈妈已说了，我不想再重复。但我还得强调一点，就是：适量的音乐会能刺激你的艺术，提高你的水平；过多的音乐会只能麻痹你的感觉，使你的表演缺少生气与新鲜感，从而损害你的艺术。你既把艺术看得比生命还重，就该忠于艺术，尽一切可能为保持艺术的完整而奋斗。这个奋斗中目前最重要的一个项目就是：不能只考虑需要出台的一切理由，而要多考虑不宜于多出台的一切理由。其次，千万别做经理人的摇钱树！他们的一千零一个劝你出台的理由，无非是趁艺术家走红的时期多赚几文，哪里是为真正的艺术着想！一个月七

---

① 此信无抬头、落款，是一封短简。
② 1957年中国大陆发生"反右运动"，傅雷被划归"右派"，受到错误批判。但傅雷夫妇为了避免儿子受到影响，向他隐瞒了此事。

八次乃至八九次音乐会实在太多了，大大的太多了！长此以往，大有成为钢琴匠，甚至奏琴的机器的危险！你的节目存底很快要告罄的；细水长流才是办法。若是在如此繁忙的出台以外，同时补充新节目，则人非钢铁，不消数月，会整个身体垮下来的。没有了青山，哪还有柴烧？何况身心过于劳累就会影响到心情，影响到对艺术的感受。这许多道理想你并非不知道，为什么不挣扎起来，跟经理人商量——必要时还得坚持——减少一半乃至一半以上的音乐会呢？我猜你会回答我：目前都已答应下来，不能取消，取消了要赔人损失等等。可是你能否把已定的音乐会一律推迟一些，中间多一些空隙呢？否则，万一临时病倒，还不是照样得取消音乐会？难道捐税和经理人的佣金真是奇重，你每次所得极微，所以非开这么多音乐会就活不了吗？来信既说已经站稳脚跟，那么一个月只登台一二次（至多三次）也不用怕你的名字冷下去。决定性的仗打过了，多打零星的不精彩的仗，除了浪费精力，报效经理人以外，毫无用处，不但毫无用处，还会因表演的不够理想而损害听众对你的印象。你如今每次登台都与国家面子有关；个人的荣辱得失事小，国家的荣辱得失事大！你既热爱祖国，这一点尤其不能忘了。为了身体，为了精神，为了艺术，为了国家的荣誉，你都不能不大大减少你的演出。为这件事，我从接信以来未能安睡，往往为此一夜数惊！

还有你的感情问题怎样了？来信一字未提，我们却一日未尝去心。我知道你的性格，也想像得到你的环境；你一向滥于用情；而即使不采主动，被人追求时也免不了虚荣心感到得意：这是人之常情，于艺术家为尤甚，因此更需警惕。你成年已久，到了二十五岁也该理性坚强一些了，单凭一时冲动的行为也该能多克制一些了。不知事实上是否如此？要找永久的伴侣，也得多用理智考虑勿被感情蒙蔽！情人的眼光一结婚就会变，变得你自己都不相信：事先要不想到这一着，必招后来的无穷痛苦。除了艺术以外，你在外做人方面就是这一点使我们操心。因为这一点也间接影响到国家民族的荣誉，英国人对男女问题的看法始终清教徒气息很重，想你也有所发觉，知道如何自爱了；自爱即所以报答父母，报答国家。

真正的艺术家，名副其实的艺术家，多半是在回想中和想象中过他的感情生活的。唯其能把感情生活升华才给人类留下这许多杰作。反复不已的、有始无终的、没有结果也不可能有结果的恋爱，只会使人变成唐璜（好色徒），使人变得轻薄，使人——至少——对爱情感觉麻痹，无形中流于玩世不恭；而你知道，玩世不恭的祸害，不说别的，先就使你的艺术颓废；假如每次都是真刀真枪，那么精力消耗太大，人寿几何，全部贡献给艺术还不够，怎容你如此浪费！歌德的《少年维特之烦恼》的故事，你总该记得吧。要是歌德没有这大智大勇，历史上也就没有歌德了。你把十五岁到现在的感情经历回想一遍，也会怅然若失了吧？也该从此换一副眼光、换一种态度、换一种心情来看待恋爱了吧？——总之，你无论在订演出合同方面，在感情方面，在政治行动方面，主要得避免"身不由主"，这是你最大的弱点。——在此举国欢腾，庆祝十年建国十年建设十年成就的时节，我写这封信的心情尤其感触万端，非笔墨所能形容。孩子，珍重，各方面珍重，千万珍重，千万自爱！

爸爸

一九五九年　国庆

十月一日

亲爱的聪：

未接来信之前，我们的心情是沉痛的，痛苦的，你的变化太突兀了，令人无法捉摸。我们做父母的只觉得惭愧，没有给你什么好的感受。我们除了一片热忱的爱子之心之外，但愿你自觉的醒悟过来。一个人身在国外,对祖国的怀念是深切的,不论做人方面、事业方面,处处要保持我们中国人传统的谦虚和大方。

　　来信说已经跑过许多地方,开过几十次音乐会,总算得到好评,这当然是你辛勤劳动的成果。每次演出都好像上战场,只许成功,不许失败。但是你有没有考虑到,这样多的音乐会,长此下去,会损伤你的健康?我一向知道你不注意起居饮食,为了演出可以废寝忘食,还要跑东跑西,何其劳累。在你年富力强的时候,也许还不觉得,但迟早要影响健康,跟你总算账的。太多的演出,对你学习有妨碍。照理,像你这样的钢琴家,每月至多二三次,那么才有充分时间学习其他东西。须知不进则退,于你是不利的。你应该有个打算,好好的安排,也可以和经纪人商量,总以演出不妨碍学习和休息为主。宁可生活清苦些,节制一些力量(对理财方面也要有打算,要节约,不可滋长浪费的恶习)。俗语说:在家靠父母,出门靠朋友,你孤身海外,更需要处处向长者讨教,与朋友商量,千万不可独断独行。

　　与华沙的杰老师,有没有时时去信请教问候,你是他的得意学生,切不可忘了他。

　　……

妈妈
十月一日

……

一九六〇年〔九通——父五通／母四通〕

一月十日

孩子:

看到国外对你的评论很高兴。你的好几个特点已获得一致的承认和赞许,例如你的 tone(音色,音质),你的 touch(按键),你对细节的认真与对完美的追求,你的理解与风格,都已受到注意。有人说莫扎特《第二十七钢琴协奏曲》(K. 595)(作品五九五号)第一乐章是 healthy(健康),extrovert allegro(外向快板),似乎与你的看法不同,说那一乐章健康,当然没问题,说"外向"(extrovert)恐怕未必。另一批评认为你对 K. 595(作品五九五号)第三乐章的表达"His(他的)(指你)sensibility is more passive than creative(情感更显消极,而不是有创造性的)",与我对你的看法也不一样。还有人说你弹肖邦的 *Ballades*(《叙事曲》)和 *Scherzo*(《谐谑曲》)中某些快的段落太快了,以致妨碍了作品的明确性。这位批评家对你三月和十月的两次肖邦都有这个说法,不知实际情形如何?从节目单的乐曲说明和一般的评论看,好像英国人对莫扎特并无特别精到的见解,也许有这种学者或艺术家而并没写文章。

以三十年前的法国情况作比,英国的音乐空气要普遍得多。固然,普遍不一定就是水平高,但质究竟是从量开始的。法国一离开巴黎就显得闭塞,空无所有;不像英国许多二等城市还有许多文化艺术活动。不过这是从表面看;实际上群众的水平,反应如何,要问你实地接触的人了。望来信告知大概。你在西欧住了一年,也跑了一年,对各国音乐界多少有些观感,我也想知道。便是演奏场子吧,也不妨略叙一叙。例如以音响效果出名的 Festival Hall(节日大厅)①,究竟有什么

---

① 节日大厅,指英国伦敦的节日音乐厅。

特点等等。

结合听众的要求和你自己的学习，以后你的节目打算向哪些方面发展？是不是觉得舒伯特和莫扎特目前都未受到应有的重视，加上你特别有心得，所以着重表演他们两个？你的普罗科菲耶夫和萧斯塔科维奇的奏鸣曲，都还没出过台，是否一般英国听众不大爱听现代作品？你早先练好的巴托克协奏曲是第几支？听说他的协奏曲以第三最时行。你练了贝多芬第一，是否还想练第三？弹过勃拉姆斯的大作品后，你对浪漫派是否感觉有所改变？对舒曼和弗兰克是否又恢复了一些好感？当然，终身从事音乐的人对那些大师可能一辈子翻来覆去要改变好多次态度；我这些问题只是想知道你现阶段的看法。

……

有几个人评论你的演奏都提到你身体瘦弱。由此可见你自己该如何保养身体，充分休息。今年夏天务必抽出一个时期去过暑假！来信说不能减少演出的理由，我很懂得，但除非为了生活所迫，下一届订合同务必比这一届合理减少一些演出。<u>要打天下也不能急，要往长里看。养精蓄锐、精神饱满的打决定性的仗比零碎仗更有效。</u>何况你还得学习，补充节目，注意其他方面的修养；除此之外，还要有充分的休息！

你不依靠任何政治经济背景，单凭艺术立足，这也是你对己对人对祖国的最起码而最主要的责任！当然极好，但望永远坚持下去，我相信你会坚持，不过考验你的日子还未到来。至此为止你尚未遇到逆境。真要过了贫贱日子才真正显出"贫贱不能移"！居安思危，多多锻炼你的意志吧。

节目单等等随时寄来。法、比两国的评论有没有？你的 Steinway（施坦威）[①] 是七尺的，九尺的？几星期来闹病闹得更忙，连日又是重

[①] 施坦威 Steinway，著名钢琴品牌。

伤风又是肠胃炎，无力多写了。诸事小心，珍重珍重！

            爸爸

            一月十日

一月十日夜

亲爱的聪：

  你十二月一日发的信，十二日就收到了，还算快，节目单及照片平寄较慢，二十三日方收到。来信使我们高兴，那些剪报整理一下打字打了几份，（我平时练练打字，居然派上了用场。）给天舅舅他们看看。倘使剪报对你还有用处，我可以寄回。

  从来信可看到你立身处事，有原则，有信心，我们心头上的石头也放下了。但愿你不忘祖国对你的培养，首长们的爱护，坚持你的独立斗争，为了民族自尊心，在外更要出人头地的为国争光，不仅在艺术方面，并且在做人方面。我相信你不会随风使舵，也绝不会随便改变主张。你的成功，仍然是祖国的光荣。孩子，你给了我们痛苦，也给了我们欢乐。

  最近两个月来，我们有兴致听听音乐了，仅有的几张你灌的唱片，想到你就开着听，好像你就在我们眼前弹奏一般。我常常凭回忆思念你，悲欢离合，有甜蜜，有辛酸，人生犹如梦境，一霎眼我们半世过去了。我们这几年来老了许多，爸爸头发花白，神经衰弱，精力已大大减弱，晚上已不能工作；我的眼光衰退，也常常会失眠，这一切都是老态的表现，无法避免了。

  我最担心的是你的身体，看你照片，似乎瘦了，也老了些。我深知你的脾气，为了练琴可以废寝忘食，生活向无规律，在我们身边还可以控制你，照顾你。不知你现在的饮食如何解决的？只要经济上没问题，对你来说，营养是第一，因为你在精神身体方面的消耗太大，不能不注意。衣食寒暖,不能怕麻烦,千万勿逞年轻,任性随便,满不在乎,迟早要算账的。希望以后多多告诉我们生活细节,让我们好像在一起生活一样。

我记得你说过慢转唱片已有一百多张,是否全部丢了?真可惜。我们去年把旧得不成样的唱片,卖去了一百多张,很想添些慢转的,可是不容易买到。倘使对你经济上没多大影响,以后能否挑些精彩的寄给我们?如 Issac Stern(艾萨克·斯特恩)① 拉的 violin(小提琴),Bjoerling(比约林)② 唱的 opera(歌剧),或是你认为满意的。不过这不妨稍缓,我们最急望的还是你自己灌的肖邦唱片,是否可托唱片公司代你包装代你寄来?(要双份——单单一份容易唱旧)封面上写 Madame Chu Mei—fou 或 Mrs fou,不要写 Mr.。你来信也要如此写。慢转唱片在英国要卖多少钱一张?最高的多少?最低的多少?

杰老师曾有信来,他非常关心你,他说写过几次信给你,都没回音。孩子,你是老师心爱的学生,一定要常常去信请教、问候,报告演出情况,不能用"忙"字来推托,安慰老师也是你应尽之责。

现在你孤身海外,不论什么事,都要你自己合理安排,譬如理财一道,也要训练得有计划,有打算,要望长里看,不能糊里糊涂。尤其是辛勤劳苦挣来的,我们绝不要讨人便宜,可也不要任人剥削。不知你灌唱片,公司与你订的合同是怎样的?

爸爸的书最近两年没有出新的,巴尔扎克的《赛查·皮罗多盛衰记》尚未付印。另一本《搅水女人》新近译完。丹纳的《艺术哲学》年底才整理插图,整整忙了十天,找插图材料,计算尺寸大小,加插图说明等等,都是琐碎而费手脚的,因为工作时间太长,每天搞到十一二点,做的时候提起精神不觉得怎么累,等到告一段落,精神松下

---

① 艾萨克·斯特恩 Issac Stern,1920—2001,美国著名小提琴家,生于苏联。
② 比约林 Bjoerling,1911—1960,世界著名的瑞典男高音歌唱家。

来，人就支持不住，病了三天，也算是彻底休息了三天。你知道爸爸的脾气，他只有病在床上才算真正的休息。幸而吴医生住在我们家，他是我们的医药顾问，一不舒服就找他，沾光不少。

……

阿敏的自行车在沪买到后，上月底寄北京，他很高兴，总算如愿以偿了。春节放假日子少，不回家了。爸爸他太多病了，这几天又在发病，我的心绪也不好，不多谈了，望保重身体！

妈妈
一月十日夜

寄唱片时要唱片公司附寄发票来，以便纳税；若是你自己灌的，也要写明"赠送"字样。

回信把我们的信仔细再看看，你有时很粗心，往往问你的问题，没有回音。

八月五日

孩子：

两次妈妈给你写信，我都未动笔，因为身体不好，精力不支。不病不头痛的时候本来就很少，只能抓紧时间做些工作；工作完了已筋疲力尽，无心再做旁的事。人老了当然要百病丛生，衰老只有早晚之别，绝无不来之理，你千万别为我担忧。我素来对生死看得极淡，只是鞠躬尽瘁，活一天做一天工作，到有一天死神来叫我放下笔杆的时候才休息。如是而已。弄艺术的人总不免有烦恼，尤其是旧知识分子处在这样一个大时代。你虽然年轻，但是从我这儿沾染的旧知识分子的缺点也着实不少。但你四五年来来信，总说一投入工作就什么烦恼都忘了；能这样在工作中乐以忘忧，已经很不差了。我们二十四小时之内,除了吃饭睡觉总是工作的时间多,空闲的时间少;所以即使烦恼,时间也不会太久,你说是不是?不过劳逸也要调节得好:你弄音乐,神经与感情特别紧张,一年下来也该彻底休息一下。暑假里到乡下去住个十天八天,不但身心得益,便是对你的音乐感受也有好处。何况入国问禁,入境问俗,对他们的人情风俗也该体会观察。老关在伦敦,或者老是忙忙碌碌在各地奔走演出,一点不接触现实,并不相宜。见信后望立刻收拾行装,出去歇歇,即是三五天也是好的。

你近来专攻斯卡拉蒂,发现他的许多妙处,我并不奇怪。这是你喜欢韩德尔以后必然的结果。斯卡拉蒂的时代,文艺复兴在绘画与文学园地中的花朵已经开放完毕,开始转到音乐;人的思想感情正要求在另一种艺术中发泄,要求更直接刺激感官,比较更缥缈更自由的一种艺术,就是音乐,来满足它们的需要。所以当时的音乐作品特别有朝气,特别清新,正如文艺复兴前期绘画中的波提切利[①],而且音乐规律还不像十八世纪末叶严格,有才能的作家容易发挥性灵。何况欧洲的音乐传统,在十七世纪时还非常薄弱,不像绘画与雕塑早在古希腊就有登峰造极的造诣(雕塑在公元前六至四世纪,绘画在公元前一世纪至公元后一世纪)。一片广大无边的处女地正有待于斯卡拉蒂及其以后的人去开垦。写到这里,我想你应该常去大英博物馆,那儿的艺术宝藏可说一辈子也享受不尽;为了你总的(全面的)艺术修养,你也该多多到那里去学习。

我因为病的时候多,只能多接触艺术,除了原有的旧画以外,无意中研究起碑帖来了:现在对中国书法的变迁源流,已弄出一些眉目,对中国整个艺术史也增加了一些体会;可惜没有精神与你细谈。提到书法,忽然想起你在四月号《音乐与音乐家》杂志上的签字式,把聪

---

① 波提切利 Sandro Botticelli,1445—1510,15世纪末、16世纪初佛罗伦萨著名画家。

字写成"㤺"。须知末一笔不能往下拖长，因为行书草书，"一"或"⺗"才代表"心"字，你只能写成"㤺"或"㤺"。末一笔可以流露一些笔锋的余波，例如"㤺"或"㤺"，但切不可余锋太多，变成往下拖的一只脚。望注意。

你以前对英国批评家的看法，太苛刻了些。好的批评家和好的演奏家一样难得；大多数只能是平平庸庸的"职业批评家"。但寄回的评论中有几篇的确写得很中肯。例如五月七日 *Manchester Guardian*（《曼彻斯特卫报》）上署名 J. H. Elliot（埃利奥特）写的《从东方来的新的启示》*New Light from the East* 说你并非完全接受西方音乐传统，而另有一种清新的前人所未有的观点。又说你离开西方传统的时候，总是以更好的东西去代替；而且即使是西方文化最严格的卫道者也不觉你脱离西方传统有什么"乖张""荒诞"，炫耀新奇的地方。这是真正理解到了你的特点。你能用东方人的思想感情去表达西方音乐，而仍旧能为西方最严格的卫道者所接受，就表示你的确对西方音乐有了一些新的贡献。我为之很高兴。且不说这也是东风压倒西风的表现之一，并且正是中国艺术家对世界文化应尽的责任；唯有不同种族的艺术家，在不损害一种特殊艺术的完整性的条件之下，能灌输一部分新的血液进去，世界的文化才能愈来愈丰富，愈来愈完满，愈来愈光辉灿烂。希望你继续往这条路上前进！还有一月二日 *Hastings Observer*（《黑斯廷斯观察家报》）上署名 Allan Biggs（阿伦·比格斯）写的一篇评论，显出他是衷心受了感动而写的，全文没有空洞的赞美，处处都着着实实指出好在哪里。看来他是一位年纪很大的人了，因为他说在一生听到的上千钢琴家中，只有 Pachmann[①] 与 Moiseiwitsch

---

[①] 帕赫曼 Pachmann，1848—1933，俄罗斯钢琴家。

(莫依赛维奇)① 两个,有你那样的魅力。Pachmann② 已经死了多少年了,而且他听到过"上千"钢琴家,准是个苍然老叟了。关于你唱片的专评也写得好。

要写的中文不洋化,只有多写。写的时候一定打草稿,细细改过。除此以外并无别法。特别把可要可不要的字剔干净。

身在国外,靠艺术谋生而能不奔走于权贵之门,当然使我们安慰。我相信你一定会坚持下去。这点儿傲气也是中国艺术家最优美的传统之一,值得给西方做个榜样。可是别忘了一句老话:岁寒而后知松柏之后凋;你还没经过"岁寒"的考验,还得对自己提高警惕才好!一切珍重!千万珍重!

爸爸
一九六〇年八月五日

八月二十九日

亲爱的孩子:

八月二十日报告的喜讯使我们心中说不出的欢喜和兴奋。你在人生的旅途中踏上一个新的阶段,开始负起新的责任来,我们要祝贺你、祝福你、鼓励你。希望你拿出像对待音乐艺术一样的毅力、信心、虔诚,来学习人生艺术中最高深的一课。但愿你将来在这一门艺术中得到像你在音乐艺术中一样的成功!发生什么疑难或苦闷,随时向一两个正直而有经验的中、老年人讨教,(你在伦敦已有一年八个月,也该有这样的老成的朋友吧?)深思熟虑,然后决定,切勿单凭一时冲动:只要你能做到这几点,我们也就放心了。

---

① 莫依赛维奇 Moiseiwitsch,1890—1963,英藉俄国钢琴家。
② 帕赫曼死于 1933 年。

对终身伴侣的要求，正如对人生一切的要求一样不能太苛。事情总有正反两面：追得你太迫切了，你觉得负担重；追得不紧了，又觉得不够热烈。温柔的人有时会显得懦弱，刚强了又近乎专制。幻想多了未免不切实际，能干的管家太太又觉得俗气。只有长处没有短处的人在哪儿呢？世界上究竟有没有十全十美的人或事物呢？抚躬自问，自己又完美到什么程度呢？这一类的问题想必你考虑过不止一次。我觉得最主要的还是本质的善良，天性的温厚，开阔的胸襟。有了这三样，其他都可以逐渐培养；而且有了这三样，将来即使遇到大大小小的风波也不致变成悲剧。做艺术家的妻子比做任何人的妻子都难；你要不预先明白这一点，即使你知道"责人太严，责己太宽"，也不容易学会明哲、体贴、容忍。只要能代你解决生活琐事，同时对你的事业感到兴趣就行，对学问的钻研等等暂时不必期望过奢，还得看你们婚后的生活如何。眼前双方先学习相互的尊重、谅解、宽容。

对方把你作为她整个的世界固然很危险，但也很宝贵！你既已发觉，一定会慢慢点醒她；最好旁敲侧击而勿正面提出，还要使她感到那是为了维护她的人格独立，扩大她的世界观。倘若你已经想到奥里维的故事，不妨就把那部书叫她细读一二遍，特别要她注意那一段插曲。像雅葛丽纳①那样只知道 love, love, love!（爱，爱，爱！）的人只是童话中人物，在现实世界中非但得不到 love，连日子都会过不下去，因为她除了 love 一无所知，一无所有，一无所爱。这样狭窄的天地哪像一个天地！这样片面的人生观哪会得到幸福！无论男女，只有把兴趣集中在事业上、学问上、艺术上，尽量抛开渺小的自我（ego），才有快活的可能，才觉得活的有意义。未经世事的少女往往会存一个荒诞的梦想，以为恋爱时期的感情的高潮也能在婚后维持下去。这是违反自然规律的妄想。古语说，"君子之交淡如水"；又有一句话说，"夫妇相敬如宾"。可见只有平静、含蓄、温和的感情方能持久；另外

---

① 雅葛丽纳，罗曼·罗兰长篇小说《约翰·克利斯朵夫》中的人物。

一句的意义是说，夫妇到后来完全是一种知己朋友的关系，也即是我们所谓的终身伴侣。未婚之前双方能深切领会到这一点，就为将来打定了最可靠的基础，免除了多少不必要的误会与痛苦。

你是以艺术为生命的人，也是把真理、正义、人格等等看做高于一切的人，也是以工作为乐的人；我用不着唠叨，想你早已把这些信念表白过，而且竭力灌输给对方的了。我只想提醒你几点：第一，世界上最有力的论证莫如实际行动，最有效的教育莫如以身作则；自己做不到的事千万勿要求别人；自己也要犯的毛病先批评自己，先改自己的。第二，永远不要忘了我教育你的时候犯的许多过严的毛病。我过去的错误要是能使你避免同样的错误，我的罪过也可以减轻几分；你受过的痛苦不再施之于他人，你也不算白白吃苦。总的来说，尽管指点别人，可不要给人"好为人师"的感觉。奥诺丽纳（你还记得巴尔扎克那个中篇吗？）的不幸一大半是咎由自取，一小部分也因为丈夫教育她的态度伤了她的自尊心。凡是童年不快乐的人都特别脆弱（也有训练得格外坚强的，但只是少数），特别敏感，你回想一下自己，就会知道对待你的爱人要如何 delicate（温柔），如何 discreet（谨慎）了。

我相信你对爱情问题看得比以前更郑重更严肃了；就在这考验时期，希望你更加用严肃的态度对待一切，尤其要对婚后的责任先培养一种忠诚、庄严、虔敬的心情！

你既要家中存一份节目单的全部记录，为什么不在家中留一份唱片的完整记录呢？那不是更实在而具体的纪念吗？捷克灌的正式片始终没有，一套样片早就唱旧了。波兰灌的更是连节目都不知道。你一定能想法给我们罗致得来，这是你所能给我们最大快乐之一。

......

爸爸
一九六〇年八月二十九日

八月二十九日

亲爱的聪:

今天接到你的喜讯,真是说不出的高兴,做母亲的愿望总算实现了。男大当婚,女大当嫁,这是天经地义的事,但愿你跟 Zamira(弥拉)姻缘美满,我们为儿女担的心也算告一段落。她既美丽、聪明、温柔,对你是最合适了;我常常讲,聪找的对象一定要有这样的条件,因为我跟你爸爸的结合,能够和平相处,就是一个很显著的例子。只要真正认识对方,了解对方,就是受些委屈,也是不计较的。归根结底,到底自己也有错误的地方。希望你不要太苛求,看事情不要太认真,平易近人,总是给人一种体贴亲切之感。尤其对你终身的伴侣,不可三心二意,要始终如一。只要你们真正相爱、互相容忍、互相宽恕,难免的小波折很快会烟消云散。尤其你自己身上的缺点很多,你太像父亲了,只要有自知之明,你的爱人就会幸福。还有一点要提醒你,以后再也不要怀念童年的初恋,人家早已成了家,不但想了无用,而且无意中流露出来,也徒然增加你现在爱人的误会,那是最犯忌的,也是没有意义的。爸爸已经说了许多,而且都是经验之谈,我们在人生的旅途上走了几十年,非但结合自己的经历,而且朋友之中多多少少悲欢离合的事也看得很多,所以尽量告诉你,目的就是希望你们永远幸福。

......

妈妈

八月二十九日

十一月二十六日晚

亲爱的孩子：

自从弥拉和我们通信以后，好像你有了秘书，自己更少动笔了。知道你忙，精神紧张劳累，也不怪你。可是有些艺术问题非要你自己谈不可。你不谈，你我在精神上艺术上的沟通就要中断，而在我这个孤独的环境中更要感到孤独。除了你，没有人再和我交换音乐方面的意见。而我虽一天天的衰老，还是想多吹吹外面的风。你小时候我们指导你，到了今日，你也不能坐视爸爸在艺术的某一部门中落后！——十月二十一、十一月十三以及以前的信中已屡次提及，现在不多谈了。

没想到你们的婚期订得如此近，给我们一个措手不及。妈妈今儿整天在外选购送弥拉和你岳母的礼物。不过也许只能先寄弥拉的，下月再寄另外一包裹。原因详见给弥拉信。礼物不能在你们婚前到达伦敦，妈妈总觉得是件憾事。前信问你有否《敦煌壁画选》，现在我给你作为我给你们俩的新婚纪念品（下周作印刷品寄）。

孩子，你如今正式踏进人生的重要阶段了，想必对各个方面都已严肃认真的考虑过：我们中国人对待婚姻——所谓终身大事——比西方人郑重得多，你也决不例外；可是夫妇之间西方人比我们温柔得多，delicate（优雅）得多，真有我们古人相敬如宾的作风（当然其中有不少虚伪的，互相欺骗的），想你也早注意到，在此订婚四个月内也该多少学习了一些。至于经济方面，大概你必有妥善的打算和安排。还有一件事，妈妈和我争执不已，不赞成我提出。我认为你们都还年轻，尤其弥拉，初婚后一二年内光是学会当家已是够烦了，是否需要考虑稍缓一二年再生儿育女，以便减轻一些她的负担，让她多轻松一个时期？妈妈反对，说还是早生孩子，宁可以后再节育。但我说晚一些也不过晚一二年，并非十年八年；说不说由我，听不听由你们；知无不言，言无不尽，朋友之间尚且如此，何况父母子女！有什么忌讳呢？你说是不是？我不过表示我的看法，决定仍在你们。而且即使我不说，也许你们已经讨论过这个问题了。弥拉的意思很对，你们该出去休息一个星期。我老是觉得，你离开琴，沉浸在大自然中，多沉思默想，反而对你的音乐理解与感受好处更多。人需要不时跳出自我的牢笼，才能有新的感觉、新的看法，也能有更正确的自我批评。

你对晚期贝多芬的看法是否与以前有所不同？思想上是否更接近了些，还是相反，更远了些？一般批评界对舒伯特与贝多芬的见解，你有哪几点同意，哪几点不同意？——他们始终觉得你的莫扎特太精巧，你自己以为如何？

不多写了，祝

你婚姻美满，幸福！我们的心永远和你们两人在一起！

爸爸、妈妈

一九六〇年十一月二十六日晚

爸爸信上一句都没提到他自己，让我来加一笔。你们的喜讯使他忘了自己衰弱的身体，忙着写信，但过后还是要算账的。他的健康情况并不好，现在中医生都断定他的腰酸痛，直不起来，是很顽强的"增生性"关节炎，不会断根，吃了中药，不过减少些痛苦。他数十年常吃牛油，已断了快二年，对他营养不无影响。他抽惯的烟丝也买不到了，他说没有关系，戒烟算了。但我的想法，这都会影响他的工作的。等你们安定下来，倘使能寄些来，对爸爸仍有好处。我听他常说起他爱抽的烟丝是 Dunhill 的"Royal Yacht"，寄起来勿超过一磅，或半磅装的二听，保存起来更好。牛油至少一磅。

我们还预备送你一张林风眠先生的画，作为新婚礼物，不过何时能带到，一时无法估计。

妈妈
十二月二日

十二月二日

亲爱的孩子：

　　因为闹关节炎，本来这回不想写信，让妈妈单独执笔；但接到你去维也纳途中的信，有些艺术问题非由我亲自谈不可，只能撑起来再写。知道你平日细看批评，觉得总能得到一些好处，真是太高兴了。有自信同时又能保持自我批评精神，的确如你所说，是一切艺术家必须具备的重要条件。你对批评界的总的看法，我完全同意；而且是古往今来真正的艺术家一致的意见。所谓"文章千古事，得失寸心知！"往往自己认为的缺陷，批评家并不能指出，他们指出的倒是反映批评家本人的理解不够或者纯属个人的好恶，或者是时下的风气和流俗的趣味。从巴尔扎克到罗曼·罗兰，都一再说过这一类的话。因为批评家也受他气质与修养的限制（单从好的方面看），艺术家胸中的境界没有完美表现出来时，批评家可能完全捉摸不到，而只感到与习惯的世界抵触；便是艺术家的理想真正完美的表现出来了，批评家囿于成见，也未必马上能发生共鸣。例如雨果早期的戏剧，皮才的《卡门》，德彪西的《贝莱阿斯与梅利桑特》。但即使批评家说的不完全对头或竟完全不对头，也会有一言半语引起我们的反省，给我们一种 inspiration（灵感，启发），使我们发现真正的缺点，或者另外一个新的角落让我们去追求，再不然是使我们联想到一些小枝节可以补充、修正或改善——这便是批评家之言不可尽信，亦不可忽视的辩证关系。

来信提到批评家音乐听得太多而麻痹，确实体会到他们的苦处。同时我也联想到演奏家太多沉浸在音乐中和过度的工作或许也有害处。追求完美的意识太强太清楚了，会造成紧张与疲劳，反而妨害原有的成绩。你灌唱片特别紧张，就因为求全之心太切。所以我常常劝你劳逸要有恰当的安排，最要紧维持心理的健康和精神的平衡。一切做到问心无愧，成败置之度外，才能临场指挥若定，操纵自如。也切勿刻意求工，以免画蛇添足，丧失了 spontaneity（自发性）；理想的艺术总是如行云流水一般自然，即使是慷慨激昂也像夏日的疾风猛雨，好像是天地中必然有的也是势所必然的境界。一露出雕琢和斧凿的痕迹，就变为庸俗的工艺品而不是出于肺腑，发自内心的艺术了。我觉得你在放松精神一点上还大有可为。不妨减少一些工作，增加一些深思默想，看看效果如何。别老说时间不够；首先要从日常生活的琐碎事情上——特别是梳洗穿衣等等，那是我几年来常嘱咐你的——节约时间，挤出时间来！要不工作，就痛快休息，切勿拖拖拉拉在日常猥琐之事上浪费光阴。不妨多到郊外森林中去散步或者上博物馆欣赏名画，从造型艺术中去求恬静闲适。你实在太劳累了！……你知道我说的休息绝不是懒散，而是调节你的身心，尤其是神经（我一向认为音乐家的神经比别的艺术家更需要保护：这也是有科学与历史根据的），目的仍在于促进你的艺术，不过用的方法比一味苦干更合理更科学而已！

你的中文并不见得如何退步，你不必有自卑感。自卑感反会阻止你表达的流畅。Do take it easy!（别紧张！）主要是你目前的环境多半要你用外文来思想，也因为很少机会用中文讨论文艺、思想等等问题。稍缓我当寄一些旧书给你，让你温习温习词汇和句法的变化。我译的旧作中，《嘉尔曼》和服尔德（即伏尔泰）的文字比较最洗炼简洁，可供学习。新译不知何时印，印了当然马上寄。但我们纸张不足，对十九世纪的西方作品又经过批判与重新估价，故译作究竟哪时会发排，完全无法预料。

其实多读外文书（写得好的），也一样能加强表达思想的能力。我始终觉得一个人有了充实丰富的思想，不怕表达不出。Arthur Hedley[①]写的 *Chopin*（《肖邦传》）（在 master musician（音乐大师）丛书内）内容甚好，文字也不太难。第十章提到 Chopin（肖邦）的演奏，有些字句和一般人对你的评论很相近。

唱机听说根本不准进口——捷克有信来了，说唱针及唱片已寄出，但尚未到。前托弥拉向伦敦 SUPRAPHON 订购，可仍进行（照我前信所说办法），唱针不会嫌多的。

这一季的评论，只收到挪威、瑞典的，英国的只有十一月九日独奏会的一小部分。十月莫扎特的批评，全无，切望补来！！

再一次祝福你婚姻美满。弥拉真是好孩子，你得好好的爱她！想起你的结婚，我们真有说不出的感触，快慰，以及多多少少复杂万分的情绪。代我们多多道谢 Menuhin（梅纽因）先生太太为你的事偏劳了！

爸爸
十二月二日

去波兰前我为你手抄的旧诗选还在吗？

Taine（丹纳）：*Philosophie del'Art*（《艺术哲学》）的英译本，不妨买来先读，要读得慢一些。要等我的译本到你手中，实在是时间太无把握了。丹纳论希腊及意大利文艺复兴真是好极。

---

① 阿瑟·赫德利 Arthur Hedley，1905—1969，英国音乐作家，时年 55 岁。

十二月二日

亲爱的聪：

　　知道你们婚期确定以来，我们抱着激动兴奋的心情天天都在盘算日子。你们幸福，我们也跟着幸福。所谓骨肉之亲，所谓爱子情深，只有真爱子女的父母才能深切的体会其中的滋味。我们常常沉浸在回忆中，把你的一生重新温过一遍，想着你在襁褓中的痴肥胖，又淘气又可爱的童年，顽强而多事的少年，一直到半生不熟的去罗马尼亚，出发去参加肖邦的比赛为止：童年时所受的严格的家庭教育，少年时代的发奋用功，出国后的辛勤劳苦，今天的些少成绩，真像电影中一个个的镜头，历历在目，包括了多少辛酸和多少欢乐！如今你到了人生的高潮，也是一生中最幸福的阶段，开始成家立业了。我们做父母的怎不喜极而涕！尤其做母亲的，想到儿子今后的饮食寒暖，身边琐事，有这样一个理想的弥拉来照顾应付，你也不再觉得孤独，我从此可以交卸责任，一切放心了。可爱的弥拉，虽然我们之间只能从通信中互相了解，可是已感到她性情淳厚，温柔体贴，（她说过她的信永远代替不了你的，你看她多么懂得做父母的心！）绝非虚荣浮夸的女孩子。这是你的福气，也显出你眼光不差。最后我还得叮咛几句：希望你们二人处理相亲相爱之外，永远能互相尊重事事商量；切勿独断专行。生活要严肃，有规律，有节制；经济方面要有计划预算，用钱要适当，总之，行事不可凭冲动，图一时之快，必须深思熟虑；你个人更不可使性。当然，人生永远在学习中，过失难免，只要接受教训，就是深入一步了。

　　我们觉得最遗憾的是没有尽父母之职，不能代你们做些事，美中不足的又不能参加你们的婚礼。日期如此匆促，使我措手不及，不知买什么送你们好。寄出包裹限制甚严，只能在极小的范围内选购。我接连跑了二天,把东西分做二包,总算很顺利的一次寄出了。一个包直寄你岳母处,内织锦缎二件:黑底大金花的送梅纽因夫人,绿色小花的给弥拉。一个包寄 Club(傅聪当时在伦敦的住地),内"和光绉"衣料一件,给弥拉做件中国旗袍(最好做夹的,要配个里子),做时可请教中国朋友设计,也不妨问问恩德。要是弥拉不喜欢旗袍,那么随便她做裙子也好,做单纯的 robe(长袍)也好。淡绿色圆形绣花靠枕一对,淡红色缎子靠枕一对,古绣衣袖一对(作小台布用,放在玻璃底下最美,必须避免灰尘),绒花一朵(不理想)。这一些中国产品的小礼物,算不了什么,只能补充你们布置新房的点缀。物少心意重,想你们一定会喜欢的。《敦煌壁画选》要过一个月再寄,因为海关认为一次已寄了二个包,数量太多,故只能当场原封带回。但愿我们早寄的(十一月十一日寄出)一些陈老莲水印画片,能于你们婚前收到,立刻配起框子,就可悬挂。中国人的家多少该有些中国风味,你们看对不对?

……

昨天接弥拉寄来请帖,又高兴又惭愧,许多应该由我们做的事,都偏劳了梅纽因先生夫妇,真正说不过去。不知你请那些中国朋友?恩德的叔叔我想必在被邀之列。他过去帮过你忙,不能忘了。发请帖最要留意,有时漏掉了会得罪人。望细细想一想。很高兴弥拉答应将你们结婚情况仔细告诉我们(那当然要等相当时间),让我们分享其乐,真是大大的安慰。

附照片数帧,二张送你岳家。因为太匆忙,底片质地又不理想,成绩不能满意。我穿夹衣(一个月以前拍的),爸爸已穿起棉衣,戴了围巾,你就可知爸爸身体的薄弱了。

你跟弥拉是否都会拍照,此次蜜月旅行,不妨把地中海的风光,多拍几张给我们。还可利用自拍机,二人照在一起。

有人介绍一种"蜂皇精片",吃了精神特别好,内容是高蛋白,对你这种高度脑力劳动的人，必有帮助。请弥拉代你买，名字叫Apisercun（拼法可能有误），如何服用，请她问医生。国货也有出品，我打算买给爸爸吃。好孩子，你如此劳累，一定要听妈妈的话，赶快叫弥拉去买，立刻试服。

收到我们的信时，恐怕离你婚期只有几天了，你们忙得很！就此停笔。祝

你们新婚幸福，健康！

妈妈
十二月二日

十二月十六日

亲爱的聪和弥拉：

我们每天等着你们的信，弥拉再三说"will write again very soon"（"很快会再写信"）。而且我们是多么渴望知道你们的新地址，以及有关你们住房的情况。其实我们也明知你们忙，布置新房，弥拉还要做新衣服等等，事情太多了。不过聪自维也纳回来后，怎么不抽空写封信，把爸爸托弥拉办的事报告一下呢？同时把你们的忙劲讲给我们听听呢？我们虽相距万里，可是时时刻刻抱着激动的心情跟着你们一起兴奋、波动、快乐。

聪在维也纳灌音的结果满意吗？乐队怎么样？和指挥合作的称心么？几月里可以印出来？

我曾说起希望寄些牛油烟丝来，不知有否寄出？那主要是为了爸爸的身体。医生说，脑力劳动需要高蛋白，光吃药（他中药已连服二百余帖）不能根本解决问题。近两年来，这方面的营养大感不足，倒不是个人经济问题，而是社会主义建设过程中不可避免的现象，即所谓前进中的困难。何况解放以后，一般生活提高，需要大大增加，当

然生产一时跟不上来。但我觉得爸爸有一分力量，应当为社会尽一分力，你知道他素来工作认真，消耗精力更甚，所以不得不希望你在经济许可的范围内给他一些补充。附上物品的单子，你尽可以减去品种，没关系。爸爸自从服了中药后，关节炎减轻了一些，唯仍不能用目力。

  此信到时，你们正是蜜月归来，弥拉才当家，就要她做许多跑腿的事，真抱歉！

  亲爱的弥拉是我的好媳妇，也是好女儿，我真是说不尽的高兴！弥拉爸爸寄来的书太美了，他真热心，来信常常关心我们。我希望这个月内，你们有更多的好消息以及旅行见闻告诉我们。不多谈了，祝你们快乐！

妈妈
一九六〇年十二月十六日

  电报收到，我们的贺电就照来电的地址发出，想必及时送达。

  你们结婚招待会上，来了多少客？有哪些著名的音乐家，乐队指挥，记者到场？你岳父有他一辈的朋友，你们也该有你们的年轻朋友吧？恩德想是必到的了，她叔叔呢？

  Dear Mira：Please tell us about your new appartment！（亲爱的弥拉：请跟我们说说你们新住宅的情况！）

Mamma（妈妈）

一九六一年〔十六通——父十通／母六通〕

一月五日

亲爱的聪、弥拉：

今天接到你们从 Malta（马尔他）① 寄来的信，我们左等右等，无日不在想念你们，真是望眼欲穿了。看到你们二人的信，好像你们的一举一动，一言一笑都在眼前，心里的高兴与温暖是无法言喻的。弥拉说接到我们的信很高兴，可是你们的信，我们也是一样要翻来覆去的看几遍呢，隔了几天还会拿出来温呢！

弥拉虽年轻，但从她几次来信，我深深的感觉到她相当成熟、体贴，使我回想自己结婚的时候比弥拉还年轻：二十岁还不到；当年我幼稚无知，怎么可以同今日的弥拉相比呢！还不是慢慢受了你爸爸的熏陶与影响，才对人生和艺术有所理解，而视野也变得广阔的吗？弥拉对你的了解，比我当时对你爸爸的了解，要深切得多，你太幸运了。现在你们开始共同生活，组织小家庭，中国有句老话"开门七件事，柴米油盐酱醋茶"，看来都是麻烦猥琐的事，但是为了生活，有什么办法呢？关于日常安排，你一定要多听弥拉的主意，因为我们女人总比较实际，不像你一天到晚老在音乐里，在云端里做梦。而且你有时也得从梦境中回到现实世界上来，体验体验家庭生活的繁琐与乐趣。你要知道 art of living（生活的艺术）也不是一件容易的事，里面也有不少学问，也许比别的学问更加高深，也得一边学一边做。尤其重要的理财一道，你向来不屑理会，钱糊里糊涂来，糊里糊涂去。现在有弥拉帮你管，你只要开诚布公，尽可让她预算，让她安排，或者共同研究一下，每月必得从收入中储蓄一部分！——我正在看肖邦的传记，他父亲就是一个艰苦奋斗的人，也是极重视孩子教育的人，常常警告

---

① 马尔他，地中海上的岛国，19 世纪是英国殖民地，1964 年独立。

肖邦，一定要 save money（省钱），以防万一。现在你成了家，不是 bohemian（放荡不羁的文化人）了，为了二人的生活安全，责任更重，还要为未来的孩子着想。总之 play safe first！（安全第一）你想，要是你的父母过去生活无计划、无规律，你怎么会得到充分的教育，会有今日呢？虽然我们孜孜不倦的教导你，但是在生活的规律和用钱的得当两点上，始终没对你产生影响，我为之深感遗憾，也是觉得惭愧的，因为总是我们教育的方式方法不好。但是你还年轻，学起来还来得及，何况弥拉这方面比你能干得多，那么好了，就让她来补你的不足。千万别自作聪明，与弥拉闹别扭；我完全相信她的能力（你别低估了她）和善良的心地，倘若她有时在实际问题上坚持，那一定是为了使你的生活过得美满，为你们两人的前途打算。

　　婚姻究竟是终身大事，你来信不但对结婚的情形只字不提，便是体会及感想也一句没有，这一点不但爸爸觉得奇怪，我也感到意外。下次来信能不能补充些呢？除了 5 roses（五朵玫瑰花）以外，你还送弥拉什么呢？难道你对新娘竟是一点饰物也不送么？有没有 wedding ring（婚戒）？

　　聪，亲爱的孩子：关于你所接触的音乐界，你所来往的各方面的朋友，同我们讲得太少了。你真不知道你认为 trivial thing（无价值的事），在我们却是新鲜事儿，都是 knowledge（知识）；你知道对于我们，得到新的 knowledge（知识），就是无上的乐趣。譬如这次弥拉告诉我们的（爸爸信上问的）Harriet Cohen（哈理特·柯恩）奖金的事，使我们知道了西方音乐界的一种情况，爸爸说那是小小的喜剧。Julius Ketchen（朱利叶斯·凯琴）[①] 同你讨论 Beethoven（贝多芬）Sonata（奏鸣曲），又使我们领会到另一种情况：表示艺术家之间坦白真诚的思想交流。像你爸爸这样会吸收，会举一反三的人，对这些事的确感

---

① 朱利叶斯·凯琴 Julius Ketchen，生卒年不详，英国钢琴家，时年34岁。

到很大的兴趣。他要你多提音乐界的事，无非是进取心强，不甘落后，要了解国外艺术界的现状，你何乐而不为呢？他知道你对希腊精神的向往，但认为你对希腊精神还不明确，他就不厌其烦的想要满足你。因为丹纳的《艺术哲学》不知何时出版，他最近竟重理旧稿，把其中讲希腊的一个 chapter（章），约五万余字，每天抽出一部分时间抄录，预备寄你。爸爸虽是腰酸背痛，眼花流泪（多写了还要头痛），但是为了你，他什么都不顾了。前几天我把旧稿替他理出来，他自己也吓了一跳，原来的稿子，字写得像蚂蚁一样小，不得不用了放大镜来抄，而且还要仔仔细细的抄，否则就要出错。他这样坏的身体，对你的 de-votion（奉献），对你的关怀，我看了也感动。孩子，世界上像你爸爸这样的无微不至的教导，真是罕有的。你要真心的接受，而且要拿实际行动来表示。来信千万别笼笼统统的，多一些报道，让他心里感到温暖快乐，这就是你对爸爸的报答。我不是说你信上不提音乐与艺术的事，提的多半是学术感想，关于实际的人与事，希望能多谈谈，尤其是你们新夫妇之间相处的情形，更所切盼！

　　来信并未说及寄东西给我们（十一月二十六日我信上提的），究竟寄出没有呢？像我们这样的父母，向儿子开口要东西是出于万不得已，这一点你应该理解到。爸爸说不是非寄不可，只要回报一声就行，免得人伸着脖子呆等。大概你因为重伤风不舒服，有些事没回答，这也难怪你；不过你的老脾气，做事粗疏草率，往往答非所问，不看我们的信就写回信，信不在手边，也不肯努力回想一下。《约翰·克利斯朵夫》你手头有否？要不要？你们的结婚照片千万别忘了寄给杰老师、马家及勃隆斯丹夫人。婆婆（傅雷的奶妈）昨天来，知道了你的好消息，我代你送了她二十元，她老人家高兴极了，叫我转言她的关怀，并要你保重身体。

　　……

　　我很担心你们二人的伤风，好了没有？有没有看医生？望你们千万保重，饮食寒暖更要特别注意，不要怕小麻烦，免生大麻烦。平日是不是弥拉自己做菜？做一份人家，的确费事，但是所谓人生，就是那么回事，乐处也在其中呢！

……

好了，不多谈了，手酸得很，祝

你们快乐！

妈妈
一九六一年一月五日

二月五日上午/六日上午/七日/七日晚/八日晨

亲爱的孩子：

上月二十四日宋家婆婆①突然病故，卧床不过五日。初时只寻常小恙，到最后十二小时才急转直下。人生脆弱一至于此！我和你妈妈为之四五天不能入睡，伤感难言。古人云秋冬之际，尤难为怀；人过中年也是到了秋冬之交，加以体弱多病，益有草木零落，兔死狐悲之感。但西方人年近八旬尚在孜孜，穷究学术，不知老之"已"至：究竟是民族年轻，生命力特别旺盛，不若数千年一脉相承之中华民族容易衰老欤？抑是我个人未老先衰，生意索然欤？想到你们年富力强，蓓蕾初放，艺术天地正是柳暗花明，窥得无穷妙境之时，私心艳羡，岂笔墨所能尽宣！

因你屡屡提及艺术方面的希腊精神（Hellenism），特意抄出丹纳《艺术哲学》中第四编"希腊雕塑"译稿六万余字，钉成一本。原书虽有英译本，但其中神话、史迹、掌故太多，倘无详注，你读来不免一知半解；我译稿均另加笺注，对你方便不少。我每天抄录一段，前后

---

① 傅雷好友宋奇的母亲，著名戏剧家宋春舫的夫人。

将近一月方始抄完第四编。奈海关对寄外文稿检查甚严，送去十余日尚无音信，不知何时方能寄出，亦不知果能寄出否。思之怅怅。此书原系一九五七年"人文"向我特约，还是王任叔[①]来沪到我家当面说定，我在一九五八至一九五九年间译完，已搁置一年八个月。目前纸张奇紧，一时决无付印之望。

在一切艺术中，音乐的流动性最为凸出，一则是时间的艺术，二则是刺激感官与情绪最剧烈的艺术，故与个人的 mood（情绪）关系特别密切。对乐曲的了解与感受，演奏者不但因时因地因当时情绪而异，即一曲开始之后，情绪仍在不断波动，临时对细节、层次、强弱、快慢、抑扬顿挫，仍可有无穷变化。听众对某一作品平日皆有一根据素所习惯与听熟的印象构成的"成见"，而听众情绪之波动，亦复与演奏者无异：听音乐当天之心情固对其音乐感受大有影响，即乐曲开始之后，亦仍随最初乐句所引起之反应而连续发生种种情绪。此种变化与演奏者之心情变化皆非事先所能预料，亦非临时能由意识控制。可见演奏者每次表现之有所出入，听众之印象每次不同，皆系自然之理。演奏家所以需要高度的客观控制，以尽量减少一时情绪的影响；听众之需要高度的冷静的领会；对批评家之言之不可不信亦不能尽信，都是从上面几点分析中引伸出来的结论。音乐既是时间的艺术，一句弹完，印象即难以复按；事后批评，其正确性大有问题；又因为是时间的艺术，故批评家固有之（对某一作品）成见，其正确性又大有问题。况执着旧事物、旧观念、旧形象，排斥新事物、新观念、新印象，原系一般心理，故演奏家与批评家之距离特别大。不若造型艺术，如绘画、雕塑、建筑，形体完全固定，作者自己可在不同时间不同心情之下再三复按，观众与批评家亦可同样复按，重加审查，修正原有印象与过去见解。

[①] 王任叔，时任人民文学出版社社长。

按诸上述种种，似乎演奏与批评都无标准可言。但又并不如此。演奏家对某一作品演奏至数十百次以后，无形中形成一比较固定的轮廓，大大的减少了流动性。听众对某一作品听了数十遍以后，也有一个比较稳定的印象——尤其以唱片论，听了数十百次必然会得出一个接近事实的结论。各种不同的心情经过数十次的中和，修正，各个极端相互抵消以后，对某一固定乐曲（既是唱片，则演奏是固定的了，不是每次不同的了，而且可以尽量复按复查）的感受与批评可以说有了平均的、比较客观的价值。个别的听众与批评家，当然仍有个别的心理上精神上气质上的因素，使其平均印象尚不能称为如何客观；但无数"个别的"听众与批评家的感受与印象，再经过相当时期的大交流（由于报章杂志的评论，平日交际场中的谈话，半学术性的讨论争辩而形成的大交流）之后，就可得出一个 average（平均）的总和。这个总印象总意见，对某一演奏家的某一作品的成绩来说，大概是公平或近于公平的了——这是我对群众与批评家的意见肯定其客观价值的看法，也是无意中与你妈妈谈话时谈出来的，不知你觉得怎样？——我经常与妈妈谈天说地，对人生、政治、艺术、各种问题发表各种感想，往往使我不知不觉中把自己的思想整理出一个小小的头绪来。单就这一点来说，你妈妈对我确是大有帮助，虽然不是出于她主动。——可见终身伴侣的相互帮助有许多完全是不知不觉的。相信你与弥拉之间一定也常有此感。

二月五日上午

昨天敏自京回沪度寒假，马先生交其带来不少唱片借听。昨晚听了维瓦尔第的两支协奏曲，显然是斯卡拉蒂一类的风格，敏说"非常接近大自然"，倒也说得中肯。情调的愉快、开朗、活泼、轻松，风格之典雅、妩媚，意境之纯净、健康，气息之乐观、天真，和声的柔和、堂皇，甜而不俗：处处显出南国风光与意大利民族的特性，令我回想到罗马的天色之蓝,空气之清冽,阳光的灿烂,更进一步追怀二千年前希腊的风土人情,美丽的地中海与柔媚的山脉以及当时又文明又自然、又典雅又朴素的风流文采,正如丹纳书中所描写的那些境界。听了这种音乐不禁联想到韩德尔,他倒是北欧人而追求文艺复兴的理想的人,也是北欧人而憧憬南国的快乐气氛的作曲家。你说他 humain(有人情味)是不错的,因为他更本色,更多保留人的原有性格,所以更健康。他有的是异教气息,不像巴赫被基督教精神束缚,常常匍匐在神的脚下呼号,忏悔,诚惶诚恐的祈求。基督教本是历史上某一特殊时代,地理上某一特殊民族,经济政治某一特殊类型所综合产生的东西;时代变了,特殊的政治经济状况也早已变了,民族也大不相同了,不幸旧文化——旧宗教遗留下来,始终统治着二千年来几乎所有的西方民族,造成了西方人至今为止的那种矛盾、畸形,与十九、二十世纪极不调和的精神状态,处处同文艺复兴以来的主要思潮抵触。在我们中国人眼中,基督教思想尤其显得病态。一方面,文艺复兴以后的人是站起来了,到处肯定自己的独立,发展到十八世纪的百科全书派,十九世纪的自然科学进步以及政治经济方面的革命,显然人类的前途、进步、能力都是无限的;同时却仍然奉一个无所不能无所不在的神为主宰,好像人永远逃不出他的掌心,再加上原始罪恶与天堂地狱的恐怖与期望,使近代人的精神永远处于支离破碎、纠结复杂、矛盾百出的状态中,这个情形反映在文化的各个方面、学术的各个部门,使他们(西方人)格外心情复杂,难以理解。我总觉得从异教变到基督教,就是人从健康变到病态的主要表现与主要关键。比起近代的西方人来,我们中华民族更接近古代的希腊人,因此更自然、更健康。我们的哲学、文学即使是悲观的部分也不是基督教式的一味投降,或者用现代语说,一味的"失败主义";而是人类一般对生老病死、春花秋月的慨叹,如古乐府及我们全部诗词中提到人生如朝露一类的作品;或者是愤激与反抗的表现,如老子的《道德经》——就因为此,我们对西方艺术中最喜爱的还是希腊的雕塑、文艺复兴的绘画、十九世纪的风景画——总而言之是非宗教性非说教类的作品——猜想你近年来愈来愈喜欢莫扎特、斯卡拉蒂、韩德尔，大概也是由于中华民族的特殊气质。在精神发展的方向上，我认为你这条路线是正常的，健全的——你的酷好舒伯特，恐怕也反映你爱好中国文艺中的某一类型。亲切、熨帖、温厚、惆怅、凄凉，而又对人生常带哲学意味极浓的深思默想；爱人生，恋念人生而又随时准备飘然远行，高蹈、洒脱，遗世独立，解脱一切等等的表现，岂不是我们汉晋六朝唐宋以来的文学中屡见不鲜的吗？而这些因素是不是在舒伯特的作品中也具备的呢？——关于上述各点，我很想听听你的意见。而你我之间思想交流、精神默契未尝有丝毫间隔，也就象征你这个远方游子永远和产生你的民族、抚养你的祖国、灌溉你的文化血肉相连、息息相通。

二月六日上午

从文艺复兴以来，各种古代文化、各种不同民族、各种不同的思想感情大接触之下，造成了近代人的极度复杂的头脑与心情；加上政治经济和社会的急剧变化（如法国大革命，十九世纪的工业革命，封建社会与资本主义社会的交替等等），人的精神状态愈加充满了矛盾。这个矛盾中最尖锐的部分仍然是基督教思想与个人主义的自由独立与自我扩张的对立。凡是非基督徒的矛盾，仅仅反映经济方面的苦闷，其程度决没有那么强烈——在艺术上表现这种矛盾特别显著的，恐怕要算贝多芬了。以贝多芬与歌德作比较研究，大概更可证实我的假定。贝多芬乐曲中两个主题的对立，决不仅仅从技术要求出发，而主要是反映他内心的双重性。否则，一切 sonata form（奏鸣曲的形式）都以两个对立的 motifs（主题）为基础，为何独独在贝多芬的作品中，两个不同的主题会从头至尾斗争得那么厉害，那么凶猛呢？他的两个主题，一个往往代表意志，代表力，或者说代表一种自我扩张的个人主义（绝对不是自私自利的庸俗的个人主义或侵犯别人的自我扩张，想你不致误会）；另外一个往往代表犷野的暴力，或者说是命运，或者说是神，都无不可。虽则贝多芬本人决不同意把命运与神混为一谈，但客观分析起来，两者实在是一个东西。斗争的结果总是意志得胜，人得胜。但胜利并不持久，所以每写一个曲子就得重新挣扎一次，斗争一次。到晚年的四重奏中，斗争仍然不断发生，可是结论不是谁胜谁败，而是个人的隐忍与舍弃；这个境界在作者说来，可以美其名曰皈依，曰觉悟，曰解脱，其实是放弃斗争，放弃挣扎，以换取精神上的和平宁静，即所谓幸福，所谓极乐。挣扎了一辈子以后再放弃挣扎，当然比一开场就奴颜婢膝的屈服高明得多，也就是说"自我"的确已经大大的扩张了；同时却又证明"自我"不能无限制的扩张下去，而且最后承认"自我"仍然是渺小的，斗争的结果还是一场空，真正得到的只是一个觉悟，觉悟斗争之无益，不如与命运、与神，言归于好，求妥协。当然我把贝多芬的斗争说得简单化了一些，但大致并不错。此处不能作专题研究，有的地方只能笼统说说——你以前信中屡次说到贝多芬最后的解脱仍是不彻底的，是否就是我以上说的那个意思呢？——我相信，要不是基督教思想统治了一千三四百年（从高卢人信奉基督教算起）的西方民族，现代欧洲人的精神状态决不会复杂到这步田地，即使复杂，也将是另外一种性质。比如我们中华民族，尽管近半个世纪以来也因为与西方文化接触之后而心情变得一天天复杂，尽管对人生的无常从古至今感慨伤叹，但我们的内心矛盾，决不能与宗教信仰与现代精神（自我扩张）的矛盾相比。我们心目中的生死感慨，从无仰慕天堂的极其烦躁的期待与追求，也从无对永堕地狱的恐怖忧虑；所以我们的哀伤只是出于生物的本能，而不是由发热的头脑造出许多极乐与极可怖的幻象来一方面诱惑自己一方面威吓自己。同一苦闷，程度强弱之大有差别，健康与病态的分别，大概就取决于这个因素。

中华民族从古以来不追求自我扩张，从来不把人看做高于一切，在哲学文艺方面的表现都反映出人在自然界中与万物占着一个比例较为恰当的地位，而非绝对统治万物、奴役万物的主宰。因此我们的苦闷，基本上比西方人为少为小；因为苦闷的强弱原是随欲望与野心的大小而转移的。农业社会的人比工业社会的人享受差得多，因此欲望也小得多。况中国古代素来以不滞于物，不为物役为最主要的人生哲学。并非我们没有守财奴，但比起莫里哀①与巴尔扎克②笔下的守财奴与野心家来，就小巫见大巫了。中华民族多数是性情中正和平、淡泊、朴实，比西方人容易满足。另一方面，佛教影响虽然很大，但天堂地狱之说只是佛教中的小乘（净土宗）的说法，专为知识较低的大众而设的。真正的佛教教理并不相信真有天堂地狱；而是从理智上求觉悟，求超度；觉悟是悟人世的虚幻，超度是超脱痛苦与烦恼。尽管是出世思想，却不予人以热烈追求幸福的鼓动或急于逃避地狱的恐怖；主要是劝导人求智慧。佛教的智慧正好与基督教的信仰成为鲜明的对比。智慧使人自然而然的醒悟，信仰反易使人入于偏执与热狂之途。我们的民族本来提倡智慧〔中国人的理想是追求智慧而不是追求信仰。我们只看见古人提到彻悟，从未以信仰坚定为人生乐事（这恰恰是西方人心目中的幸福）。你认为韩德尔比巴赫为高，你说前者是智慧的结晶，后者是信仰的结晶：这个思想根源也反映出我们的民族性〕。故知识分子受到佛教影响并无恶果。即使南北朝时代佛教在中国极盛，愚夫愚妇的迷信亦未尝在吾国文化史上遗留什么毒素，知识分子亦从未陷于虚无主义（即使有过一个短时期，但在历史上并无大害）。相反，在两汉以儒家为唯一正统，罢斥百家，思想入于停滞状态之后，佛教思想的输入倒是给我们精神上的一种刺激，令人从麻痹中觉醒过来，从狭隘的一家一派的束缚中解放出来。在公元二三世纪的思想情况之下这是一个可喜的现象。对中国知识分子拘束最大的倒是僵死的礼教，

---

① 法国17世纪喜剧作家、演员、戏剧活动家。
② 法国17世纪著名喜剧家。

从南宋的理学（程子、朱子）起一直到清朝末年，养成了规行矩步，整天反省，唯恐背礼越矩的迂腐头脑，也养成了口是心非的假道学、伪君子。其次是明清两代的科举制度，不仅束缚性灵，也使一部分有心胸有能力的人徘徊于功名利禄与真正修心养性、致知格物的矛盾中（反映于《儒林外史》中）——然而这一类的矛盾也决不像近代西方人的矛盾那么有害身心。我们的社会进步迟缓，资本主义制度发展若断若续，封建时代的经济基础始终存在，封建时代的道德观、人生观、宇宙观以及一切上层建筑，到近百年中还有很大势力，使我们的精神状态、思想情形不致如资本主义高度发展的国家的人那样混乱、复杂、病态；我们比起欧美人来一方面是落后，一方面也单纯，就是说更健全一些——从民族特性，传统思想，以及经济制度等等各个方面看，我们和西方人比较之下都有这个双重性。五四以来，情形急转直下，西方文化的输入使我们的头脑受到极大的骚动，正如"帝国主义的资本主义"的侵入促成我们半封建半资本主义社会的崩溃一样。我们开始感染到近代西方人的烦恼，幸而时期不久，并且宗教影响在我们思想上并无重大作用（西方宗教只影响到买办阶级以及一部分比较落后地区的农民，而且也并不深刻），故虽有现代式的苦闷，并不太尖锐。我们还是有我们老一套的东方思想与东方哲学，作为批判西方文化的尺度。当然以上所说特别是限于解放以前为止的时期。解放以后情形大不相同，暇时再谈。但即是解放以前我们一代人的思想情况，你也承受下来了，感染得相当深了。我想你对西方艺术、西方思想、西方社会的反应和批评，骨子里都有我们一代（比你早一代）的思想根源，再加上解放以后新社会给你的理想，使你对西欧的旧社会更有另外一种看法、另外一种感觉——倘能从我这一大段历史分析（不管如何片面如何不正确）来分析你目前的思想感情，也许能大大减少你内心苦闷的尖锐程度，使你的矛盾不致影响你身心的健康与平衡，你说是不是？

二月七日

人没有苦闷，没有矛盾，就不会进步。有矛盾才会逼你解决矛盾，解决一次矛盾即往前迈进一步。到晚年矛盾减少，即是生命将要告终的表现。没有矛盾的一片恬静只是一个崇高的理想，真正实现的话并不是一个好现象。凭了修养的功夫所能达到的和平恬静只是极短暂的，比如浪潮的尖峰，一刹那就要过去的。或者理想的平和恬静乃是微波荡漾，有矛盾而不太尖锐，而且随时能解决的那种精神修养，可绝非一泓死水；一泓死水有什么可羡呢？我觉得倘若苦闷而不致陷入悲观厌世，有矛盾而能解决（至少在理论上认识上得到一个总结），那么苦闷与矛盾并不可怕。所要避免的乃是因苦闷而导致身心失常或者玩世不恭，变做游戏人生的态度。从另一角度看，最伤人的（对己对人，对小我与集体都有害的）乃是由 passion（激情）出发的苦闷与矛盾，例如热衷名利而得不到名利的人，怀着野心而明明不能实现的人，经常忌妒别人、仇恨别人的人，那一类苦闷便是于己于人都有大害的。凡是从自卑感自溺狂等等来的苦闷对社会都是不利的，对自己也是致命伤。反之，倘是忧时忧国，不是为小我打算而是为了社会福利、人类前途而感到的苦闷，因为出发点是正义，是理想，是热爱，所以即有矛盾，对己对人都无害处，倒反能逼自己作出一些小小的贡献来。但此种苦闷也须用智慧来解决，至少在苦闷的时间不能忘了明哲的教训，才不至于转到悲观绝望，用灰色眼镜看事物，才能保持健康的心情继续在人生中奋斗——而唯有如此，自己的小我苦闷才能转化为一种活泼泼的力量而不仅仅成为愤世嫉俗的消极因素；因为愤世嫉俗并不能解决矛盾，也就不能使自己往前迈进一步。由此得出一个结论，我们不怕经常苦闷，经常矛盾，但必须不让这苦闷与矛盾妨碍我们愉快的心情。

二月七日晚

记得你在波兰时期，来信说过艺术家需要有 single-mindedness

（一心一意），分出一部分时间关心别的东西，追求艺术就短少了这部分时间。当时你的话是特别针对某个问题而说的。我很了解（根据切身经验），严格钻研一门学术必须整个儿投身进去。艺术——尤其音乐，反映现实是非常间接的，思想感情必须转化为 emotion（情感）才能在声音中表达，而这一段酝酿过程，时间就很长；一受外界打扰，酝酿过程即会延长，或竟中断。音乐家特别需要集中（即所谓 single-mindedness），原因即在于此。因为音乐是时间的艺术，表达的又是流动性最大的emotion（情感），往往稍纵即逝——不幸，生在二十世纪的人，头脑装满了多多少少的东西，世界上又有多多少少东西时时刻刻逼你注意；人究竟是社会的动物，不能完全与世隔绝；与世隔绝的任何一种艺术家都不会有生命，不能引起群众的共鸣。经常与社会接触而仍然能保持头脑冷静，心情和平，同时能保持对艺术的新鲜感与专一的注意，的确是极不容易的事。你大概久已感觉到这一点。可是过去你似乎纯用排斥外界的办法（事实上你也做不到，因为你对人生对世界的感触与苦闷还是很多很强烈），而没头没脑的沉浸在艺术里，这不是很健康的做法。我屡屡提醒你，单靠音乐来培养音乐是有很大弊害的。以你的气质而论，我觉得你需要多多跑到大自然中去，也需要不时欣赏造型艺术来调剂。假定你每个月郊游一次，上美术馆一次，恐怕你不仅精神更愉快、更平衡，便是你的音乐表达也会更丰富、更有生命力、更有新面目出现。亲爱的孩子，你无论如何应该试试看！

如今你有弥拉代为料理日常琐事，该是很幸福了。但不管你什么理由，某些道义上的责任是脱卸不了的，不能由弥拉代庖。希望能尽量挤出时间，不时给两位以前的老师写几行，短一些无妨，但决不可几月几年的沉默下去！你在本门艺术中意志很强，为何在道义上不同样拿出意志来节约时间，履行你的义务呢？——孩子，你真不知道我多么希望你在人生各方面都有进步！倘你在尊师方面有行动表现，你真是给你爸爸最大的快乐。你要以与亲友通信作为精神上的调剂，就不会视执笔为畏途了。心理一改变，事情就会轻松，试过几回即会明白。

一月九日与林先生的画同时寄出的一包书，多半为温习你中文着眼，故特别挑选文笔最好的书——至于艺术与音乐方面的书，英文中有不少扎实的作品。暑中音乐会较少的期间，也该尽量阅读。

二月八日晨

二月九日

亲爱的聪：

爸爸近来任何事一上手，都好像欲罢不能。同你讨论艺术，恨不得倾箱倒箧尽量发挥。他又极易紧张，楼上婆婆[①]过世了，就几日几夜的不能放怀。此次阿敏回家，他又兴奋得睡不好，总之，是喜是忧，都足以使他神经不能安静，欲罢不能。吴医生说主要还是身体衰弱，不易控制神经。我看他思想和心理活动都很复杂，每次要你寄食物的单子，他都一再踌躇，仿佛向儿子要东西也顾虑重重，并且也怕增加你的负担。你若真有困难，应当来信说明，免得他心中七上八下。否则你也该来信安慰安慰他。每次的单子，都是我从旁作主的。因为我心里明白，一年半以来，长期的缺乏营养，到现在不正常的现象都出来了，另外还有许多病痛。爸爸虽然身体瘦，过去一直维持在一百二十磅上下，如今掉到一百磅，单凭这一点，情形也就可想而知了。叫我如何不为之担忧呢！我虽尽量为他张罗饮食，杯水车薪，也很难。我自己九十五磅，也掉了十五磅。

阿敏回家了，做父母的总是高兴。他信仰坚定，与你不同，可是

[①] 傅雷的好友宋奇之母。

身体也不大好，一般都是营养缺乏问题，此次得彻底检查一番，他腰酸的毛病已有二年多，前天拍了 X 光片子，究竟是何道理，还没诊断出来。爸爸跟他谈了许多问题，艺术、政治，无所不谈。也指导他如何思想，如何读书的方法。希望你能不时写信回来，让我们心里多高兴些，多些光彩。

请转告弥拉，我写英文不如中文能随心所欲的发挥，请她原谅，同时由你翻译给她听。我近来忙得不可开交，不能多写，望你们保重！祝好！

妈妈
二月九日

三月十一日

亲爱的聪：

昨天是你的生日，样样事情都很顺利。早上接到你汇来的一百元，从你汇出到收到，总共三十六天。此外还附有二斤油票，二斤糖票，二斤鱼票，一斤肉票，这是国家对收到外汇的人的特别供应与照顾。我们喜出望外，这些票都是我们日常最缺少的，今天我们就凭鱼票买了很好的鲜鱼。不到二小时，又接到领取唱片的包裹单，税款一百五十七元五角三分，你汇来的一百元，只差二三小时，立刻派了用场。唱片拿回家，完整无损。阿敏还养病在家，更是高兴。父子二人急于一张一张的细看欣赏，我也帮着整理做卡，又忙了一下午。晚饭前后开始听唱片，精心欣赏，听了 Berlioz（柏辽兹）的 *Overture*（《序曲》）、贝多芬的《第六交响曲》、Bjorling（比约林）的唱，Lipatti（列巴蒂）的 piano recital（钢琴独奏），一个很全面的 concert（音乐会）。所以昨日可说双喜临门，我们快乐了一天。

自从接你长信以后，将近一个月了；我也深知你忙，当然不会存什么奢望，可是天天等弥拉的信，惦念万分，怕二月四日夜的事①，把弥拉吓出病来了，我们真是日夜不安，甚至常常梦见你们。但愿不要有什么意外。同时我又想到你们为了装修新屋。布置房间，开门七件事，缺一不可，一切重担都压在弥拉身上，的确烦琐辛苦；我做婆婆的非但不能帮助她，反而不时麻烦她，要她寄这寄那，所以也难怪她无暇写信。请你告诉弥拉，我们觉得她待我们真好。第一只包裹的食物已开始吃了，也送了一些给朋友。并告诉她，以后来信，不一定要怎么长，只要经常多告诉些你们的情况，让我们心里平安，因为我们的心永远和你们在一起。

去年年底萧伯母（家和）陆续寄了些食物小包来（港澳来的包每个限为二磅），究竟是多年老友，会自动想起我们。但她经济并不宽裕，完全依靠女儿生活。（萧芳芳在港以童星出名，后又学青衣、武旦，极有天赋，近来常常拍粤语片，颇有成绩及好评。）我们不能白受她的，但是有些食物如生油、花生、面粉之类，你无法供应我们，只能由港寄沪，价既便宜，而且也迅速。所以又不得不想到你，自己的儿子，不用客气。希望你汇十五镑给她，一方面代我们还她的钱，一方面存些款子在她那里，作为她继续寄食物之用。最近她回信，赞成我们的办法，叫你由邮局汇给她，说领取较方便，不知在你是否比银行汇麻烦？她的地址写在后面，希望你立刻汇去。

二十四年不通音信的老友刘抗，旧历年初突然寄来了一听饼干，二听麦片，这都表示深厚的友情，在我们困难的时候想到我们，令人万分感动。他是爸爸的留法同学，回国后在美专是同事，在国内时是我家的常客，你小时候他就喜欢你，跟你玩，那时你只有三岁，怕不记得了。你五九年春在新加坡演出，一定碰到过他，他来找过你的，有此一说是不是？

---

① 指傅聪家遭窃一事。

寄来的烟丝，爸爸已抽完了一听，省省的抽，抽一次，记一次，计算下来，足够九天的量（过去一听抽七天），一方面得之不易，一方面花你太多的钱，总觉得说不过去，必须尽量节约。爸爸说希望弥拉问公司要一张烟丝价目表，让他挑几种价廉而品质差不多的，既可减少你的负担，也可调调口味。他认为只要最淡的（very mild）都好，而价钱可便宜些。第二只包你已寄出，想来第三只包亦已寄出，我们预算一下，四月份你们不要寄食物包了，到五月份再说，届时再告诉你需要什么。但四月份的人民币一百元，还是要汇，不要忘了，每逢双月汇一百元来。

爸爸的健康情况还是很差，最苦恼的是头痛（三叉神经痛），三天两头的痛，吹了风，晒了太阳也要痛。三星期前我们同阿敏去博物馆，参观明朝唐沈文仇的画展（就是唐寅、沈周、文徵明、仇英），一回家就头痛欲裂，连饭也不能咀嚼，吃了两种止痛药，还压不下去，连续剧痛了五小时，才慢慢平息下来，阿敏在旁看了也急得坐立不安。从此爸爸更不敢出门。上次爸爸信上要你寄止痛剂，先航寄四十片来，是问了吴医生，说是最灵而无坏影响的。这件事非常要紧，可以救急，且是解除他痛苦的唯一办法。此病中西医都束手。不知你寄出了没有？还有目力大衰，工作一二小时，就要流泪，眼睛疲惫不堪。据医生看来，认为他过去工作时间太长（三年前每天工作十一小时不希奇），他字写得极小，查字典，看原作，都是小字，视神经及其肌肉用得过度，不免收缩力减弱，机能大大衰退，因此要恢复目力极难。头痛恐怕视神经疲劳也是原因之一。还有几年来的缺乏营养，身体衰老，也不无影响。现在他只要不头痛就工作，一次绝对不能超过二小时，一天能做四五小时，算是成绩最好的一天。为此他常常焦急，他说，要是眼睛不能工作，等于废物了，如何得了！我心里也着急，只好从旁劝解他，并不许他多工作。我们过冬很少生炉子，一面为了煤的关系，一面爸爸怕头痛，室内华氏四十六度以上，绝对不生火，经过这几年的训练，爸爸也经得起冷了。

阿敏此次回家，为了养病，请了一个多月的假，也不出去，常和我们在一起，白天自习英文及打字，有时跟我们谈谈天，晚上无客人就听音乐，使我们孤寂单调的生活，增加不少生气，心里也感到温暖。他服了二十几贴中药，略见效果。他又怕请假过多，有碍学习，决定本月十七日回校。马家对他很关心，在京时也常去走动，他们也常谈起你，对你还是像过去一样的爱护。爸爸二月九日信中要你寄马家一只食物包（牛油、cheese（奶酪）、饼干三项），还有你自己的以及列巴蒂的唱片，弥拉的照片，结婚照片等等，不知寄出没有？奇怪得很，你们的结婚照迄未收到。是否伦敦照相馆办事老爷拖拉！暂写到此为止，等一二天看你们有信否再说。

妈妈
三月十一日

……

三月二十八日夜

亲爱的聪：

许多话都在英文信上仔细谈了，想你一定体会到我们做父母的一番热心与关切。我最担心的是你的性情脾气，因为你们父子的气质太相同了；虽然如此，我总觉得你还有我的成分，待人接物比较柔和，可是在熟人面前、亲人前面，你也会放肆（人人都有这个倾向）。弥拉太了解你了，她多么温柔可爱，千万不可伤害她，千万不可把你爸爸对妈妈的折磨加在弥拉身上。虽然我们女人会理解你们，原谅你们，总不是夫妇长久相处的好办法。有时你对小事情太认真、太固执、太啰嗦；你该避免不必要的争执，徒伤和气。你看弥拉多能干，年纪轻轻，搬家、设计、布置，一人独当，你享现成福，岂不幸运？我真想不到她在实际生活上如此多才,你该知足了。记得你五六、五七两年回家,什么事都左一遍右一遍的叮嘱,千不放心,万不放心,把我烦死了。你自己也跟我说:"妈,我跟爸爸一样的烦噢!"还有一次你跟我讲:"妈,你看我现在脾气好多了,你看怎样?"那时你笑眯眯的,温和可爱,做妈妈的能不更心疼么?但愿你有自知之明,尽量改掉自己的缺点。这次从南非远行回来,该好好休息一番,在新安顿的家里好好享受一番,看看我们给你的画、画片、照片、书籍等等,也足够你们消遣了。

  这次阿敏回家,显得比较成熟,对我们也亲切体贴,再三说要爸爸为了长远利益计,保养身体,每天工作不能超过四小时。他也常常提起你跟弥拉,对你音乐方面的成功,表示兴奋。待人接物,也很周到,他临走,我给他路上吃的一只小小 butter cake(奶油蛋糕),结果他省下来,送给马家,大家都高兴。你看了他的照片,一定感触很多。可惜他有关节炎这种慢性病,终身不会治愈,但他很能忍耐,即使心中不如意,或身上不好过,也不肯轻易告诉我们。他为人淳朴厚道,这是姓傅的门风(也是你妈妈家姓朱的传统!——爸爸),我为之高兴。匆匆,即搁笔了。祝你跟弥拉身心愉快!

妈妈
一九六一年三月二十八日夜

四月二十日

亲爱的聪:

  接到你南非归途中的长信,我一边读一边激动得连心都跳起来了。爸爸没念完就说了几次 Wonderful! Wonderful!(好极了!好极了!)孩子,你不知给了我们多少安慰和快乐!从各方面看,你的立身处世都有原则性,可以说完全跟爸爸一模一样。对黑人的同情,恨殖民主义者欺凌弱小，对世界上一切丑恶的愤懑，原是一个充满热情、充满爱，有正义感的青年应有的反响。你的民族傲气，爱祖国爱事业的热忱，态度的严肃，也是你爸爸多少年来从头至尾感染你的；我想你自己也感觉到。孩子，看到你们父子气质如此相同，正直的行事如此一致，心中真是说不出的高兴。你们谈艺术、谈哲学、谈人生，上下古今无所不包，一言半语就互相默契，彻底了解；在父子两代中能够有这种情形，实在难得。我更回想到五六、五七两年你回家的时期，没有一天不谈到深更半夜，当时我就觉得你爸爸早已把你当作朋友看待了。

但你成长以后和我们相处的日子太少，还有一个方面你没有懂得爸爸。他有极 delicate（细致）极 complex（复杂）的一面，就是对钱的看法。你知道他一生清白，公私分明，严格到极点。他帮助人也有极强的原则性，凡是不正当的用途，便是知己的朋友也不肯通融（我亲眼见过这种例子）。凡是人家真有为难而且是正当用途，就是素不相识的也肯慨然相助。就是说，他对什么事都严肃看待，理智强得不得了。不像我是无原则的人道主义者，有求必应。你在金钱方面只承继了妈妈的缺点，一些也没学到爸爸的好处。爸爸从来不肯有求于人。这两年来营养之缺乏，非你所能想像，因此百病丛生，神经衰弱、视神经衰退、关节炎、三叉神经痛，各种慢性病接踵而来。他虽然一向体弱，可也不至于此伏彼起的受这么多的折磨。他自己常叹衰老得快，不中用了。我看着心里干着急。有几个知己朋友也为之担心，但是有什么办法呢？大家都一样。人家提议："为什么不上饭店去吃几顿呢？""为什么不叫儿子寄些食物来呢？"他却始终硬挺，既不愿出门，也不肯向你开口；始终抱着置生命于度外的态度（我不知道你有没有体会到爸爸这几年来的心情？他不愿，我也不愿与你提，怕影响你的情绪）。后来我实在看不下去，便在去年十一月二十六日的信末向你表示……你来信对此不提及。今年一月五日你从 Malta（马耳他）来信还是只字不提,于是我不得不在一月六日给你的信上明明白白告诉你:"像我们这样的父母,向儿子开口要东西是出于万不得已,这一点你应该理解到。爸爸说不是非寄不可,只要回报一声就行,免得人伸着脖子呆等。"二月九日我又写道:"我看他思想和心理活动都很复杂,每次要你寄食物的单子,他都一再踌躇,仿佛向儿子开口要东西也顾虑重重,并且也怕增加你的负担。你若真有困难,应当来信说明,免得他心中七上八下。否则你也该来信安慰安慰他。每次单子都是我从旁做主的。"的确,他自己也承认这一方面有复杂的心理(complex),有疙瘩存在,因为他觉得有求于人,即使在骨肉之间也有屈辱之感。你是非常敏感的人,但是对你爸爸妈妈这方面的领会还不够深切和细腻。我一再表示,你好像都没有感觉,从来没有正面安慰爸爸。

他不但为了自尊心有疙瘩,还老是担心增加你的支出,每次 order(嘱寄)食物,心里矛盾百出,屈辱感、自卑感,一股脑儿都会冒出来,甚至信也写不下去了……他有他的隐痛:一方面觉得你粗心大意,对我们的实际生活不够体贴,同时也原谅你事情忙,对我们实际生活不加推敲,而且他也说艺术家在这方面总是不注意的,太懂实际生活,艺术也不会高明。从这几句话你可想像出他一会儿烦恼一会儿譬解的心理与情绪的波动。此外他再三劝你跟弥拉每月要 save money(省钱),要做预算,要有计划,而自己却要你寄这寄那,多花你们的钱,他认为自相矛盾。尤其你现在成了家,开支浩大,不像单身的时候没有顾忌。弥拉固然体贴可爱,毫无隔膜,但是我们做公公婆婆的在媳妇面前总觉脸上不光彩。中国旧社会对儿女有特别的看法,说什么养子防老等等;甚至有些父母还嫌儿子媳妇不孝顺,这样不称心,那样不满意,以致引起家庭纠纷。我们从来不曾有过老派人依靠儿女的念头,所以对你的教育也从来没有接触到这个方面。正是相反,我们是走的另一极端:只知道抚育儿女,教育儿女,尽量满足儿女的希望是我们的责任和快慰。从来不想到要儿女报答。谁料到一朝竟会真的需要儿子依靠儿子呢？因为与一生的原则抵触，所以对你有所要求时总要感到委屈，心里大大不舒服，烦恼得无法解脱。

我们的生活，你自幼到大知道得很清楚；到五七、五八年为止，饮食都很正常，有规律、有节制，素来不大吃大喝，（你知道我们一辈子上饭店的次数也是数得清的。）但对脑力劳动必不可少的一些高蛋白（譬如每天要有些鱼和肉，牛油面包之类），不怕买不到。两年以来标准下降，平时吃素的日子多，你只要回想一下你独自在昆明"孵豆芽"的味儿，就明白了。那时你是受经济限制，我们如今却不是经济问题。牛油是你在家从小见惯吃惯之物，也不是什么奢侈品，为什么去年十一月我忽然要你千里迢迢的寄来呢？你就是没有用过脑子想一想，分析一下。

我们从日用品到食物都是计划供应，大家一律平等。每月每人可吃肉三天、吃鱼六天。有了你的外汇，可有一些特别照顾，每百元人民币就可额外配给油票二斤、肉票一斤、鱼票二斤、糖票二斤，比平时全家所得的分配多至一倍。可是为了多这些营养，又要增加你经济的负担，又要引起你爸爸的矛盾。他想到你为了多挣钱，势必要多开音乐会，以致疲于奔命，有伤身体，因此心里老是忐忑不安，说不出的内疚！既然你没有明白表示，有时爸爸甚至后悔 order（嘱寄）食物，想还是不要你们寄的好。此中痛苦，此中顾虑，你万万想不到。我没有他那样执著，常常从旁劝慰。我说："我们年纪也老了，就是花儿子钱也为日无多。""用自己心爱的儿子的钱有什么关系呢？有什么不体面呢？""我们应该想开些，何必如此认真！""何况儿子媳妇对我们无微不至的体贴，寄东西来他们是乐意的。"他当场听了也能接受，过后心里却仍要波动。不论在哪一方面，你很懂得爸爸，但这方面的疙瘩，恐怕你连做梦也没想到过；我久已埋在心头，没有和你细谈。为了让你更进一步，更全面的了解他，我觉得责任难逃，应当告诉你。

我的身体也不算好，心脏衰弱，心跳不正常，累了就浮肿，营养更谈不上。因为我是一家中最不重要的人，还自认为身体最棒，能省下来给你爸爸与弟弟吃是我的乐处（他们又硬要我吃，你推我让，常常为此争执），我这个作风，你在家也看惯的。这两年多来瘦了二十磅，一有心事就失眠，说明我也神经衰弱，眼睛老花，看书写字非戴眼镜不可。以上所说，想你不会误解，我绝不是念苦经，只是让你知道人生的苦乐。趁我现在还有精力，我要尽情倾吐，使我们一家人，虽然一东一西分隔遥远，还是能够融融洽洽，无话不谈，精神互相贯通，好像生活在一起。同时也使你多知道一些实际的人生和人情。以上说的一些家常琐碎和生活情形，你在外边的人也当知道一个大概，免得与现实过分脱节。你是聪明人，一定会想法安慰爸爸，消除他心中的 complex（*矛盾情绪*）！

真想不到我们有福气，会有弥拉这样温柔可爱的媳妇，常常写那么亲切真诚的信来，使我们在寂寞的生活中添加不少光彩、温暖、兴奋与激动。我们看着你们的信，好像面对面谈话一样亲热。你们的信我们至少要从头至尾看上三遍，可以说每个字都要研究过，体会过，咂摸其中意味，互相讨论，还要举一反三，从中看出其他的细节，想像你们的生活，伦敦的情形以及一切西方世界的动静。我希望你们尽管忙，也要学学我们的榜样。聪，你倘能特别注意，字里行间自会理解许多东西，并不限于道德教训和嘱咐。我的笔很笨拙，说了一大堆，还是不能全部表达我心里的意思，多多少少的词不达意，只有你多加功夫，深深体会了。

现在爸爸主要依靠牛油和花生（萧伯母寄来的），补足他必需的高蛋白。谢谢你们的各种食物，对他身体大有帮助。可是他舍不得吃，一点一滴的慢慢吃，为了少花你们的钱，拖得越长越好。他已仔细预算过，照目前情形，一年中也要花你二百镑（书与唱片还不在内），也是相当大的数字了，所以更要精打细算的吃，同时还要分赠亲友，他们比我们更困难。

由此说明我们过的生活比大众还好得多。我们的享受已经远过于别人。我天性是最容易满足的,你爸爸也守着"知足常乐"的教训,总的说来,心情仍然愉快开朗;何况我们还有音乐、书法、绘画……的精神享受以及工作方面得来的安慰!虽然客观形势困难,连着两年受到自然灾害,但在上下一致的努力之下,一定会慢慢好转。前途仍然是乐观的。所以爸爸照样积极,对大局的信心照样很坚定。虽然带病工作,对事业的那股欲罢不能的劲儿,与以前毫无分别。敏每次来信总劝爸爸多休息少工作,我也常常劝说。但是他不做这样就做那样,脑子不能空闲成了习惯,他自己也无法控制。

　　……

　　家中粉刷虽完工,还得帮着打扫洗刷,还要帮爸爸校对,做一些查对工作,又忙又累,再加脑子不灵,此信竟写了三天,觉得很苦。

　　你经常工作到半夜过后,早上该多睡一些,休息要紧!代我告诉弥拉,我真疼她!

妈妈
四月二十日

　　……

五月一日

聪:

　　四月十七、二十、二十四,三封信(二十日是妈妈写的)都该收到了吧?三月十五寄你评论摘要一小本(非航空),由妈妈打字装订,是否亦早到了?我们花过一番心血的工作,不管大小,总得知道没有遗失才放心。四月二十六日寄出汉石刻画像拓片四张,二十九日又寄《李白集》十册,《十八家诗钞》二函,合成一包;又一月二十日交与海关检查，到最近发还的丹纳：《艺术哲学·第四编（论希腊雕塑）》手抄译稿一册，亦于四月二十九日寄你。以上都非航空，只是挂号。日后收到望一一来信告知。

中国诗词最好是木刻本，古色古香，特别可爱。可惜不准出口，不得已而求其次，就挑商务影印本给你。以后还会陆续寄，想你一定喜欢。《论希腊雕塑》一编六万余字，是我去冬花了几星期工夫抄的，也算是我的手泽，特别给你作纪念。内容值得细读，也非单看一遍所能完全体会。便是弥拉读法文原著，也得用功研究，且原著对神话及古代史部分没有注解，她看起来还不及你读译文易懂。为她今后阅读方便，应当买几部英文及法文的比较完整的字典才好。我会另外写信给她提到。

一月九日寄你的一包书内有老舍及钱伯母①的作品，都是你旧时读过的。不过内容及文笔，我对老舍的早年作品看法已大大不同。从前觉得了不起的那篇《微神》，如今认为太雕琢，过分刻画，变得纤巧，反而贫弱了。一切艺术品都忌做作，最美的字句都要出之自然，好像天衣无缝，才经得起时间考验而能传世久远。比如"山高月小，水落石出"不但写长江中赤壁的夜景，历历在目，而且也写尽了一切兼有幽远、崇高与寒意的夜景；同时两句话说得多么平易，真叫做"天籁"！老舍的《柳家大院》还是有血有肉，活得很——为温习文字，不妨随时看几段。没人讲中国话，只好用读书代替，免得词汇字句愈来愈遗忘——最近两封英文信，又长又详尽，我们很高兴，但为了你的中文，仍望不时用中文写，这是你唯一用到中文的机会了。写错字无妨，正好让我提醒你。不知五月中是否演出较少，能抽空写信来？

最近有人批判王氏②的"无我之境"，说是写纯客观，脱离阶级斗

---

① 即杨绛，钱锺书之妻。

② 即王国维。

争。此说未免褊狭。第一，纯客观事实上是办不到的。既然是人观察事物，无论如何总带几分主观，即使力求摆脱物质束缚也只能做到一部分，而且为时极短。其次能多少客观一些，精神上倒是真正获得松弛与休息，也是好事。人总是人，不是机器，不可能二十四小时只做一种活动。生理上即使你不能不饮食睡眠，推而广之，精神上也有各种不同的活动。便是目不识丁的农夫也有出神的经验，虽时间不过一刹那，其实即是无我或物我两忘的心境。艺术家表现出那种境界来未必会使人意志颓废。例如念了"寒波淡淡起，白鸟悠悠下"两句诗，哪有一星半点不健全的感觉？假定如此，自然界的良辰美景岂不成年累月摆在人面前，人如何不消沉至于不可救药的呢？相反，我认为生活越紧张越需要这一类的调剂；多亲近大自然倒是维持身心平衡最好的办法。近代人的大病即在于拼命损害了一种机能（或一切机能）去发展某一种机能，造成许多畸形与病态。我不断劝你去郊外散步，也是此意。幸而你东西奔走的路上还能常常接触高山峻岭，海洋流水，日出日落，月色星光，无形中更新你的感觉，解除你的疲劳。

另一方面，终日在琐碎家务与世俗应对中过生活的人，也该时时到野外去洗掉一些尘俗气，别让这尘俗气积聚日久成为宿垢。弥拉接到我黄山照片后来信说，从未想到山水之美有如此者。可知她虽家居瑞士，只是偶尔在山脚下小住，根本不曾登高临远，见到神奇的景色。在这方面你得随时培养她。此外我也希望她每天挤出时间，哪怕半小时吧，作为阅读之用。而阅读也不宜老拣轻松的东西当作消遣；应当每年选定一二部名著用功细读。比如丹纳的《艺术哲学》之类，若能彻底消化，做人方面，气度方面，理解与领会方面都有进步，不仅仅是增加知识而已。巴尔扎克的小说也不是只供消闲的。像你们目前的生活，要经常不断的阅读正经书不是件容易的事，需要很强的意志与纪律才行。望时常与她提及你老师勃隆斯丹近七八年来的生活，除了做饭、洗衣、照管丈夫孩子以外,居然坚持练琴,每日一小时至一小时半,到今日每月有四五次演出。这种精神值得弥拉学习。

……

你往海外预备拿什么节目出去?协奏曲是哪几支?恐怕Van Wyck(范怀克)首先要考虑那边群众的好恶;我觉得考虑是应当的,但也不宜太迁就。最好还是挑自己最有把握的东西。真有吸引力的还是一个人的本色;而保持本色最多的当然是你理解最深的作品。在英国少有表演机会的Bartok(巴托克)、Prokofiev(普罗科菲耶夫)等现代乐曲,是否上那边去演出呢?前信提及Cuba(古巴)演出可能,还须郑重考虑,我觉得应推迟一二年再说!暑假中最好结合工作与休息,不去远地登台,一方面你们俩都需要放松,一方面你也好集中准备海外节目。七月中去不去维也纳灌贝多芬第一、四?——问你的话望当场记在小本子上或要弥拉写下,待写信时答复我们。举手之劳,我们的问题即有着落。

……

敏的情形前信已提及一二。他有个长处,就是刻苦能忍,意志相当强。

写得够了,下次再谈,诸事珍重!

爸爸
五月一日

……

五月二十三日/二十四日

亲爱的孩子:

越知道你中文生疏,我越需要和你多写中文;同时免得弥拉和我们隔膜,也要尽量写英文。有时一些话不免在中英文信中重复,望勿误会是我老糊涂。从你婚后，我觉得对弥拉如同对你一样负有指导的责任：许多有关人生和家常琐事的经验，你不知道还不打紧，弥拉可不能不学习，否则如何能帮助你解决问题呢？既然她自幼的遭遇不很幸福，得到父母指点的地方不见得很充分，再加西方人总有许多观点与我们有距离，特别在人生的淡泊、起居享用的俭朴方面，我更认为应当逐渐把我们东方民族（虽然她也是东方血统，但她的东方只是徒有其名了！）的明智的传统灌输给她。前信问你有关她与生母的感情，务望来信告知。这是人伦至性，我们不能不关心弥拉在这方面的心情或苦闷。

……

不愿意把物质的事挂在嘴边是一件事，不糊里糊涂莫名其妙的丢失钱是另一件事！这是我与你大不相同之处。我也觉得提到阿堵物是俗气，可是我年轻时母亲（你的祖母）对我的零用抓得极紧，加上二十四岁独立当家，收入不丰；所以比你在经济上会计算，会筹划，尤其比你原则性强。当然，这些对你的艺术家气质不很调和，但也只是对像你这样的艺术家是如此；精明能干的艺术家也有的是。肖邦即是一个有名的例子：他从来不让出版商剥削，和他们谈判条件从不怕烦。你在金钱方面的洁癖，在我们眼中是高尚的节操，在西方拜金世界和吸血世界中却是任人鱼肉的好材料。我不和人争利，但也绝不肯被人剥削，遇到这种情形不能不争——这也是我与你不同之处。但你也知道，我争的还是一个理而不是为钱，争的是一口气而不是为的利。在这一点上你和我仍然相像。

总而言之，理财有方法，有系统，并不与重视物质有必然的联系，而只是为了不吃物质的亏而采取的预防措施；正如日常生活有规律，并非求生活刻板枯燥，而是为了争取更多的时间，节省更多的精力来做些有用的事，读些有益的书，总之是为了更完美的享受人生。

一九四五年我和周伯伯①办《新语》，写的文章每字每句脱不了罗曼·罗兰的气息和口吻，我苦苦挣扎了十多天，终于摆脱了，重新找到了我自己的文风。这事我始终不能忘怀。你现在思想方式受外国语文束缚，与我当时受罗曼·罗兰（翻了他一百二十万字的长篇自然免不了受影响）的束缚有些相似，只是你生活在外国语文的环境中，更不容易解脱，但并非绝对不可能解决。例如我能写中文，也能写法文和英文，固然时间要花得多一些，但不至于像你这样二百多字的一页中文（在我应当是英文——因我从来没有实地应用英文的机会）要花费一小时。问题在于你的意志，只要你立意克服，恢复中文的困难早晚能克服。我建议你每天写一些中文日记，便是简简单单写一篇三四行的流水账，记一些生活琐事也好，唯一的条件是有恒。倘你天天写一二百字，持续到四五星期，你的中文必然会流畅得多——最近翻出你一九五〇年十月昆明来信，读了感慨很多。到今天为止，敏还写不出你十六岁时写的那样的中文。既然你有相当根基，恢复并不太难，希望你有信心，不要胆怯，要坚持，持久！你这次写的第一页，虽然气力花了不少，中文还是很好，很能表达你的真情实感——要长此生疏下去，我倒真替你着急呢！我竟说不出我和你两人为这个问题谁更焦急。可是干着急无济于事，主要是想办法解决，想了办法该坚决贯彻！再告诉你一点：你从英国写回来的中文信，不论从措辞或从风格上看，都还比你的英文强得多，因为你的中文毕竟有许多古书做底子，不比你的英文只是浮光掠影撷拾得来的。你知道了这一点应该更有自信心了吧！

柏辽兹我一向认为最能代表法兰西民族，最不受德、意两国音乐传统的影响。《基督童年》一曲朴素而又精雅，热烈而又含蓄，虔诚而又健康，完全写出一个健全的人的宗教情绪，广义的宗教情绪，对一

---

① 周煦良，我国著名英国文学翻译家、诗人、作家，时年56岁。

切神圣、纯洁、美好、无邪的事物的崇敬。来信说得很对，那个曲子又有热情又有恬静，又兴奋又淡泊，第二段的古风尤其可爱。怪不得当初巴黎的批评家都受了骗，以为真是新发现的十七世纪法国教士作的。但那 narrator（叙述者）唱得太过火了些，我觉得家中原有老哥伦比亚的一个片段比这个新片更素雅自然。可惜你不懂法文，全篇唱词之美在英文译文中完全消失了。我对照看了几段，简直不能传达原作的美于万一！（原文写得像《圣经》一般单纯！可是多美！）想你也知道全部脚本是出于柏辽兹的手笔。

你既对柏辽兹感到很大兴趣，应当赶快买一本罗曼·罗兰的《今代音乐家》（Romain Rolland：*Musiciens d'Aujourd'hui*），读一读论柏辽兹的一篇。（那篇文章写得好极了！）倘英译本还有同一作者的《古代音乐家》（*Musiciens d'Autrefois*）当然也该买。正因为柏辽兹完全表达他自己，不理会也不知道（据说他早期根本不知道巴赫）过去的成规俗套，所以你听来格外清新、亲切、真诚，而且独具一格。也正因为你是中国人，受西洋音乐传统的熏陶较浅，所以你更能欣赏独往独来，在音乐上追求自由甚于一切的柏辽兹。而也由于同样的理由，我热切期望未来的中国音乐应该是这样一个境界。为什么不呢？俄罗斯五大家不也由于同样的理由爱好柏辽兹吗？同时，不也是由于同样的理由，穆索尔斯基对近代各国的乐派发生极大的影响吗？

林先生的画寄至国外无问题。我也最高兴让我们现代的优秀艺术家在西方多多露面。要不是有限制，我早给你黄先生的作品了。但我仍想送一二张去文管会审定，倘准予出口，定当寄你。林先生的画价本不高，这也是他的好处。可是我知道国外看待一个陌生的外国画家，多少不免用金钱尺度来衡量；为了维持我国艺术家在国外的地位，不能不让外国朋友花较多的钱（就是说高于林先生原定价）。以欧洲的绘画行市来说，五十镑一幅还是中等价钱。所以倘是你的朋友们买，就让他们花五十磅一幅吧。钱用你的名义汇给我，汇出后立即来信通知寄出日期和金额。画由我代选，但望说明要风景还是人物，或是花卉——倘你自己也想要，则切实告知要几张，风景或人物，或花卉，你自购部分只消每幅二十镑，事实上还不需此数，但做铅皮筒及寄费为数也不很小。目前我已与林先生通过电话，约定后天由妈妈去挑一批回家，再由我细细看几天，复选出几张暂时留存，等你汇款通知到后即定做铅皮筒（也不简单，因为材料和工匠皆极难找到），做好即寄。倘用厚的马粪纸做成长筒，寄时可作印刷品，寄费既廉，而且迅速；无奈市上绝无好马粪纸可买。关于林先生的画价，我只说与你一人知道，即弥拉亦不必告知！

你必须先收到朋友的钱再汇款，切勿代垫！有时朋友们不过随口说说，真要付款时又变卦了。所以你得事先完全问个确实，并收到了钱再汇出。我们一家都太老实，把人家的话句句当真，有时弄得自己为难，这种教训受得多了，不能不预先告诉你。还有，希望你关于此事速速问明朋友，马上复信。我把林先生的作品留在家中，即使是三四张吧，长久不给人回音，也是我最不喜欢的！为了伦敦进口时的关税，最好别人要的，直接由我们寄去，但地址人名一定要写得非常清楚，切切！

四月二十六日寄你的四幅石刻画像，大概此信到时也可收到。记得你初至伦敦时有位太太借琴给你，她家也藏中国画，你可考虑是否送她一幅石刻，一方面还她人情，一方面也是海外希见的中国真迹复制品。但此物得之不易，等闲之辈切勿随便赠送。

丹纳原书的确值得细读，而且要不止一遍的读，你一定会欣赏。暂时寄你的只限于希腊部分，也足够你细细回味和吸收了。

你说的很对，"学然后知不足"，只有不学无术或是浅尝即止的人才会自大自满。我愈来愈觉得读书太少，聊以自慰的就是还算会吸收、消化、贯通。像你这样的艺术家，应当无书不读，像 Busoni（布索尼）①、Hindemith（欣德米特）②那样。就因为此，你更需和弥拉俩妥善安排日常生活，一切起居小节都该有规律有计划，才能挤出时间来。当然，艺术家也不能没有懒洋洋的耽于幻想的时间，可不能太多，否则成了习惯就浪费光阴了。没有音乐会的期间也该有个计划，哪几天招待朋友，哪几天听音乐会，哪几天照常练琴，哪几天读哪一本书。一朝有了安排，就不至于因为无目的无任务而感到空虚与烦躁了。这些琐琐碎碎的项目其实就是生活艺术的内容。否则空谈"人生也是艺术"，究竟指什么呢？对自己有什么好处呢？但愿你与弥拉多谈谈这些问题，定出计划来按部就班的做去。最要紧的是定的计划不能随便打破或打乱。你该回想一下我的作风，可以加强你实践的意志。你初订婚时不是有过指导弥拉的念头吗？现在成了家，更当在实际生活中以身作则，用行动来感染她！

正如你说的，你和我在许多地方太相像了，不知你在小事情的脾气上是否常常把爸爸作为你的警戒？弥拉还是孩子，你更得优容些，多用善言劝导，多多坐下来商量，切勿遇事烦躁，像我这样。你要能不犯你爸爸在这方面的错误，我就更安心更快活了。

五月二十三日

莫尼卡寄唱片，是我写信给杰老师，杰老师要她寄的。杰老师今年四月八日已经七十一岁了。我很想寄一些礼物去。不知你可曾记得他七十岁诞辰，送过礼没有？

说来说去你仍没有告诉我在华沙有没有灌过第二次肖邦 e min.（e 小调），即使不是给唱片公司演奏，有没有给电台录 e min. 呢？

---

① 布索尼 Busoni，1866—1924，意大利钢琴家。
② 欣德米特 Hindemith，1895—1963，德国作曲家，音乐理论家，时年 56 岁。

几年来为我保养电唱机的周先生，想要一本讲 stereo（立体声）工程方面的小书和立体声机器的目录。可否寄一些来？我当在英文信中详谈，让弥拉代办。我们都只读到杂志上的零星报道，从未听见过立体声，想像不出逼真到什么程度。待将来你寄回国的东西能获免税待遇时，也许可寄他一套这种新唱机来。

另外，你也从未提及是否备有胶带录音设备，使你能细细听你自己的演奏。这倒是你极需要的。一般评论都说你的肖邦表情太多，要是听任乐曲本身自己表达（即少加表情），效果只会更好。批评家还说大概是你年龄关系，过了四十，也许你自己会改变。这一类的说法你觉得对不对？（Cologne（科隆）的评论有些写得很拐弯抹角，完全是德国人脾气，爱复杂。）我的看法，你有时不免夸张；理论上你是对的，但实际表达往往会"太过"。唯一的补救与防止，是在心情非常冷静的时候，多听自己家里的 tape（磁带）录音；听的时候要尽量客观，当作别人的演奏一样对待。

我自己常常发觉译的东西过了几个月就不满意；往往当时感到得意的段落，隔一些时候就觉得平淡得很，甚至于糟糕得很。当然，也有很多情形，人家对我的批评与我自己的批评并不对头；人家指出的，我不认为是毛病；自己认为毛病的，人家却并未指出。想来你也有同样的经验。

在空闲（即无音乐会）期间有朋友来往，不但是应有的调剂，使自己不致与现实隔膜，同时也表示别人喜欢你，是件大好事。主要是这些应酬也得有限度有计划。最忌有求必应，每会必到；也最忌临时添出新客新事。西方习惯多半先用电话预约，很少人会做不速之客——即使有不速之客，必是极知己的人，不致妨碍你原定计划的——希望弥拉慢慢能学会这一套安排的技术。原则就是要取主动，不能处处被动！

孩子，来信有句话很奇怪。沉默如何就等于同意或了解呢？不同意或不领会，岂非也可用沉默来表现吗？在我，因为太追求逻辑与合理，往往什么话都要说得明白，问得明白，答复别人也答复得分明；沉默倒像表示躲避，引起别人的感觉不是信任或放心，而是疑虑或焦急。过去我常问到你经济情况，怕你开支浩大，演出太多，有伤身体与精神的健康；主要是因为我深知一个艺术家在西方世界中保持独立多么不容易，而唯有经济有切实保障才能维持人格的独立。并且父母对儿女的物质生活总是特别关心。再过一二十年，等你的孩子长成以后，你就会体验到这种心情。

德彪西的两册 Etudes（《练习曲》）放在家中无用，要不要寄给你？望告知！

……

爸爸
二十四日

……

六月二十六日晚

亲爱的孩子：

六月十八日信（邮戳十九）今晨收到。虽然花了很多钟点，信写得很好。多写几回就会感到更容易更省力。最高兴的是你的民族性格和特征保持得那么完整，居然还不忘记："一箪食（读如嗣）一瓢饮，回也不改其乐。"唯有如此，才不致被西方的物质文明湮没。你屡次来信说我们的信给你看到和回想到另外一个世界，理想气息那么浓的、豪迈的、真诚的、光明正大的、慈悲的、无我的（即你此次信中说的 idealistic, generous, devoted, loyal, kind, selfless）世界。我知道东方西方之间的鸿沟，只有豪杰之士，领悟颖异、感觉敏锐而深刻的极少数人方能体会。换句话说，东方人要理解西方人及其文化和西方人理解东方人及其文化同样不容易。即使理解了，实际生活中也未必真能接受。这是近代人的苦闷：既不能闭关自守，东方与西方各管各的生活，各管各的思想，又不能避免两种精神两种文化两种哲学的冲突和矛盾。当然，除了冲突与矛盾，两种文化也彼此吸引，相互之间有特殊的魅力使人神往。东方的智慧、明哲、超脱，要是能与西方的活力、热情、大无畏的精神融合起来，人类可能看到另一种新文化出现。西方人那种孜孜，白首穷经，只知为学，不问成败的精神还是存在（现在和克利斯朵夫的时代一样存在），值得我们学习。你我都不是大国主义者，也深恶痛绝大国主义，但你我的民族自觉、民族自豪和爱国热忱并无一星半点的排外意味。相反，这是一个有根有蒂的人应有的感觉与感情。每次看到你有这种表现，我都快活得心儿直跳，觉得你不愧为中华民族的儿子！妈妈也为之自豪，对你特别高兴，特别满意。

分析你岳父的一段大有见地，但愿作为你的借鉴。你的两点结论，不幸的婚姻和太多与太早的成功是艺术家最大的敌人，说得太中肯了。我过去为你的婚姻问题操心，多半也是从这一点出发。如今弥拉不是有野心的女孩子，至少不会把你拉上热衷名利的路，让你能始终维持艺术的尊严，维持你严肃朴素的人生观，已经是你的大幸。还有你淡于名利的胸怀，与我一样的自我批评精神，对你的艺术都是一种保障。但愿十年二十年之后，我不在人世的时候，你永远能坚持这两点。恬淡的胸怀，在西方世界中特别少见，希望你能树立一个榜样！

说到弥拉，你是否仍和去年八月初订婚时来信说的一样预备培养她？不是说培养她成一个什么专门人才，而是带她走上严肃、正直、坦白、爱美、爱善、爱真理的路。希望以身作则，鼓励她多多读书，有计划有系统的正规的读书，不是消闲趋时的读书。你也该培养她的意志：便是有规律有系统的处理家务、掌握家庭开支、经常读书等等，都是训练意志的具体机会。不随便向自己的 fancy（幻想）让步，也不随便向你的fancy（幻想）让步，也是锻炼意志的机会。孩子气是可贵的，但决不能损害taste（品味），更不能影响家庭生活、起居饮食的规律。有些脾气也许一辈子也改不了，但主观上改，总比听其自然或是放纵（即所谓indulging）好。你说对吗？弥拉与我们通信近来少得多，我们不怪她，但那也是她道义上感情上的一种责任。我们原谅她是一回事，你不从旁提醒她可就不合理，不尽你督促之责了。做人是整体的，对我们经常写信也表示她对人生对家庭的态度。你别误会，我再说一遍，别误会我们嗔怪她，而是为了她太年轻，需要养成一个好作风，处理实际事务的严格的态度。以上的话主要是为她好，而不是仅仅为我们多得一些你们消息的快乐。可是千万注意，和她提到给我们写信的时候，说话要和软，否则反而会影响她与我们的感情。翁姑与媳妇的关系与父母子女的关系大不相同，你慢慢会咂摸到，所以处理要非常细致。

最近几次来信，你对我们托办的事多半有交代，我很高兴。你终于在实际生活方面也成熟起来了，表示你有头有尾，责任感更强了。你的录音机迄未置办，我很诧异；照理你布置新居时，应与床铺在预算表上占同样重要的地位。在我想来，少一两条地毯倒没关系，少一架好的录音机却太不明智。足见你们俩仍太年轻，分不出轻重缓急。但愿你去美洲回来就有能力置办！

十日前向巴黎书店定了一批法文书，大半是各种字典和参考书。我手头常用的法文字典（不是大部的）破烂不堪，无法再用，三十年来这已经是第二部了。现在不能再换新的。还有许多工具书亦是翻译工作上不可缺的。可是又要花费你数十镑（确数不知，因手头无价目单），不知会不会影响你的开支？心里有点急。

……

我早料到你读了《论希腊雕塑》以后的兴奋。那样的时代是一去不复返的了，正如一个人从童年到少年那个天真可爱的阶段一样。也如同我们的先秦时代、两晋六朝一样。近来常翻阅《世说新语》（正在寻一部铅印而篇幅不太笨重的预备寄你），觉得那时的风流文采既有点儿近古希腊，也有点儿像文艺复兴时期的意大利；但那种高远、恬淡、素雅的意味仍然不同于西方文化史上的任何一个时期。人真是奇怪的动物，文明的时候会那么文明，谈玄说理会那么隽永，野蛮的时候又同野兽毫无分别，甚至更残酷。奇怪的是这两个极端就表现在同一批人同一时代的人身上。两晋六朝多少野心家，想夺天下、称孤道寡的人，坐下来清谈竟是深通老庄与佛教哲学的哲人！

韩德尔的神剧固然追求异教精神，但他毕竟不是公元前四五世纪的希腊人，他的作品只是十八世纪一个意大利化的日耳曼人向往古希腊文化的表现。便是《赛米里》吧，口吻仍不免带点儿浮夸（pompous）。这不是韩德尔个人之过，而是民族与时代之不同，绝对勉强不来的。将来你有空闲的时候（我想再过三五年，你音乐会一定可大大减少，多一些从各方面进修的时间），读几部英译的柏拉图、色诺芬一类的作品，你对希腊文化可有更多更深的体会。再不然你一朝去雅典，尽管山陵剥落（如丹纳书中所说）面目全非，但是那种天光水色（我只能从亲自见过的罗马和那不勒斯的天光水色去想像），以及巴台农神庙的废墟，一定会给你强烈的激动，狂喜，非言语所能形容，好比四五十年以前邓肯在巴台农废墟上光着脚不由自主的跳起舞来（《邓肯（Duncun）自传》，倘在旧书店中看到，可买来一读）。真正体会古文化，除了从小"泡"过来之外，只有接触那古文化的遗物。我所以不断寄吾国的艺术复制品给你，一方面是满足你思念故国，缅怀我们古老文化的饥渴，一方面也想用具体事物来影响弥拉。从文化上、艺术上认识而爱好异国，才是真正认识和爱好一个异国；而且我认为也是加强你们俩精神契合的最可靠的链锁。

石刻画你喜欢吗？是否感觉到那是真正汉族的艺术品，不像敦煌壁画云冈石刻有外来因素。我觉得光是那种宽袍大袖、简洁有力的线条、浑合的轮廓、古朴的屋宇车辆、强劲雄壮的马匹，已使我看了怦然心动，神游于两千年以前的天地中去了（装了框子看更有效果）。

十八家诗钞以外，李白诗文集想也收到了吧？给你的两把扇子你觉得怎样？最好平日张开着放在玻璃柜内欣赏。给弥拉的檀香扇，买不到更好的。且檀香女扇一向没有画得好的。从这个小包看，东西毕竟是从苏联转的，否则五月十二日寄的包不可能在六月十八日前收到。

几个月来做翻译巴尔扎克《幻灭》三部曲的准备工作，七百五十余页原文，共有一千一百余生字。发个狠每天温三百至四百生字，大有好处。正如你后悔不早开始把肖邦的 *Etudes*（《练习曲》）作为每天的日课，我也后悔不早开始记生字的苦功。否则这部书的生字至多只有二三百。倘有钱伯伯那种记忆力，生字可减至数十。天资不足，只能用苦功补足。我虽到了这年纪，身体挺坏，这种苦功还是愿意下的。
……

爸爸
六月二十六日晚七时

……

七月八日

家中大琴保护甚好。最近十天内连校二次，仍是李先生来的，校到448标准音。存京的小琴，日久失修，用的人又马虎，放下去更要坏；故已于去秋让与音院教师。你的斯丹威是否也是七尺？问过你几回都不复。付款快满期了吗？一共是多少镑？我很想知道目前国外的琴价。

在过去的农业社会里，人的生活比较闲散，周围没有紧张的空气，随遇而安、得过且过的生活方式还能对付。现在时代大变，尤其在西方世界，整天整月整年社会像一个瞬息不停的万花筒，生存竞争的剧烈，想你完全体会到了。最好做事要有计划，至少一个季度事先要有打算，定下的程序非万不得已切勿临时打乱。你是一个经常出台的演奏家，与教授、学者等等不同：生活忙乱得多，不容易控制。但愈忙愈需要有全面计划，我总觉得你太被动，常常 be carried away（被带跑），被环境和大大小小的事故带着走，从长远看，不是好办法。过去我一再问及你经济情况，主要是为了解你的物质基础，想推测一下再要多少时期可以减少演出，加强学习——不仅仅音乐方面的学习。我很明白在西方社会中物质生活无保障，任何高远的理想都谈不上。但所谓物质保障首先要看你的生活水准，其次要看你会不会安排收支，保持平衡，经常有规律的储蓄。生活水准本身就是可上可下，好坏程度、高低等级多至不可胜计的；究竟自己预备以哪一种水准为准，需要想个清楚，弄个彻底，然后用坚强的意志去贯彻。唯有如此，方谈得到安排收支等等的理财之道。孩子，光是瞧不起金钱不解决问题；相反，正因为瞧不起金钱而不加控制，不会处理，临了竟会吃金钱的亏，做物质的奴役。单身汉还可用颜回的刻苦办法应急，有了家室就不行，你若希望弥拉也会甘于素衣淡食就要求太苛，不合实际了。为了避免落到这一步，倒是应当及早定出一个中等的生活水准使弥拉能同意，能实践，帮助你定计划执行。越是轻视物质越需要控制物质。你既要保持你艺术的尊严，人格的独立，控制物质更成为最迫切最需要的先决条件。孩子，假如你相信我这个论点，就得及早行动。

经济有了计划，就可按照目前的实际情况定一个音乐活动的计划。比如下一季度是你最忙，但也是收入最多的季度：那笔收入应该事先做好预算；切勿钱在手头，散漫使花，而是要作为今后减少演出的基础——说明白些就是基金。你常说音乐世界是茫茫大海，但音乐还不过是艺术中的一支，学问中的一门。望洋兴叹是无济于事的，要钻研仍然要定计划——这又跟你的演出的多少、物质生活的基础有密切关系。你结了婚，不久家累会更重；你已站定脚跟，但最要防止将来为了家累，为了物质基础不稳固，不知不觉的把演出、音乐为你一家数口服务。古往今来——尤其近代，多少艺术家（包括各个部门的）到中年以后走下坡路，难道真是他们愿意的吗？多半是为家庭拖下水的，而且拖下水的经过完全出于不知不觉。孩子,我为了你的前途不能不长篇累牍的告诫。现在正是设计你下一阶段生活的时候,应当振作精神,面对当前,眼望将来,从长考虑。何况我相信三五年到十年之内,会有一个你觉得非退隐一年二年不可的时期。一切真有成就的演奏家都逃不过这一关。你得及早准备。

最近三个月,你每个月都有一封长信,使我们好像和你对面谈天一样:这是你所能给我和你妈妈的最大安慰。父母老了,精神上不免一天天的感到寂寞。唯有万里外的游子归鸿使我们生活中还有一些光彩和生气。希望以后的信中,除了艺术,也谈谈实际问题。你当然领会到我做爸爸的只想竭尽所能帮助你进步,增进你的幸福,想必不致嫌我烦琐吧?

七月八日上午　又书

……

八月一日

亲爱的孩子:

二十四日接弥拉十六日长信,快慰之至。几个月不见她手迹着实令人挂心,不知怎么,我们真当她亲生女儿一般疼她;从未见过一面,却像久已认识的人那样亲切。读她的信,神情笑貌跃然纸上。口吻那么天真那么朴素,taste(品味)很好,真叫人喜欢。成功的婚姻不仅对当事人是莫大的幸福,而且温暖的光和无穷的诗意一直照射到、渗透入双方的家庭。敏读了弥拉的信也非常欣赏她的人品。孩子,我不能不再一次祝贺你的幸运。二年半以来这是你音乐成就以外最大的收获了:相信你一定会珍惜这美满的婚姻,日后开出鲜艳的花来!

……

弥拉报告中有一件事教我们特别高兴:你居然去找过了那位匈牙利太太!(姓名弥拉写得不清楚,望告知!)多少个月来(在杰老师心中已是一年多了），我们盼望你做这一件事，一旦实现，不能不为你的音乐前途庆幸。写到此，又接你明信片；那么原来希望本月四日左右接你长信，又得推迟十天了。但愿你把技巧改进的经过与实际谈得详细些，让我转告李先生，好慢慢帮助国内的音乐青年，想必也是你极愿意做的事。本月十二至二十七日间，九月二十三日以前，你都有空闲的时间，除了出门休息（想你们一定会出门吧）以外，尽量再去拜访那位老太太，向她请教。尤其维也纳派（莫扎特、贝多芬、舒伯特），那种所谓 repose（宁静）的风味必须彻底体会。好些评论对你这方面的欠缺都一再提及。至于追求细节太过，以致妨碍音乐的朴素与乐曲的总的轮廓，批评家也说过很多次。据我的推想，你很可能犯了这些毛病。往往你会追求一个目的，忘了其他，不知不觉钻入牛角尖（今后望深自警惕）。可是深信你一朝醒悟，信从了高明的指点，你回头是岸，纠正起来是极快的，只是别矫枉过正，往另一极端摇摆过去就好了。

像你这样的年龄与经验，随时随地吸收别人的意见非常重要。经常请教前辈更是必需。你敏感得很，准会很快领会到那位前辈的特色与专长，尽量汲取——不到汲取完了决不轻易调换老师。

听说你去看过恩德的老师，是否也是请教去的？

七月初你在英国外省弹贝多芬的作品一〇九的奏鸣曲，批评不佳，此次去维也纳灌片，演奏此曲谅必改观。你自己觉得总成绩如何？钢琴不会仍是去冬那一架音色不平衡的了吧？

昨日香港 Nestles（雀巢）公司来信，说你岳父托该公司瑞士总公司的友人转嘱港店，代寄食物包给我们，还问我们以后再要什么，每隔多少时期寄一次。盛情高谊，太动人了。本想去信只此一遭，以后勿再见赠；但细想之后，恐令岳父一番热心，不接受也不大好，显得不够亲切，故打算今后只要港方寄一些生油牛油之类价廉的东西，你觉得好么？

……

敏今夏假期有四十五天：浮肿已退，只是瘦如猴子，关节炎仍纠缠不休，正在服中药。在家由我为之补英文（读王尔德的喜剧，如时间许可，还要读萧伯纳的），每天也拉拉提琴，晚上听唱片……

　　给李先生的谱也到了，她要我向你道谢。巴托克等近代乐曲一份都没有，是否因你太忙，无暇搜罗？那就等等再说吧。我们为了亲友一再叫你们俩麻烦，心里沉重得很。不过那些亲友直接间接也都有德于你，回敬一下亦是应当的。人生无非是欠人的情，还人的情。

　　李赫特有机会听你弹琴吗？对你有什么意见？他夫人想必仍然那么热情。

　　上面说到维也纳派的 repose（宁静），推想当是一种闲适恬淡而又富于旷达胸怀的境界，有点儿像陶靖节、杜甫（某一部分田园写景）、苏东坡、辛稼轩（也是田园曲与牧歌式的词）。但我还捉摸不到真正维也纳派的所谓 repose（宁静），不知你的体会是怎么回事？

　　近代有名的悲剧演员可分两派：一派是浑身投入，忘其所以，观众好像看到真正的剧中人在面前歌哭；情绪的激动，呼吸的起伏，竟会把人在火热的浪潮中卷走，Sarah Bernhardt（莎拉·伯恩哈特）① 即是此派代表（巴黎有她的纪念剧院）。一派刻画人物惟妙惟肖，也有大起大落的激情，同时又处处有一个恰如其分的节度，从来不流于"狂易"之境。心理学家说这等演员似乎有双重人格：既是演员，同时又是观众。演员使他与剧中人物合一，观众使他一切演技不会过火（即是能入能出的那句老话）。因为他随时随地站在圈子以外冷眼观察自己，故即使到了猛烈的高潮峰顶仍然能控制自己。以艺术而论，我想第二种演员应当是更高级。观众除了与剧中人发生共鸣，亲身经受强烈的情感以外，还感到理性节制的伟大，人不被自己情欲完全支配的伟大。这伟大也就是一种美。感情的美近于火焰的美、浪涛的美、疾风暴雨之美，或是风和日暖、鸟语花香的美；理性的美却近于钻石的

---

①　莎拉·伯恩哈特 Sarah Bernhardt，1844—1923，法国女演员。

闪光、星星的闪光，近于雕刻精工的美、完满无疵的美，也就是智慧之美！情感与理性平衡所以最美，因为是最上乘的人生哲学、生活艺术。

记得好多年前我已与你谈起这一类话。现在经过千百次实际登台的阅历，大概更能体会到上述的分析可应用于音乐了吧？去冬你岳父来信说，你弹两支莫扎特协奏曲，能把强烈的感情纳入古典的形式之内，他意即是指感情与理性的平衡。但你还年轻，出台太多，往往体力不济，或技巧不够放松，难免临场紧张，或是情不由己，be carried away（被带跑）。并且你整个品性的涵养也还没到此地步。不过早晚你会在这方面成功的，尤其技巧有了大改进以后。

国内形势八个月来逐渐改变，最近周总理关于文艺工作十大问题的报告长达八小时，内容非常精彩。唯尚未公布，只是京中极高级的少数人听到，我们更只知道一鳞半爪，不敢轻易传达。总的倾向是由紧张趋向缓和，由急进趋向循序渐进。也许再过一些日子会有更明朗的轮廓出现。

……

爸爸
八月一日

……

八月十九日

近几年来常常想到人在大千世界、星云世界中多么微不足道，因此更感到人自命为万物之灵实在狂妄可笑。但一切外界的事物仍不断对我发生强烈的作用，引起强烈的反应和波动，忧时忧国不能自已；另一时期又觉得转眼之间即可撒手而去，一切于我何有哉！这一类矛盾的心情几乎经常控制了我：主观上并无出世之意，事实上常常浮起虚无幻灭之感。个人对一切感觉都敏锐、强烈，而常常又自笑愚妄。

不知这是现代中国知识分子的共同苦闷，还是我特殊的气质使然。即使想到你，有些安慰，却也立刻会想到随时有离开你们的可能，你的将来，你的发展，我永远看不见的了，你十年二十年后的情形，对于我将永远是个谜，正如世界上的一切，人生的一切，到我脱离尘世之时都将成为一个谜——个人消灭了，茫茫宇宙照样进行，个人算得什么呢！

爸爸
八月十九日

八月三十一日夜

亲爱的孩子：

　　八月二十四日接十八日信，高兴万分。你最近的学习心得引起我许多感想。杰老师的话真是至理名言，我深有同感。会学的人举一反三，稍经点拨，即能跃进。不会学的不用说闻一以知十，连闻一以知一都不容易办到，甚至还要缠夹，误入歧途，临了反抱怨老师指引错了。所谓会学，条件很多，除了悟性高以外，还要足够的人生经验……现代青年头脑太单纯，说他纯洁固然不错，无奈遇到现实，纯洁没法作为斗争的武器，倒反因天真幼稚而多走不必要的弯路。玩世不恭、cynical（愤世嫉俗）的态度当然为我们所排斥，但不懂得什么叫做cynical（愤世嫉俗）也反映入世太浅，眼睛只会朝一个方向看。周总理最近批评我们的教育，使青年只看见现实世界中没有的理想人物，将来到社会上去一定感到失望与苦闷。胸襟眼界狭小的人，即使老辈告诉他许多旧社会的风俗人情，也几乎会骇而却走。他们既不懂得人是从历史上发展出来的，经过几千年上万年的演变过程才有今日的所谓文明人，所谓社会主义制度下的人，一切也就免不了管中窥豹之弊。这种人倘使学文学艺术，要求体会比较复杂的感情，光暗交错、善恶并列的现实人生，就难之又难了。要他们从理论到实践，从抽象到具体，样样结合起来，也极不容易。但若不能在理论→实践、实践

→理论、具体→抽象、抽象→具体中不断来回，任何学问都难以入门。

……

你我秉性都过敏，容易紧张。而且凡是热情的人多半流于执著，有fanatic（狂热）倾向。你的观察与分析一点不错。我也常说应该学学周伯伯那种潇洒、超脱、随意游戏的艺术风格，冲淡一下太多的主观与肯定，所谓positivism（自信，实证主义）。无奈向往是一事，能否做到是另一事。有时个性竟是顽强到底，什么都扭它不过。幸而你还年轻，不像我业已定型；也许随着阅历与修养，加上你在音乐中的熏陶，早晚能获致一个既有热情又能冷静、能入能出的境界。总之，今年你请教Kabos太太①后，所有的进步是我与杰老师久已期待的；我早料到你并不需要到四十左右才悟到某些淡泊、朴素、闲适之美——像去年四月《泰晤士报》评论你两次肖邦音乐会所说的。附带又想起批评界常说你追求细节太过，我相信事实确是如此，你专追一门的劲也是fanatic（狂热）得厉害，比我还要执著。或许近两个月以来，在这方面你也有所改变了吧？注意局部而忽视整体，雕琢细节而动摇大的轮廓固谈不上艺术；即使不妨碍完整，雕琢也要无斧凿痕，明明是人工，听来却宛如天成，才算得艺术之上乘。这些常识你早已知道，问题在于某一时期目光太集中在某一方面，以致耳不聪、目不明，或如孟子所说"明察秋毫而不见舆薪"。一旦醒悟，回头一看，自己就会大吃一惊，正如一九五五年时你何等欣赏米开兰琪利，最近却弄不明白当年为何如此着迷。

说到此，不能不希望你明春访澳归来以后，从速请教内行挑选一架胶带录音机，不一定要stereo（立体声）的，只要上等质地，控制方便就行。未买之前，已买之后，都得请人教导如何收录（此点十分重要！）自己在家的演奏。此是钢琴家和一切演奏家的镜子，不可或缺！

八月三十一日夜

---

① 卡博斯Kabos，1893—1973，英国钢琴家、教育家。

九月十四日晨

亲爱的孩子：

你工作那么紧张，不知还有时间和弥拉谈天吗？我无论如何忙，要是一天之内不与你妈谈上一刻钟十分钟，就像漏了什么功课似的。时事感想，人生或大或小的事务的感想，文学艺术的观感，读书的心得，翻译方面的问题，你们的来信，你的行踪……上下古今，无所不谈，拉拉扯扯，不一定有系统，可是一边谈一边自己的思想也会整理出一个头绪来，变得明确；而妈妈今日所达到的文化、艺术与人生哲学的水平，不能不说一部分是这种长年的闲谈熏陶出来的。去秋你信中说到培养弥拉，不知事实上如何做？也许你父母数十年的经历和生活方式还有值得你参考的地方。以上所提的日常闲聊便是熏陶人最好的一种方法。或是饭前饭后或是下午喝茶（想你们也有英国人喝 tea 的习惯吧）的时候，随便交换交换意见，无形中彼此都得到不少好处：启发，批评，不知不觉的提高自己，提高对方。总不能因为忙，各人独自生活在一个小圈子里。少女少妇更忌精神上的孤独。共同的理想、热情，需要长期不断的灌溉栽培，不是光靠兴奋时说几句空话所能支持的。而一本正经的说大道理，远不如日常生活中琐琐碎碎的一言半语来得有效——只要一言半语中处处贯彻你的做人之道和处世的原则。孩子，别因为埋头于业务而忘记了你自己定下的目标，别为了音乐的艺术而抛荒生活的艺术。弥拉年轻，根基未固，你得耐性细致、孜孜不倦的关怀她，在人生琐事方面、读书修养方面、感情方面，处处观察、分析、思索，以诚挚深厚的爱做原动力，以冷静的理智做行动的指针，加以教导、加以诱引，和她一同进步！倘或做这些工作的时候有什么困难，千万告诉我们，可帮你出主意解决。你在音乐艺术中固然只许成功，不许失败；在人生艺术中、婚姻艺术中也只许成功，不许失败！这是你爸爸妈妈最关心的，也是你一生幸福所系。而且你很明白，像你这种性格的人，人生没法与艺术分离，所以要对你的艺术有所贡献，家庭生活与夫妇生活更需要安排得美满。语重心长，但愿你深深体会我们爱你和爱你的艺术的热诚，从而在行动上彻底实践！

我老想帮助弥拉，但自知手段笨拙，深怕信中处处流露出说教口吻和家长面孔。青年人对中年老年人另有一套看法，尤其西方少妇。你该留意我的信对弥拉起什么作用：要是她觉得我太古板、太迂等等，得赶快告诉我，让我以后对信中的措辞多加修饰。我决不嗔怪她，可是我极需要知道她的反应来调节我教导的方式方法。你务须实事求是，切勿粉饰太平，歪曲真相：日子久了，这个办法只能产生极大的弊害。你与她有什么不协和，我们就来解释、劝说；她与我们之间有什么不协和，你就来解释、劝说，这样才能做到所谓"同舟共济"。我在中文信中谈的问题，你都可挑出一二题目与她讨论；我说到敏的情形也好告诉她：这叫做旁敲侧击，使她更了解我们。我知道她家务杂务、里里外外忙得不可开交，故至今不敢在读书方面督促她。我屡屡希望你经济稳定，早日打定基础，酌量减少演出，使家庭中多些闲暇，一方面也是为了弥拉的进修（要人进修，非给相当时间不可）。我一再提议你去森林或郊外散步，去博物馆欣赏名作，大半为了你，一小半也是为了弥拉。多和大自然与造型艺术接触，无形中能使人恬静旷达（古人所云"荡涤胸中尘俗"，大概即是此意），维持精神与心理的健康。在众生万物前面不自居为"万物之灵"，方能祛除我们的狂妄，打破纸醉金迷的俗梦，养成淡泊洒脱的胸怀，同时扩大我们的同情心。欣赏前人的遗迹，看到人类伟大的创造，才能不使自己被眼前的局势弄得悲观，从而鞭策自己，竭尽所能的在尘世留下些少成绩。以上不过是与大自然及造型艺术接触的好处的一部分，其余你们自能体会。

你对狄阿娜夫人与岳父的意见，大概决不会与外人谈到吧？上流社会，艺术界，到处都有搬嘴舌的人，必须提防。别因为对方在这些问题上与你看法相同，便流露出你的心腹（一个人上当最多就是在这种场合）。特别对你岳父的意见，你务必"讳莫如深"，只跟我们谈；

便是弥拉前面也不宜透露,她还没有到年纪,不能冷静分析从小崇拜的父亲。再说,一个名流必有或多或少忌妒的人:社会上对你岳父的议论都得用自己的头脑来分析过,与事实核对过;否则不能轻易信服。

……

国内今年灾情仍严重,据中央报告,明年生活可能还要艰苦。

暂时带住,希望本月内还能收到你的信。一切珍重!

爸爸

九月十四日晨

……

十月五日夜

亲爱的聪:

我抱着满腔愉快的心情告诉你一个好消息,我日夜盼望的那么一天终于到来,爸爸的问题解决了,已于九月三十日报上发表(就是"摘掉帽子")。爸爸是一九五八年四月底戴上右派帽子的,他是文艺界中最后一个,当时阿敏就要告诉你,我们怕刺激你,立即去信阻止,所以你大概有些不清不楚。这完全是党的宽大以及他数十年如一日的辛勤工作的结果,但他自己认为谈不上什么自我改造。他认为本来"戴帽子"与"摘帽子"都是他们的事,与他无关。

好些多年不见的朋友,见报后都非常高兴的打电话来道贺,有的上门来看他,都表示无限兴奋。近在咫尺的林医生,整整三年不来往,他一知道就来看爸爸,林伯伯除了头发更秃了些,略微瘦了些,还是老样子:精神充沛,热情洋溢,相互之间,毫无隔阂,我们谈了四个多钟点,痛快极了。他对声乐研究的工作,信心十足,三年来已作出了不少成绩,以前歧视他的人也哑口无言了。足见事实胜于雄辩,现在他的事业愈来愈信服人，得到党的支持，发展下去是无可限量的。

爸爸这四年来深居简出，闭门思过。领导上多方照顾，使他能安心工作，忘记一切，可是这几年来身体衰弱，精神疲劳，那股劲已大不如前了。他自己觉得力量有限，今后唯有在自己小小工作范围内，发挥能力，报效国家。你是特别关心爸爸的，所以我急于告诉你，让你更愉快更奋发的为祖国争光。

很高兴昨天收到弥拉的信，预料你也该有信，你这样忙，我也不见怪你，希望你能于出发前来信，回答我们以前的许多问题。

孩子，你跟爸爸相似的地方太多了，连日常生活也如此相似，老关在家里练琴，听唱片，未免太单调。要你出去走走，看看博物馆，无非是调剂生活，丰富你的精神生活。你的主观、固执，看来与爸爸不相上下，这个我是绝对同情弥拉的，我决不愿意身受折磨会在下一代的儿女身上重现——你是自幼跟我在一起，生活细节也看得多，你是最爱妈妈的，也应该是最理解妈妈的。我对你爸爸性情脾气的委曲求全，逆来顺受，都是有原则的，因为我太了解他，他一贯的秉性乖戾，疾恶如仇，是有根源的——当时你祖父受土豪劣绅的欺侮压迫，二十四岁上就郁闷而死，寡母孤儿（你祖母和你爸爸）悲惨凄凉的生活，修道院式的童年，真是不堪回首。到成年后，孤军奋斗，爱真理，恨一切不合理的旧传统和杀人不见血的旧礼教，为人正直不苟，对事业忠心耿耿，我爱他，我原谅他。为了家庭的幸福，儿女的幸福，以及他孜孜不倦的事业的成就，放弃小我，顾全大局。爸爸常常抱恨自己把许多坏脾气影响了你，所以我们要你及早注意，克制自己，把我们家上代悲剧的烙印从此结束，而这个结束就要从你开始，才能不再遗留到后代身上去。现在弥拉还年轻，有幻想，有热情，多少应该满足她活跃的青春的梦，偶尔看看电影，上博物馆，陶醉在过去的历史的成果中，欣赏体会；周末去郊外或公园散步闲游，吸收自然界的美，要过这种有计划有调节的生活，人生才有意思。我们是年老了，可是心里未尝不向往这种生活呢！目前你赶巡回演出的节目，一切都谈不上，可是让你心中有数，碰到有时间有机会的时候，千万争取利用，不可随便放弃。好孩子，你是爱父母的，那么千言万语，无非要你们更美满更幸福，总要接受父母的劝告，让我们也跟着你们快活，何乐而不为呢。

知道你近几月来手头紧，我心里很不安，我们要你寄许多药物食物，多少有影响吧？我不明白你们日常开支是否有个预算，还是毫无计划的有一钱用一钱，还是为了结婚，布置新居用过了头，亏空了。希望你们巡回演出回来后，好好合理安排，要经济实惠，脱尽浮夸，并把过去用度的方法回顾一下，取消不合理不必要的用度，接受教训，开支平衡，那么你可以少开一些音乐会，多一些时间花在其他艺术活动里，那么身心自然更为愉快，而你的艺术修养更丰富多样了。

……

下月初起，你们要出门起码四个月，希望不断的接到你们的消息，你忙少写些无妨，我想弥拉这方面可多做些，我相信她会随时报告消息。告诉弥拉，我无时无刻不在想念她，疼她。不多谈了，再见！

妈妈
十月五日夜

十月五日深夜

亲爱的孩子：

等了好久，昨晚才收到弥拉的信。没料到航空寄的画竟和信一样快。我挑选的作品你们俩都喜爱，可见我与你们的眼光与口味完全一致，也叫我非常高兴。弥拉没提到周文中的评论材料，也没说起四包乐谱是否收到，令人悬悬。下次来信务必交代清楚！

说起周文中①,据陈伯伯(又新)说②,原是上海音乐馆③学生,跟陈伯伯学过多年小提琴,大约与张国灵同时。胜利后出国。陈伯伯解放初年留英期间,周还与他通信。据说小提琴拉得不差呢。

八九两月你统共只有三次演出,但似乎你一次也没去郊外或博物馆。我知道你因技术与表达都有大改变,需要持续加工和巩固;访美的节目也得加紧准备;可是两个月内毫不松散也不是办法。两年来我不知说了多少次,劝你到森林和博物馆走走,你始终不能接受。孩子,我多担心你身心的健康和平衡;一切都得未雨绸缪,切勿到后来悔之无及。单说技巧吧,有时硬是别扭,倘若丢开一个下午,往大自然中跑跑,或许下一天就能顺利解决。人的心理活动总需要一个酝酿的时期,不成熟时硬要克服难关,只能弄得心烦意躁,浪费精力。音乐理解亦然如此。我始终觉得你犯一个毛病,太偏重以音乐本身去领会音乐。你的思想与信念并不如此狭窄,很会海阔天空的用想像力;但与音乐以外的别的艺术,尤其大自然,实际上接触太少。整天看谱、练琴、听唱片……久而久之会减少艺术的新鲜气息,趋于抽象、闭塞,缺少生命的活跃与搏击飞纵的气势。我常常为你预感到这样一个危机,不能不舌敝唇焦,及早提醒,要你及早防止。你的专业与我的大不同。我是不需要多大创新的,我也不是有创新才具的人:长年关在家里不致在业务上有什么坏影响。你的艺术需要时时刻刻的创造,便是领会原作的精神也得从多方面(音乐以外的感受)去探讨:正因为过去的大师就是从大自然,从人生各方面的材料中"泡"出来的,把一切现实升华为 emotion(感情)与 sentiment(情操),所以表达他们的作品也得走同样的路。这些理论你未始不知道,但似乎并未深信到身体力行的程度。另外我很奇怪:你年纪还轻,应该比我爱活动;你也强烈

---

① 周文中,著名美籍华人作曲家。
② 陈又新,傅雷的中学同学,原上海音乐学院管弦系主任。
③ 上海音专(陈又新和丁善德合办的学校)的前身。

的爱好自然，怎么实际生活中反而不想去亲近自然呢？我记得很清楚，我二十二三岁在巴黎、瑞士、意大利以及法国乡间，常常在月光星光之下，独自在林中水边踏着绿茵，呼吸浓烈的草香与泥土味、溪水味，或是借此舒散苦闷，或是沉思默想。便是三十多岁在上海，一逛公园就觉得心平气和，精神健康多了。太多与刺激感官的东西（音乐便是刺激感官最强烈的）接触，会不知不觉失去身心平衡。你既憧憬希腊精神，为何不学学古希腊人的榜样呢？你既热爱陶潜、李白，为什么不试试去体会"采菊东篱下，悠然见南山"的境界（实地体会）呢？你既从小熟读克利斯朵夫，总不致忘了克利斯朵夫与大自然的关系吧？还有造型艺术，别以家中挂的一些为满足，干嘛不上大英博物馆去流连一下呢？大概你会回答我说没有时间，做了这样就得放弃那样。可是暑假中比较空闲，难道去一两次郊外与美术馆也抽不出时间吗？只要你有兴致，便是不在假中，也可能特意上美术馆，在心爱的一两幅画前面呆上一刻钟半小时。不必多，每次只消集中一两幅，来回统共也花不了一个半小时，无形中积累起来的收获可是不小呢！你说我信中的话，你"没有一句是过耳不入"的，好吧，那么在这方面希望你思想上慢慢酝酿，考虑我的建议，有机会随时试一试，怎么样？行不行呢？我一生为你的苦心，你近年来都体会到了。可是我未老先衰，常有为日无多之感，总想尽我仅有的一些力量，在我眼光所能见到的范围以内帮助你，指导你，特别是早早指出你身心与艺术方面可能发生的危机，使你能预先避免。"语重心长"这四个字形容我对你的态度是再贴切没有了。只要你真正爱你的爸爸，爱你自己，爱你的艺术，一定会郑重考虑我的劝告，接受我数十年如一日的这股赤诚的心意！

你也很明白，钢琴上要求放松先要精神上放松，过度的室内生活与书斋生活恰恰是造成现代知识分子神经紧张与病态的主要原因；而萧然意远、旷达恬静、不滞于物、不凝于心的境界只有从自然界中获得，你总不能否认吧？

还有很重要的一点：弥拉比你小五岁，应该是喜欢活动的年纪。

你要是闭户家居，岂不连带她感到岑寂枯索？而看她的气质，倒也很爱艺术与大自然，那就更应该同去欣赏，对彼此都有好处。只有不断与森林、小溪、花木、鸟兽、虫鱼和美术馆中的杰作亲炙的人，才会永远保持童心、纯洁与美好的理想。培养一个人，空有志愿有什么用？主要从行动着手！无论多么优秀的种籽，没有适当的环境、水土、养分，也难以开花结果，说不定还会中途变质或夭折。弥拉的妈妈诺拉本性何尝不好、不纯洁，就是与伊虚提之间缺少一个共同的信仰与热爱，缺少共同的 devotion（信仰，热爱），才会如此下场。即使有了共同的理想与努力的目标，仍然需要年纪较长的伙伴给她熨帖的指点，带上健全的路，帮助她发展，给她可能发展的环境和条件。你切不可只顾着你的艺术，也得分神顾到你一生的伴侣。二十世纪登台演出的人更非上一世纪的演奏家可比，他要紧张得多，工作繁重得多，生活忙乱得多，更有赖于一个贤内助。所以分些精神顾到弥拉（修养、休息、文娱活动……），实际上仍是为了你的艺术；虽然是间接的，影响与后果之大却非你意想所及。你首先不能不以你爸爸的缺点——脾气暴躁为深戒，其次不能期待弥拉也像你妈妈一样和顺。在西方女子中，我与你妈妈都深切感到弥拉已是很好的好脾气了，你该知足，该约制自己。天下父母的心总希望子女活得比自己更幸福；只要我一旦离开世界的时候，对你们两的结合能有确切不移的信心，也是我一生极大的酬报了！

十一月至明春二月是你去英后最忙的时期，也是出入重大的关头；旅途辛苦，演出劳累，难免神经脆弱，希望以最大的忍耐控制一切，处处为了此行的使命与祖国荣辱攸关着想。但愿你明年三月能够以演出与性情脾气双重的成功报告我们，那我们真要快乐到心花怒放了！——放松、放松！精神上彻底的轻松愉快，无挂无碍，将是你此次双重胜利的秘诀！

另一问题始终说服不了你，但为你的长久利益与未来的幸福不得不再和你唠叨。你历来厌恶物质，避而不谈；殊不知避而不谈并不解决问题，要不受物质之累，只有克服物质、控制物质，把收支情况让我们知道一个大概，帮你出主意妥善安排。唯有妥善安排才能不受物质奴役。凡不长于理财的人少有不吃银钱之苦的。我和你妈妈在这方面自问还有相当经验可给你作参考。你怕烦，不妨要弥拉在信中告诉我们。她年少不更事，只要你从旁怂恿一下，她未始不愿向我们学学理财的方法。你们早晚要有儿女，如不及早准备，临时又得你增加演出来弥补，对你的艺术却无裨益。其次要弥拉进修、多用些书本工夫，也该给她时间；目前只有一个每周来两次的 maid（女仆），可见弥拉平日处理家务还很忙。最好先逐步争取，经济上能雇一个每日来帮半天的女佣。每年暑假至少要出门完全休息两星期。这种种都得在家庭收支上调度得法，订好计划，方能于半年或一年之后实现。当然主要在于实际执行而不仅仅是一纸空文的预算和计划。唱片购买也以随时克制为宜，勿见新即买。我一向主张多读谱，少听唱片，对一个像你这样的艺术家帮助更大。读谱好比弹琴用 urtext[①]，听唱片近乎用某人某人 edit（编辑）的谱。何况我知道你十年二十年后不一定永远当演奏家；假定还可能向别方面发展，长时期读谱也是极好的准备。我一心一意为你打算，不论为目前或将来，尤其为将来。你忙，没空闲来静静的分析，考虑；倘我能代你筹划筹划，使我身后你还能得到我一些好处——及时播种的好处，那我真是太高兴了。

……

前几封长信所谈的问题，希望能得到你一些反应。好些事除了对你，我几乎不和别人谈了。倘不影响你的工作与休息，我真祝望多多读到你的长信！

爸爸
十月五日深夜

[①] 德文，原谱版本，通常指 1900 年以前的未经他人编辑、整理的原始曲谱。

一九六二年〔十通——父十通〕

一月二十一日下午/二十一日夜

亲爱的孩子：

斐济岛来信，信封上写明挂号，事实并没有挂号，想必交旅馆寄，他们马虎过去了。以后别忘了托人代送邮局的信，一定要追讨收条。你该记得一九五五年波兰失落一长信，害得我们几个星期心绪不宁。十一月到十二月间，敏有二十六天没家信，打了两个电报去也不复，我们也为之寝食不安；谁知中间失落了两封信，而他又功课忙，不即回电，累我们急得要命。

读来信，感触万端。年轻的民族活力固然旺盛，幼稚的性情脾气少接触还觉天真可爱，相处久了恐怕也要吃不消的。我们中国人总爱静穆，沉着，含蓄，讲 taste（品味），遇到 silly（没头没脑）的表现往往会作恶。生命力旺盛也会带咄咄逼人的意味，令人难堪。我们朋友中即有此等性格的，我常有此感觉。也许我自己的 dogmatic（固执，武断）气味，人家背后已在怨受不了呢。我往往想，像美国人这样来源复杂的民族究竟什么是他的定型，什么时候才算成熟。他们二百年前的祖先不是在欧洲被迫出亡的宗教难民（新旧教都有，看欧洲哪个国家而定；大多数是新教徒——来自英法。旧教徒则来自荷兰及北欧），便是在事业上栽了筋斗的人，不是年轻的淘金者便是真正的强盗和杀人犯。这些人的后代，反抗与斗争性特别强是不足为奇的，但传统文化的熏陶欠缺，甚至于绝无仅有也是想像得到的。只顾往前直冲，不问成败，什么都可以孤注一掷，一切只问眼前，冒起危险来绝不考虑值不值得，不管什么场合都不难视生命如鸿毛：这一等民族能创业，能革新，但缺乏远见和明智，难于守成，也不容易成熟；自信太强，不免流于骄傲，看事太轻易，未免幼稚狂妄。难怪资本主义到了他们手里会发展得这样快，畸形得这样厉害。我觉得他们的社会好像长着一个癌：少数细胞无限制的扩张，把其他千千万万的细胞吞掉了；而千千万万的细胞在未被完全吞掉以前，还自以为健康得很，"自由""民主"得很呢！

可是社会的发展毕竟太复杂了，变化太多了，不能凭任何理论"一以蔽之"的推断。比如说，关于美国钢琴的问题，在我们爱好音乐的人听来竟可说是象征音乐文化在美国的低落；但好些乐队水准比西欧高，又怎么解释呢？经理人及其他音乐界的不合理的事实，垄断、压制、扼杀个性等等令人为之发指；可是有才能的艺术家在青年中还是连续不断的冒出来：难道就是新生的与落后的斗争吗？还是新生力量也已到了强弩之末呢？美国音乐创作究竟是在健康的路上前进呢，还是总的说来是趋向于消沉，以至于腐烂呢？人民到处是善良正直的，分得出是非美丑的，反动统治到处都是牛鬼蛇神；但在无线电、TV（电视）、报刊等等的麻痹宣传之下，大多数人民的头脑能保得住清醒多久呢？我没领教过极端的物质文明，但三十年前已开始关心这个问题。欧洲文化界从第一次大战以后曾经几次三番讨论过这个问题，可是真正的答案只有未来的历史。是不是不穷不白就闹不起革命呢，还是有家私的国家闹出革命来永远不会彻底？就是彻底了，穷与白的病症又要多少时间治好呢？有时我也像服尔德小说中写的一样，假想自己在另一个星球上，是另一种比人更高等的动物，来看这个星球上的一切，那时不仅要失笑，也要感到茫茫然一片，连生死问题都不知该不该肯定了。当然，我不过告诉你不时有这种空想，事实上我受着"人"的生理限制，不会真的虚无寂灭到那个田地的，而痛苦烦恼也就不可能摆脱干净，只有靠工作来麻醉自己了。

辛辛那提、纽约、旧金山三处的批评都看到了一些样品，都不大高明（除了一份），有的还相当"小儿科"。至于弥拉讲的《纽约时报》的那位仁兄，简直叫人发笑。而《纽约时报》和《先驱论坛报》还算美国最大的两张日报呢！关于批评家的问题以及你信中谈到的其他问题,使我不单单想起《约翰·克利斯朵夫》中的"节场"(卷五),更想起巴尔扎克在《幻灭》(我正在译)第二部中描写一百三十年前巴黎的文坛、报界、戏院的内幕。巴尔扎克不愧为现实派的大师,他的手笔完全有血有肉,个个人物历历如在目前,决不像罗曼·罗兰那样只有意识形态而近于抽象的漫画。学艺术的人,不管绘画、雕塑、音乐,学不成都可以改行;画家可以画画插图、广告等等,雕塑家不妨改做室内装饰或手工业艺术品。钢琴家提琴家可以收门徒。专搞批评的人倘使低能,就没别的行业可改,只能一辈子做个蹩脚批评家,或竟受人雇用,专做捧角的啦啦队或者打手。不但如此,各行各业的文化人和知识分子,一朝没有出路,自己一门毫无成就、无法立足时,都可以转业为批评家;于是批评界很容易成为垃圾堆。高明、严肃、有良心、有真知灼见的批评家所以比真正的艺术家少得多,恐怕就由于这些原因,你以为怎样?

Paul Paray(保罗·帕雷)一段写得很动人——不,其实是事情很动人。所谓天涯无处无知己,不独于肖邦为然,于你亦然,对每个人都一样!这种接触对一个青年艺术家就是一种教育。你岳父的传记中不少此类故事。唯其东零西碎还有如此可爱的艺术家,在举世拜金潮的时代还能保持一部分干净的园地,鼓舞某些纯洁的后辈前进。但愿你建议与 Max Rudolf(马克斯·鲁道夫)合作,灌片公司肯接受。

李阿姨要的乐谱以及你自己要的创作钢琴曲子,待我想办法;不过日子要多一些。许多事要拐了几个弯方始办得了。去信斯氏夫妇时先提一声就是了,我准会负责。

……

一月二十一日下午

没想到澳洲演出反比美洲吃重,怪不得你在檀香山不早写信。重温巴托克,我听了很高兴,有机会弹现代的东西就不能放过,便是辛苦些也值得。对你的音乐感受也等于吹吹新鲜空气。

  你能讨祖岳父母的喜欢，着实不容易。听弥拉口气，她的祖父母不大容易喜欢人，即使最亲近的家属也如此。我猜想两老的脾气大概和我差不多吧？

  这次弥拉的信写得特别好，细腻、婉转，显出她很了解你，也对你的艺术关切到一百二十分。从头至尾感情丰富，而且文字也比以前进步。我得大大夸奖她一番才好。此次出门，到处受到华侨欢迎，对她也大有教育作用，让她看看我们的民族的气魄，同时也能培养她的热情豪侠。我早知道你对于夫妇生活的牢骚不足为凭。第一，我只要看看我自己，回想自己的过去，就知道你也是遇事挑剔，说话爱夸大，往往三分事实会说成六七分；其次青年人婚后，特别是有性格的人，多半要经过长时期的摸索方始能逐渐知情识性，相处融洽。恐怕此次旅行，要不是她始终在你身旁，你要受到许多影响呢。琐碎杂务最打扰人，尤其你需要在琴上花足时间，经不起零星打搅。我们一年多观察下来，弥拉确是本性善良、绝顶聪明的人，只要耐着性子，多过几年，一切小小的对立自会不知不觉的解决的。总而言之，我们不但为你此次的成功感到欣慰，也为你们两人一路和谐相处感到欣慰！

  ……

爸爸
一月二十一日夜

三月八日（给傅敏的信）

亲爱的孩子：

  ……对恋爱的经验和文学艺术的研究，朋友中数十年悲欢离合的事迹和平时的观察思考，使我们在儿女的终身大事上能比别的父母更有参加意见的条件……

首先态度和心情都要尽可能的冷静。否则观察不会准确。初期交往容易感情冲动，单凭印象，只看见对方的优点，看不出缺点，甚至夸大优点，美化缺点。便是与同性朋友相交也不免如此，对异性更是常有的事。许多青年男女婚前极好，而婚后逐渐相左，甚至反目，往往是这个原因。感情激动时期不仅会耳不聪、目不明，看不清对方；自己也会无意识的只表现好的方面，把缺点隐藏起来。保持冷静还有一个好处，就是不至于为了谈恋爱而荒废正业，或是影响功课或是浪费时间或是损害健康，或是遇到或大或小的波折时扰乱心情。

所谓冷静，不但是表面的行动，尤其内心和思想都要做到。当然这一点是很难。人总是人，感情上来，不容易控制，年轻人没有恋爱经验更难维持身心的平衡，同时与各人的气质有关。我生平总不能临事沉着，极容易激动，这是我的大缺点。幸而事后还能客观分析，周密思考，才不至于使当场的意气继续发展，闹得不可收拾。我告诉你这一点，让你知道如临时不能克制，过后必须由理智来控制大局：该纠正的就纠正，该向人道歉的就道歉，该收篷时就收篷，总而言之，以上两点归纳起来只是：感情必须由理智控制。要做到，必须下一番苦功在实际生活中长期锻炼。

我一生从来不曾有过"恋爱至上"的看法。"真理至上"，"道德至上"，"正义至上"这种种都应当作为立身的原则。恋爱不论在如何狂热的高潮阶段也不能侵犯这些原则。朋友也好，妻子也好，爱人也好，一遇到重大关头，与真理、道德、正义等等有关的问题，决不让步。

其次，人是最复杂的动物，观察决不可简单化，而要耐心、细致、深入，经过相当的时间，各种不同的事故和场合，处处要把科学的客观精神和大慈大悲的同情心结合起来。对方的优点，要认清是不是真实可靠的，是不是你自己想像出来的，或者是夸大的。对方的缺点，要分出是否与本质有关。与本质有关的缺点，不能因为其他次要的优点而加以忽视。次要的缺点也得辨别是否能改，是否发展下去会影响品性或日常生活。人人都有缺点，谈恋爱的男女双方都是如此。问题不在于找一个全无缺点的对象，而是要找一个双方缺点都能各自认识，各自承认，愿意逐渐改，同时能彼此容忍的伴侣（此点很重要。有些缺点双方都能容忍；有些则不能容忍，日子一久即造成裂痕）。最好双方尽量自然，不要做作，各人都拿出真面目来，优缺点一起让对方看到。必须彼此看到了优点，也看到了缺点，觉得都可以相忍相让，不会影响大局的时候，才谈得上进一步的了解；否则只能做一个普通的朋友。可是要完全看出彼此的优缺点，需要相当时间，也需要各种大大小小的事故来考验；绝对急不来！更不能轻易下结论（不论是好的结论或坏的结论）！唯有极坦白，才能暴露自己；而暴露自己的缺点总是越早越好，越晚越糟。为了求恋爱成功而尽量隐藏自己的缺点的人其实是愚蠢的。当然，在恋爱中不知不觉表现出自己的光明面，不知不觉隐藏自己的缺点，不在此例。因为这是人的本能，而且也证明爱情能促使我们进步，往善与美的方向发展。这正是爱情的伟大之处，也是占往今来的诗人歌颂爱情的主要原因。小说家常常提到，我们在生活中也一再经历：恋爱中的男女往往比平时聪明，读起书来也理解得快，心地也往往格外善良，为了自己幸福而也想使别人幸福，或者减少别人的苦难；同情心扩大就是爱情可贵的具体表现。事情主观上固盼望必成，客观方面仍须有万一不成的思想准备。为了避免失恋等等的痛苦，这一点"明智"我觉得一开头就应当充分掌握。最好勿把对方做过于肯定的想法，一切听凭自然演变。

总之，一切不能急，越是事关重要，越要心平气和，态度安详，从长考虑，细细观察，力求客观！感情冲上高峰很容易，无奈任何事物的高峰（或高潮）都只能维持一个短时间，要久而弥笃的维持长久的友谊可很难了……

除了优缺点，俩人性格脾气是否相投也是重要因素。刚柔、软硬、缓急的差别要能相互适应调剂。还有许多表现在举动、态度、言笑、声音……之间说不出也数不清的小习惯,在男女之间也有很大作用,要弄清这些就得冷眼旁观慢慢咂摸。所谓经得起考验乃是指有形无形的许许多多批评与自我批评(对人家一举一动所引起的反应即是无形的批评)。诗人常说爱情是盲目的,但不盲目的爱毕竟更健全更可靠。

人生观、世界观问题你都知道,不用我谈了。人的雅俗和胸襟气量倒是要非常注意的。据我的经验:雅俗与胸襟往往带先天性的,后天改造很少能把低的往高的水平上提;故交往期间应该注意对方是否有胜于自己的地方,将来可帮助我进步,而不至于反过来使我往后退。你自幼看惯家里的作风,想必不会忍受量窄心浅的性格。

以上谈的全是笼笼统统的原则问题……

长相身材虽不是主要考虑点,但在一个爱美的人也不能过于忽视。

交友期间,尽量少送礼物,少花钱:一方面表明你的恋爱观念与物质关系极少牵连,另一方面也是考验对方。

……

爸爸

三月九日

亲爱的孩子:

三天前收到弥拉澳洲来信,你们精神饱满,身体健康,我们非常高兴。林瑾姨母处妈妈于一月中有信去,还寄了八张照片,迄无回音,不知可曾和你提到?彭启忻先生本是泛泛之交,弥拉感觉很灵,观察中肯,说他太"滑",太"热中",确是不错。刘抗伯伯来信,说你很喜欢太格,还约他在英相会。此次在新加坡想必去过他家,看过刘伯伯的画吧?陈人浩伯伯也见到吧?他们都故人情重,轮流寄食物来。我们也寄些美术书去作回敬。可恨去年十月寄的六册美术图书,以及托萧伯母从香港寄的几种我的译作(国内不再版,而在香港倒有新版子),全部未收到。马来联邦对我国极不友好,图书往往没收,说来气人。

……

弥拉只谈了澳洲的气候和人情,未提及批评界及群众音乐欣赏水平。是否也像英国一样保守,或者眼界更窄?你弹的几次协奏曲,哪些比较满意?巴托克多年未上手,此次效果如何?你自己对作品的感受是否仍然新鲜?或更有深入一步的体会?真想知道你最近的演奏成绩和音乐理解,多多益善。

三、四两个月还是那么忙,我们只操心你身体。平日饮食睡眠休息都得经常注意。只要身心支持得住,音乐感觉不迟钝不麻木,那么演出多一些亦无妨;否则即需酌减。演奏家若果发现感觉的灵敏有下降趋势,就该及早设法,万不能因循拖延!多多为长远利益打算才是!万一感到出台是很重的负担,你就应警惕,分析原因何在,是否由于演出过多而疲劳过度。其次你出台频繁,还有时间与精力补充新的 repertoire(曲目)吗?这也是我常常关心的一点。六月灌片的 solo(独奏)部分除二十五支《玛祖卡》以外,还有别的吗?二月中本说莫扎特协奏曲的片子可印出,究竟如何?将来一定要唱片公司用航空寄来,切切切切!

我近来目力又退步,工作一停就要流泪打呵欠,平日总觉眼皮沉重得很,尤其左眼,简直不容易张开来。这几天不能不休息,但又苦于不能看书(休息原是为了眼睛嘛),心烦得厉害。知识分子一离开书本真是六神无主。

十一、十二、一月,一连寄出乐谱三批,二月十二日又一包,前后共寄十三包。兹附上细目。本月下旬再寄以前留在北京的谱。因海关一下子不允许寄太多,故只能陆续分寄。收到后务必来信提及。近来常有印刷品遗失,故更要让我知道。每次寄谱,因每包有定量限制,故妈妈都得左称右称,搭配得如配药一般,包扎寄递(要上北四川路总局,由海关验过)手续繁杂。花了如许心血的工作,知道确有着落才有安慰。

昨天晚上陪妈妈去看了"青年京昆剧团赴港归来汇报演出"的《白蛇传》。自一九五七年五月至今，是我第一次看戏。剧本是田汉改编的，其中有昆腔也有京腔。以演技来说，青年戏曲学生有此成就也很不差了，但并不如港九报纸捧的那么了不起。可见港九群众艺术水平实在不高，平时接触的戏剧太蹩脚了。至于剧本，我的意见可多啦。老本子是乾隆时代的改本，倒颇有神话气息，而且便是荒诞妖异的故事也编得入情入理，有曲折有照应，逻辑很强，主题的思想，不管正确与否，从头至尾是一贯的、完整的。目前改编本仍称为"神话剧"，说明中却大有翻案意味，而戏剧内容并不彰明较著表现出来，令人只感到态度不明朗，思想混乱，好像主张恋爱自由，又好像不是；说是（据说明书）金山寺高僧法海嫉妒白蛇（所谓白娘娘）与许宣（俗称许仙）的爱情，但一个和尚为什么无事端端嫉妒青年男女的恋爱呢？青年恋爱的实事多得很，为什么嫉妒这一对呢？总之是违背情理，没有logic（逻辑），有些场面简单化到可笑的地步：例如许仙初遇白素贞后次日去登门拜访，老本说是二人有了情，白氏与许生订婚，并送许白金百两；今则改为拜访当场订亲成婚：岂不荒谬！古人编神怪剧仍顾到常理，二十世纪的人改编反而不顾一切，视同儿戏。改编理当去芜存菁，今则将武戏场面全部保留，满足观众看杂耍要求，未免太低级趣味。倘若节略一部分，反而精彩（就武功而论）。"断桥"一出在昆剧中最细腻，今仍用京剧演出，粗糙单调，诚不知改编的人所谓昆京合演，取舍根据什么原则。总而言之，无论思想、精神、结构、情节、唱词、演技，新编之本都缺点太多了。真弄不明白剧坛老前辈的艺术眼光与艺术手腕会如此不行；也不明白内部从上到下竟无人提意见：解放以来不是一切剧本都走群众路线吗？相信我以上的看法，老艺人中一定有许多是见到的，文化部领导中也有人感觉到的。结果演出的情形如此，着实费解。报上也从未见到批评，可知文艺家还是噤若寒蝉，没办法做到"百家争鸣"。

四月初你和London Mozart Players（伦敦莫扎特乐团）同在瑞士演出七场，想必以Mozart（莫扎特）为主。近来多弹了Mozart（莫扎特），不知对你心情的恬静可有帮助？我始终觉得艺术的进步应当同时促成自己心情方面的恬淡、安详，提高自己气质方面的修养。又，去年六月与Kabos（卡波斯）讨教过后，到现在为止，你在relax（演奏时放松）方面是否继续有改进？对Schubert（舒伯特）与Beethoven（贝多芬）的理解是否进了一步？你出外四个月间演奏成绩，想必心中有数；很想听听你自己的评价。

……

过去听你的话，似乎有时对作品钻得过分，有点儿钻牛角尖：原作所没有的，在你主观强烈追求之下未免强加了进去，虽然仍有吸引力，仍然convincing（有说服力）（像你自己所说），但究竟违背了原作的精神，越出了interpreter（演绎者）的界限。近来你在这方面是不是有进步，能克制自己，不过于无中生有的追求细节呢？

最近偶然买到《国际展望》法文版一月号，宣布停刊了。为了经济关系。这样一份开明的国际刊物办不下去，非常可惜。一切珍重！

爸爸

六二年三月九日

……

三月十四日（给傅敏的信）

敏，亲爱的孩子：

……有理想有热情而又理智很强的人往往令人望而生畏，大概你不多几年以前对我还有这种感觉。去年你哥哥信中说："爸爸文章的每一字每一句都充满了热情，很执著，almost fanatic（近乎狂热）。"最后一句尤其说得中肯。这是我的长处，也是我的短处。因为理想高，热情强，故处处流露出好为人师与拼命要说服人的意味。可是孩子，别害怕，我年过半百，世情已淡，而且天性中也有极洒脱的一面，就是中国民族性中的"老庄"精神：换句话说，我执著的时候非常执著，摆脱的时候生死皆置之度外。对儿女们也抱着说不说由我，听不听由你的态度。只是责任感强，是非心强，见到的总不能不说而已。

……

当然上述的特点我并没有完全具备，更没有具备到恰如其分的程度，仅仅是那种特点的倾向很强，而且是我一生向往的境界罢了。比如说，我对人类抱有崇高的理想与希望，同时也用天文学地质学的观点看人类的演变，多少年前就惯于用"星际"思想看待一些大事情，并不把人类看做万物之灵，觉得人在世界上对一切生物表示"唯我独尊"是狂妄可笑的。对某个大原则可能完全赞同，抱有信心，我可照样对具体事例与执行情况有许多不同意见。对善恶美丑的爱憎心极强，为了一部坏作品，为了社会上某个不合理现象，会愤怒得大生其气，过后我却也会心平气和的分析、解释，从而对个别事例加以宽恕。我执著真理，却又时时抱怀疑态度，觉得死抱一些眼前的真理反而使我们停滞，得不到更高级更进步的真理。以上也是随便闲扯，让你多体会到你爸爸的复杂心理，从而知道一个人愈有知识愈不简单，愈不能单从一二点三四点上去判断。

很高兴你和她都同意我前信说的一些原则，但愿切实做去，为着共同的理想（包括个人的幸福和为集体贡献自己的力量两项）一步步一步步相勉相策。许多问题只有在实践中才能真正认识，光是理性上的认识是浮表的，靠不住的，经不住风狂雨骤的考验的……从小不大由父母严格管教的青年也有另外一些长处，就是独立自主的能力较强，像你所谓能自己管自己。可是有一部分也是先天比后天更强：你该记得，我们对你数十年的教育即使缺点很多，但在劳动家务、守纪律、有秩序等等方面从未对你放松过,而我和你妈妈给你的榜样总还是勤劳认真的……我们过了半世,仍旧做人不够全面,缺点累累,如何能责人太苛呢?可是古人常说:取法乎上,得乎其中;取法乎中,得乎其下。而我对青年人、对我自己的要求,除了吃苦(肉体上、物质上的吃苦)以外,从不比党对党团员的要求低,这是你知道的。但愿我们大家都来不断提高自己,不仅是学识,而尤其是修养和品德!

……

爸爸

三月二十五日/四月一日

聪,亲爱的孩子:

每次接读来信,总是说不出的兴奋、激动、喜悦、感慨、惆怅!最近报告美澳演出的两信,我看了在屋内屋外尽兜圈子,多少的感触使我定不下心来。人吃人的残酷和丑恶的把戏多可怕!你辛苦了四五个月落得两手空空,我们想到就心痛。固然你不以求利为目的,做父母的也从不希望你发什么洋财——而且还一向鄙视这种思想;可是那些中间人凭什么来霸占艺术家的劳动所得呢!眼看孩子被人剥削到这个地步,像你小时候被强暴欺凌一样,使我们对你又疼又怜惜,对那些吸血鬼又气又恼,恨得牙痒痒的!相信早晚你能从魔掌之下挣脱出来,不再做鱼肉。巴尔扎克说得好:社会踩不死你,就跪在你面前。在西方世界,不经过天翻地覆的革命,这种丑剧还得演下去呢。当然四个月的巡回演出在艺术上你得益不少,你对许多作品又有了新的体会,深入了一步。可见唯有艺术和学问从来不辜负人:花多少劳力,用多少苦功,拿出多少忠诚和热情,就得到多少收获与进步。写到这儿,想起你对新出的莫扎特唱片的自我批评,真是高兴。一个人停滞不前才会永远对自己的成绩满意。变就是进步——当然也有好的变质,成为坏的——眼光一天天不同,才窥见学问艺术的新天地,能不断的创造。妈妈看了那一段叹道:"聪真像你,老是不满意自己,老是在批评自己!"

美国的评论绝大多数平庸浅薄,赞美也是皮毛。英国毕竟还有音乐学者兼写报刊评论,如伦 *Times* (《泰晤士报》)和曼彻斯特的《导报》,两位批评家水平都很高;纽约两家大报的批评家就不像样了,那位《纽约时报》的更可笑。很高兴看到你的中文并不退步,除了个别的词汇(我们说"心乱如麻",不说"心痛如麻"。形容后者只能说"心痛如割"或"心如刀割"。又鄙塞、鄙陋不能说成"陋塞";也许是你笔误)。读你的信,声音笑貌历历在目;议论口吻所流露的坦率、真诚、朴素、热情、爱憎分明,正和你在琴上表现出来的一致。孩子,你说过我们的信对你有如一面镜子;其实你的信对我们也是一面镜子。有些地方你我二人太相像了,有些话就像是我自己说的。平时盼望你的信即因为"薰莸同臭",也因为对人生、艺术,周围可谈之人太少。不过我们很原谅你,你忙成这样,怎么忍心再要你多写呢?此次来信已觉出于望外,原以为你一回英国,演出那么多,不会再动笔了。可是这几年来,我们俩最大的安慰和快乐,的确莫过于定期接读来信。还得告诉你,你写的中等大的字(如此次评论封套上写的)非常好看;近来我的钢笔字已难看得不像话了。你难得写中国字,真难为你了!

三月二十五日

以上二十五日写,搁了一星期没写下去,在我也是破天荒。近来身体疲劳,除了每天工作以外,简直没精神再做旁的事,走一小段路也累得很。眼睛经常流泪,眼科医生检查,认为并非眼睛本身有毛病,而是一般性疲劳。三月初休息过半个月,并未好转。从六一年起饮食已大改进,现在的精力不济,大概是本身衰老;或者五九、六〇两年的营养不足,始终弥补不来。总而言之,疲劳是实,原因弄不清。

来信说到中国人弄西洋音乐比日本人更有前途，因为他们虽用苦功而不能化。化固不易，用苦功而得其法也不多见。以整个民族性来说，日华两族确有这点儿分别。可是我们能化的人也是凤毛麟角，原因是接触外界太少，吸收太少。近几年营养差，也影响脑力活动。我自己深深感到比从前笨得多。在翻译工作上也苦于化得太少，化得不够，化得不妙。艺术创造与再创造的要求，不论哪一门都性质相仿。音乐因为抽象，恐怕更难。理会的东西表达不出，或是不能恰到好处，跟自己理想的境界不能完全符合，不多不少。心、脑、手的神经联系，或许在音乐表演比别的艺术更微妙，不容易掌握到成为 automatic（得心应手）的程度。一般青年对任何学科很少能做独立思考，不仅缺乏自信，便是给了他们方向，也不会自己摸索。原因极多，不能怪他们。十余年来的教育方法大概有些缺陷。青年人不会触类旁通，研究哪一门学问都难有成就。思想统一固然有统一的好处，但到了后来，念头只会往一个方向转，只会走直线，眼睛只看到一条路，也会陷于单调、贫乏、停滞。往一个方向钻并非坏事，可惜没钻得深。

月初看了盖叫天口述、由别人笔录的《粉墨春秋》，倒是解放以来谈艺术最好的书。人生—教育—伦理—艺术，再没有结合得更完满的了。从头至尾都有实例，决不是枯燥的理论。关于学习，他提出"慢就是快"，说明根基不打好，一切都筑在沙上，永久爬不上去。我觉得这一点特别值得我们深思。倘若一开始就猛冲，只求速成，临了非但一无结果，还造成不踏实的坏风气。德国人要不在整个十九世纪的前半期埋头苦干，在每一项学问中用死功夫，哪会在十九世纪末一直到今天，能在科学、考据、文学各方面放异彩？盖叫天对艺术更有深刻的体会。他说学戏必须经过一番"默"的功夫。学会了唱、念、做，不算数；还得坐下来叫自己"魂灵出窍"，就是自己分身出去，把一出戏默默的做一遍、唱一遍；同时自己细细观察，有什么缺点该怎样改，然后站起身来再做、再唱、再念。那时定会发觉刚才思想上修整很好的东西又跑了，做起来同想的完全走了样。那就得再练，再下苦功，再"默"，再做。如此反复做去，一出戏才算真正学会了，拿稳了。你看，这段话说得多透彻，把自我批评贯彻得多好！老艺人的自我批评决不放在嘴边，而是在业务中不断实践。其次，经过一再"默"练，作品必然深深的打进我们心里，与我们的思想感情完全化为一片。此外，盖叫天现身说法，谈了不少艺术家的品德、操守、做人，必须与艺术一致的话。我觉得这部书值得写一长篇书评：不仅学艺术的青年、中年、老年人，不论学的哪一门，应当列为必读书，便是从上到下一切的文艺领导干部也该细读几遍；做教育工作的人读了也有好处。不久我就把这书寄给你，你一定喜欢，看了也一定无限兴奋。

……

爸爸
六二年四月一日

五月九日

亲爱的孩子：

……昨天收到你上月二十七自都灵（Torino）发的短信，感慨得很。艺术最需要静观默想，凝神壹志；现代生活偏偏把艺术弄得如此商业化，一方面经理人作为生财之道，把艺术家当作摇钱树式的机器，忙得不可开交，一方面把群众作为看杂耍或马戏班的单纯的好奇者。在这种混浊的洪流中打滚的，当然包括所有老辈小辈，有名无名的演奏家歌唱家。像你这样初出道的固然另有苦闷，便是久已打定天下的前辈也不免随波逐流，那就更可叹了。也许他们对艺术已经缺乏信心、热诚，仅仅作为维持已得名利的工具。年轻人想要保卫艺术的纯洁与清新，唯一的办法是减少演出；这却需要三个先决条件：（一）经理人剥削得不那么凶（这是要靠演奏家的年资积累，逐渐争取的），（二）

个人的生活开支安排得极好，这要靠理财的本领与高度理性的控制，（三）减少出台不至于冷下去，使群众忘记你。我知道这都是极不容易做到的，一时也急不来。可是为了艺术的尊严，为了你艺术的前途，也就是为了你的长远利益和一生的理想，不能不把以上三个条件作为努力的目标。任何一门的艺术家，一生中都免不了有几次艺术难关（crisis），我们应当早做思想准备和实际安排。愈能保持身心平衡（那就决不能太忙乱），艺术难关也愈容易闯过去。希望你平时多从这方面高瞻远瞩，切勿被终年忙忙碌碌的漩涡弄得昏昏沉沉，就是说要对艺术生涯多从高处远处着眼；即使有许多实际困难，一时不能实现你的计划，但经常在脑子里思考成熟以后，遇到机会就能紧紧抓住。这一类的话恐怕将来我不在之后，再没有第二个人和你说；因为我自信对艺术的热爱与执著，在整个中国也不是很多人有的。

……

近来我正在经历一个艺术上的大难关，眼光比从前又高出许多（一九五七年前译的都已看不上眼），脑子却笨了许多，目力体力也不行，睡眠近十多天又不好了。大概是精神苦闷的影响。生就惶惶不安的性格，有什么办法呢？

……

爸爸
五月九日

……

八月十二日

聪，亲爱的孩子：

很少这么久不给你写信的。从七月初起你忽而维也纳，忽而南美，行踪飘忽，恐去信落空。弥拉又说南美各处邮政很不可靠，故虽给了我许多通讯处,也不想寄往那儿。七月二十九日用七张风景片写成的信已于八月九日收到。委内瑞拉的城街,智利的河山,前年曾在外国杂志上见过彩色照相,来信所云,颇能想像一二。现代国家的发展太畸形了,尤其像南美那些落后的国家。一方面人民生活穷困,一方面物质的设备享用应有尽有。照我们的理想,当然先得消灭不平等,再来逐步提高。无奈现代史实告诉我们,革命比建设容易,消灭少数人所垄断的享受并不太难,提高多数人的生活却非三五年、八九年所能见效。尤其是精神文明,总是普及易,提高难;而在普及的阶段中往往降低原有的水准,连保持过去的高峰都难以办到。再加老年、中年、青年三代脱节,缺乏接班人,国内外沟通交流几乎停止,恐怕下一辈连什么叫标准,前人达到过怎样的高峰,眼前别人又到了怎样的高峰,都不大能知道;再要迎头赶上也就更谈不到了。这是前途的隐忧。过去十一二年中所造成的偏差与副作用,最近一年正想竭力扭转;可是十年种的果,已有积重难返之势;而中老年知识分子的意气消沉的情形,尚无改变迹象——当然不是从他们口头上,而是从实际行动上观察。人究竟是唯物的,没有相当的客观条件,单单指望知识界凭热情苦干,而且干出成绩来,也是不现实的。我所以能坚守阵地,耕种自己的小园子,也有我特殊优越的条件,不能责望于每个人。何况就以我来说,体力精力的衰退,已经给了我很大的限制,老是感到心有余而力不足!

前信你提到灌唱片问题,认为太机械。那是因为你习惯于流动性特大的艺术(音乐)之故,也是因为你的气质特别容易变化,情绪容易波动的缘故。文艺作品一朝完成,总是固定的东西:一幅画,一首诗,一部小说,哪有像音乐演奏那样能够每次予人以不同的感受?观众对绘画,读者对作品,固然每次可有不同的印象,那是在于作品的暗示与含蓄非一时一次所能体会,也在于观众与读者自身情绪的变化波动。唱片即使开十次二十次,听的人感觉也不会千篇一律,除非演奏太差太呆板；因为音乐的流动性那么强，所以听的人也不容易感到多听了会变成机械。何况唱片不仅有普及的效用，对演奏家自身的学习改进也有很大帮助。我认为主要是克服你在 microphone（麦克风）前面的紧张，使你在灌片室中跟在台上的心情没有太大差别。再经过几次实习，相信你是做得到的。至于完美与生动的冲突，有时几乎不可避免；记得有些批评家就说过，perfection（完美）往往要牺牲一部分 life（生动）。但这个弊病恐怕也在于演奏家属 cold（冷静）型。热烈的演奏往往难以 perfect（完美），万一 perfect（完美）的时候，那就是 incomparable（无与伦比，无可比拟）了！

……

你说节目单不易收全，那也罢了。可是全年演出日程的总表总该写得出。我四月一日寄你一份，要你校订后寄回；望回英后抽暇将此事办了，并补上六月以后原来表未写上的各场（连同南美各地）。演出地点日期总该有个记录，我替你打了草稿，只要你花半小时核对修正，封在信内寄出，还不够简单吗？

殷承宗在沪举行音乐会……看他在台上的举动很神经质，身子摇摆得很厉害。因而想起你也犯同样的毛病。固然，演奏家是要人听的，不是要人看的；但太多的摇摆容易分散听众的注意力；而且艺术是整体，弹琴的人的姿势也得讲究，给人一个和谐的印象。国外的批评曾屡次提到你的摇摆，希望能多多克制。如果自己不注意，只会越摇越厉害，浪费体力也无必要。最好在台上给人的印象限于思想情绪的活动，而不是靠肉体帮助你的音乐。手之舞之，足之蹈之，只适用于通俗音乐。古典音乐全靠内在的心灵的表现，竭力避免外在的过火的动作，应当属于艺术修养范围之内，望深长思之。

……

爸爸
八月十二日

这么大热天在各处演出，不劳累过度吗？今年你压根儿没有假期，我们老是为你不得充分休息而挂心！人不是铁打的，青壮年的精力也有限度，凡事总须有劳有逸；只有身心真正得到松弛，你的艺术才会relax（舒畅自如）。南美各处气候如何？我们常在互相问讯：现在他到了哪里啊？

九月二日

聪，亲爱的孩子：

上月初旬接哥伦比亚来信后杳无消息，你四处演出，席不暇暖固不必说；便是弥拉从离英前夕来一短简后迄今亦无只字。天各一方，儿媳异地，诚不胜飘蓬之慨。南美气候是否酷热？日程紧张，当地一切不上轨道，不知途中得无劳累过度？我等在家无日不思，苦思之余唯有取出所灌唱片，反复开听，聊以自慰。上次收到贝多芬奏鸣曲，第一乐章结尾 forte chord（强和弦）截然中断，最后尚有一个 chord（和弦）两拍子，竟被剪去，此种情形闻所未闻，此种唱片如何销售，真是大惑不解，来信从未提及，报刊评论亦未指出，更觉莫名其妙。曾去信公司询问，亦置不复。莫扎特协奏曲唱片，于七月十三日、八月十九日两次航挂信去公司催寄，仍无消息，且两次去信皆分寄出口经理及艺术经理，不料只字未复，怪甚怪甚！

……

听过你的唱片，更觉得贝多芬是部读不完的大书，他心灵的深度、广度的确代表了日耳曼民族在智力、感情、感觉方面的特点，也显出人格与意志的顽强，缥缈不可名状的幽思，上天下地的幻想，对人生的追求，不知其中有多少深奥的谜。贝多芬实在不仅仅是一个音乐家，无怪罗曼·罗兰要把歌德与贝多芬作为不仅是日耳曼民族并且是全人类的两个近代的高峰。

等你将来经济比较宽裕的时候，想再要一些贝多芬的三重奏、四重奏。舒伯特那支《弦乐五重奏》老是不能忘怀。慢慢寄单子给你，目前你捉襟见肘，决不能再加重你负担。

……

敏到音乐书店挑了几份唱的谱，一般作品也出版不多，值得寄你的更少。男中音男低音的绝无仅有，稍缓另包寄上转斯义桂。

我们听你唱片如见真人，此中意义与乐处，非你所能想像。望体念父母思子之心，把唱片源源寄来，以慰悬念于万一！妈妈好想念你！

中国古画赝者居绝大多数，有时连老辈鉴赏家也不易辨别，不妨去大英博物馆，看看中国作品，特别是明代的，可与你所得唐寅，对照一下。你在南美买的唐六如册页，真伪恐有问题，是纸本抑绢本，水墨抑设色，望一一告知，最好拍照片（适当放大）寄来。以后遇有此种大名家的作品，最要小心提防，价高者尤不能随便肯定，若价不过昂，则发现问题后，尚可转让与人，不致太吃亏，我平时不收大名家，宁取"冷名头"，因冷名头不值钱，作假者少，但此等作品亦极难遇，最近看到黄宾虹的画亦有假的。

一转眼快中秋了，才从炎暑中透过气来，又要担心寒冬难耐了，去冬因炉子泄气，室内臭秽，只生了三十余日火，连华氏四十余度的天气也打熬过去了，手捧热水袋，脚拥汤婆子，照常工作，人生就在寒来暑往中老去！一个夏天挥汗做日课，精神勉强支持，唯脑子转动不来，处处对译文不满，苦闷不已。

敏尚在家等统一分配，今年分配较往岁特迟，渠只想回原校（外交学院）任教，究竟如何，不得而知，大家都为之牵挂个不得了。他不给你写信，我知道原因，不外乎千言万语无从说起。

前昨二夜听了李斯特的《第二钢琴协奏曲》（匈牙利钢琴家弹），《但丁奏鸣曲》、《意大利巡礼集》第一首，以及 Annie Fischer（安妮·费希尔）弹的 b min. Sonata（《b小调奏鸣曲》）都不感兴趣。只觉得炫耀新奇，并无真情实感；浮而不实，没有深度，没有逻辑，不知是不是我的偏见？不过这一类风格，对现代的中国青年钢琴家也许倒正合适，我们创作的乐曲多多少少也有这种故意做作七拼八凑的味道。以作曲家而论，李斯特远不及舒曼和勃拉姆斯，你以为如何？

十月二十日

亲爱的孩子：

十四日信发出后第二天即接瑞典来信，看了又高兴又激动，本想即复，因日常工作不便打断，延到今天方始提笔。这一回你答复了许多问题，尤其对舒曼的表达解除了我们的疑团。我既没亲耳听你演奏，即使听了也够不上判别是非好坏，只有从评论上略窥一二；评论正确与否完全不知道，便是怀疑人家说的不可靠，也没有别的方法得到真实报道。可见我不是把评论太当真，而是无法可想。现在听你自己分析，当然一切都弄明白了。以后还是跟我们多谈谈这一类的问题，让我们经常对你的艺术有所了解。

文章千古事，得失寸心知，哪一门艺术不如此！真懂是非、识得美丑的，普天之下能有几个？你对艺术上的客观真理很执著，对自己的成绩也能冷静检查，批评精神很强，我早已放心你不会误入歧途；可是单知道这些原则并不能了解你对个别作品的表达，我要多多探听这方面的情形：一方面是关切你，一方面也是关切整个音乐艺术，渴欲知道外面的趋向与潮流。

你常常梦见回来，我和你妈妈也常常有这种梦。除了骨肉的感情，跟乡土的千丝万缕割不断的关系，纯粹出于人类的本能之外，还有一点是真正的知识分子所独有的，就是对祖国文化的热爱。不单是风俗习惯、文学艺术，使我们离不开祖国，便是对大大小小的事情的看法和反应，也随时使身处异乡的人有孤独寂寞之感。但愿早晚能看到你在我们身边！你心情的复杂矛盾，我敢说都体会到，可是一时也无法帮你解决。原则和具体的矛盾，理想和实际的矛盾，生活环境和艺术前途的矛盾，东方人和西方人根本气质的矛盾，还有我们自己内心的许许多多矛盾……如何统一起来呢？何况旧矛盾解决了，又有新矛盾，循环不已，短短一生就在这过程中消磨！幸而你我都有工作寄托，工作上的无数的小矛盾，往往把人生中的大矛盾暂时遮盖了，使我们还有喘息的机会。至于"认真"受人尊重或被人讪笑的问题，事实上并不像你说的那么简单。一切要靠资历与工作成绩的积累。即使在你认为更合理的社会中，认真而受到重视的实例也很少；反之在乌烟瘴气的场合，正义与真理得胜的事情也未始没有。你该记得一九五六至一九五七年间毛主席说过党员若欲坚持真理，必须准备经受折磨等等的话，可见他把事情看得多透彻多深刻。再回想一下罗曼·罗兰写的《名人传》和《约翰·克利斯朵夫》，执著真理一方面要看客观的环境，一方面更在于主观的斗争精神。客观环境较好，个人为斗争付出的代价就比较小，并非完全不要付代价。以我而论，侥幸的是青壮年时代还在五四运动的精神没有消亡，而另一股更进步的力量正在兴起的时期，并且我国解放前的文艺界和出版界还没有被资本主义腐蚀到不可救药的地步。反过来，一百三十年前的法国文坛、报界、出版界，早已腐败得出乎我们意想之外；但法国学术至今尚未完全死亡，至今还有一些认真严肃的学者在钻研：这岂不证明便是在恶劣的形势之下，有骨头，有勇气，能坚持的人，仍旧能撑持下来吗？

……

不多写了。一切珍重！

爸爸
六二年十月二十日

十二月五日（给傅敏的信）

敏：

真怪，你一日的信和她三日的信，竟于今晨同时收到。宿舍的情形令我想起一九三六年冬天在洛阳住的房子，虽是正式瓦房，厕所也是露天的，严寒之夜，大小便确是冷得可以。洛阳的风刮在脸上像刀割。去龙门调查石刻，睡的是土墙砌的小屋，窗子只有几条木栅，糊一些七穿八洞的纸，房门也没有，临时借了一扇竹篱门靠上，人在床上可以望见天上的星，原来屋瓦也没盖严。白天三顿吃的面条像柴草，实在不容易咽下去。那样的日子也过了好几天，而每十天就得去一次龙门尝尝这种生活。我国社会南北发展太不平衡，一般都是过的苦日子，不是短时期所能扭转。你从小家庭生活过得比较好，害你今天不习惯清苦的环境。若是棚户出身或是五六个人挤在一间阁楼上长大的，就不会对你眼前的情形叫苦了。我们决非埋怨你，你也是被过去的环境、教育、生活习惯养娇了的。可是你该知道现代的青年吃不了苦是最大的缺点（除了思想不正确之外），同学，同事，各级领导首先要注意到这一点。这是一个大关，每个年轻人都要过。闯得过的比闯不过的人多了几分力量，多了一重武装。以我来说，也是犯了太娇的毛病，朋友中如裘伯伯（复生）① 都比我能吃苦，在这方面不知比我强多少。如今到了中年以上，身体又不好，谈不到吃苦的锻炼，但若这几年得不到上级照顾，拿不到稿费，没有你哥哥的接济，过去存的稿费用完了，不是也得生活逐渐下降，说不定有朝一日也得住阁楼或亭子间吗？那个时候我难道就不活了吗？我告诉你这些，只是提醒你万一家庭经济有了问题，连我也得过从来未有的艰苦生活，更说不上照顾儿女了。

---

① 裘复生，1911—2006，电机工程师，傅雷挚友。

物质的苦，在知识分子眼中，究竟不比精神的苦那样刻骨铭心。我对此深有体会，不过一向不和你提罢了。总而言之，新中国的青年决不会被物质的困难压倒，决不会因此而丧气。你几年来受的思想教育不谓不深，此刻正应该应用到实际生活中去。你也看过不少共产党员艰苦斗争和壮烈牺牲的故事，也可以拿来鼓励自己。要是能熬上两三年，你一定会坚强得多。而我相信你是的确有此勇气的。千万不能认为目前的艰苦是永久的，那不是对前途，对国家，对党失去了信心吗？这便是严重的思想错误，不能不深自警惕！解决思想固是根本，但也得用实际生活来配合，才能巩固你的思想觉悟，增加你的勇气和信心。目前你首先要做好教学工作，勤勤谨谨，老老实实。其次是尽量充实学识，有计划有步骤的提高业务，养成一种工作纪律。假如宿舍四周不安静，是否有图书阅览室可利用？……还有北京图书馆也离校不远，是否其中的阅览室可以利用？不妨去摸摸情况。总而言之，要千方百计克服自修的困难。等你安排妥当，再和我谈谈你进修的计划，最好先结合你担任的科目，作为第一步。

身体也得注意，关节炎有否复发？肠胃如何？睡眠如何？健康情况不好是事实，无须瞒人，必要时领导上自会照顾。夜晚上厕所，衣服宜多穿，防受凉！切切切切。

……

千句并一句：无论如何要咬紧牙关挺下去，堂堂好男儿岂可为了这些生活上的不方便而消沉，泄气！抗战期间黄宾虹老先生在北京住的房子也是破烂不堪，仅仅比较清静而已。你想这样一代艺人也不过居于陋巷，墙壁还不是乌黑一片，桌椅还不是东倒西歪，这都是我和你妈妈目睹的。

为小蓉着想，你也得自己振作，做一个榜样。否则她更要多一重思想和感情的负担。一朝开始上课，自修课排定，慢慢习惯以后，相信你会平定下来的。最要紧的是提高业务，一切烦恼都该为了这一点而尽量驱除。

……你该想像得到父母对儿女的牵挂，可是时代不同，环境不同，父母也有父母的苦衷，并非不想帮你改善生活。可是大家都在吃苦，国家还有困难，一切不能操之过急。年轻时受过的锻炼，一辈子受用不尽。将来你应付物质生活的伸缩性一定比我强得多，这就是你占便宜的地方。一切多往远处想，大处想，多想大众，少顾到自己，自然容易满足。一个人不一定付了代价有报酬，可是不付代价的报酬是永远不会有的。即使有，也是不可靠的。

望多想多考虑，多拿比你更苦的人做比较，不久就会想通，心情开朗愉快，做起工作来成绩也更好。千万保重！保重！

爸爸

十二月五日

只要思想不犯错误，没有精神负担，光是日常生活不方便些，算得什么呢？有困难，想法逐步解决（如自修问题），要冷静，客观，用脑子！找窍门，可不能烦恼，影响身心健康！烦恼解决不了问题。

一九六三年〔八通——父七通/母一通〕

三月十七日

聪，亲爱的孩子：

两个多月没给你提笔了，知道你行踪无定，东奔西走，我们的信未必收到，收到也无心细看。去纽约途中以及在新墨西哥发的信均先后接读；你那股理想主义的热情实可惊，相形之下，我真是老朽了。一年来心如死水，只有对自己的工作还是一个劲儿死干；对文学艺术的热爱并未稍减，只是常有一种"废然而返""怅然若失"的心情。也许是中国人气质太重，尤其是所谓"洒脱"与"超然物外"的消极精神影响了我，也许是童年的阴影与家庭历史的惨痛经验无形中在我心坎里扎了根，年纪越大越容易人格分化，好像不时会置身于另外一个星球来看尘世，也好像自己随时随地会失去知觉，化为物质的元素。天文与地质的宇宙观常常盘踞在我脑子里，像服尔德某些短篇所写的那种境界，使我对现实多多少少带着 detached（超脱）的态度。可是在工作上，日常生活上，斤斤较量的认真还是老样子，正好和上述的心情相反——可以说人格分化；说不定习惯成了天性，而自己的天性又本来和我理智冲突。intellectually（知性上）我是纯粹东方人，emotionally & instinctively（感情上和天性上）又是极像西方人。其实也仍然是我们固有的两种人生观：一种是四大皆空的看法，一种是知其不可为而为之的精神。或许人从青少年到壮年到老年，基本上就是从积极到消极的一个过程，只是有的人表现得明显一些，有的人不明显一些。自然界的生物也逃不出这个规律。你将近三十，正是年富力强的时候，好比暮春时节，自应蓬蓬勃勃往发荣滋长的路上趱奔。最近两信的乐观与积极气息，多少也给我一些刺激，接信当天着实兴奋了一下。你的中国人的自豪感使我为你自豪，你善于赏识别的民族与广大人民的优点使我感到宽慰。唯有民族自豪与赏识别人两者结合起来，才不致沦为狭窄的沙文主义，在个人也不致陷于自大狂自溺狂，而且这是爱国主义与国际主义真正的交融。……

述及与你岳父及 Goldberg（戈尔德贝格）① 合作的经过，我们看了非常高兴。肯学会学的人到处都有学习的机会，否则"学到老"这句话如何兑现呢？……

……

敏在京教课，忙得不得了，情绪却很高，校方很器重他。伙食也比学生时期好了，故身体不坏。

回英后演出日程，望弥拉寄一份来！

来信未提何时回英，猜想此信到时，你一定回伦敦了——林先生的画到底送了勃隆斯丹没有？若送了可汇二十三镑（合人民币一百五十元）来。一切保重！

爸爸

六三年三月十七日

我的工作愈来愈吃力。初译稿每天译千字上下，第二次修改（初稿誊清后），一天也只能改三千余字，几等重译。而改来改去还是不满意（线条太硬，棱角凸出，色彩太单调等等）。改稿誊清后（即第三稿）还得改一次。等到书印出了，看看仍有不少毛病。这些情形大致和你对待灌唱片差不多。可是我已到了日暮途穷的阶段，能力只有衰退，不可能再进步；不比你尽管对自己不满，始终在提高。想到这点，我真艳羡你不置。近来我情绪不高，大概与我对工作不满有关。前五年译的书正在陆续出版。不久即寄《都尔的本堂神甫——比哀兰德》。还有《赛查·皮罗多盛衰记》，约四五月出版。此书于一九五八年春天完成，偏偏最后出世。《艺术哲学》已先寄你了。巴尔扎克各书，我特

---

① 戈尔德贝格 Goldberg，1909—1993，波兰著名小提琴家，时年54岁。

意寄平装的，怕你要出门时带在身边，平装较方便。《高老头》《贝姨》《邦斯舅舅》《欧也妮·葛朗台》四种都在重印，你若需要补哪一种，望速告知（书一出来，十天八天即销完）。你把 cynic（愤世嫉俗者）写成 scinic；naiveness 没有这个字，应作 naivety（天真）。

爸爸又及

四月二十六日

亲爱的孩子：

刚从扬州回来，见到弥拉的信。她的病似乎是肋炎症，要非常小心治疗，特别是彻底休息；万一肋膜内有了水就很麻烦；痊愈后也要大伤元气。我们为之都很担心。你在外跑了近两月，疲劳过度，也该安排一下，到乡间去住个三五天。几年来为这件事我不知和你说过多少回，你总不肯接受我们的意见。人生是多方面的，艺术也得从多方面培养，劳逸调剂得恰当，对艺术只有好处。三天不弹琴，决不损害你的技术；你应该有这点儿自信。况且所谓 relax（放松）也不能仅仅在 technique（技巧）上求，也不能单独的抽象的追求心情的 relax（放松）。长年不离琴决不可能有真正的 relax（放松）；唯有经常与大自然亲近，放下一切，才能有 relax（放松）的心情，有了这心情，艺术上的 relax（舒畅自如）可不求而自得。我也犯了过于紧张的毛病，可是近两年来总还春秋两季抽空出门几天。回来后精神的确感到新鲜，工作效率反而可以提高。Kabos（卡波斯）太太批评你不能竭尽可能的 relax（放松），我认为基本原因就在于生活太紧张。平时老是提足精神，能张不能弛！你又很固执，多少爱你的人连弥拉和我们在内，都没法说服你每年抽空出去一下，至少自己放三五天假。这是我们常常想起了要喟然长叹的，觉得你始终不体谅我们爱护你的热忱，尤其我们，你岳父、弥拉都是深切领会艺术的人，劝你休息的话决不会妨碍你的艺术!

你太片面强调艺术,对艺术也是危险的:你要不听从我们的忠告,三五年七八年之后定会后悔。孩子,你就是不够 wise(聪明),还有,弥拉身体并不十分强壮,你也得为她着想,不能把人生百分之百的献给艺术。勃隆斯丹太太也没有为了艺术而疏忽了家庭。你能一年往外散心一两次,哪怕每次三天,对弥拉也有好处,对艺术也没有害处,为什么你不肯试验一下看看结果呢?

扬州是五代六朝隋唐以来的古城,可惜屡经战祸,甲于天下的园林大半荡然,可是最近也修复了一部分。瘦西湖风景大有江南境界。我们玩了五天,半休息半游玩,住的是招待所,一切供应都很好。慢慢寄照片给你。

五十镑已收到。凡是优待侨汇的购物享受(如肉、鱼、糖、烟、布、肥皂等的票子),也按比例分一部分给林先生。这一回又叫你花了近八十镑(去掉林画款,加上港汇),心里总是不安。巴黎 Van del Velda(凡·德尔·韦尔达)小姐的一百新法郎亦已收到,来了信。巴尔扎克学会会费一百新法郎,尚无收据寄沪。便中望向银行查问是否切实汇到法国了。

四月一日、八日,分别寄你唐云山水及林先生仕女各一帧,收到否?唐画较易得,寄你亦无困难,倘有人情要还敬,不妨作送礼用。林画海关估价甚高,大有麻烦,以后除非有外汇(而且像去年那种大幅的,要外汇五十镑才能寄一张),即不能往外寄了。此次小幅仕女也估到人民币百元,海关只准寄五十元以下的,故托林先生写了证明,说明是赠送给我的,方始寄出。而这种办法也可一不可再。因此那幅仕女望自己留存。

从三月底以后你的演出节目始终未寄来,很盼望!在美遇到王济远伯伯事,你未提只字,他却有信给九龙萧伯母,由她转告我们了。

很高兴知道你的技巧大有进步,Chopin(肖邦)的 *Etudes*(《练习曲》）弹得出色……

我译的《都尔的本堂神甫》是否收到？来信提一笔。

敏工作情绪很高，只是辛苦得不得了。一周难得有一两晚上可自由看些书，做些进修的工作。

……

下回再谈，多多休息，多多保重！

爸爸

六三年四月二十六日

六月二日晚

聪，亲爱的孩子：

五月份拖泥带水，病病歪歪的过去了。先是伤风，而后是咳嗽不已，引起抽筋，腰椎关节炎复发，晚上不能安睡，苦不堪言。也先后服了不少中药西药，用了喷雾等等治疗，目前总算结束了。中间工作停了十天。吴伯伯（一峰）竭力劝我检查身体，前十天便去华东医院做了心电图，验血，拍肺部及腰椎胸椎的X光片子。结果是血沉太快，血压增高；腰胸椎是数十年前老毛病（当时并未觉得）发展出来的，成为"类风湿性关节炎"。情形不太严重，不需治疗，而我也早知此病中西医药都无办法；骨科医生只是要我注意休息，勿久坐久立。

你最近在伦敦的两场音乐会，要不是弥拉来信说明，我们几乎不明白真相。《曼彻斯特导报》的评论似乎有些分析，我是外行，不知其中可有几分说得对的？既然批评界敌意持续至一年之久，还是多分析分析自己，再多问问客观、中立、有高度音乐水平的人的意见。我知道你自我批评很强，但外界的敌意仍应当使我们对自己提高警惕：也许有些不自觉的毛病，自己和相熟的朋友们不曾看出。多探讨一下没有害处。若真正是批评界存心作对，当然不必介意。历史上受莫名其妙的指摘的人不知有多少，连伽利略、服尔德、巴尔扎克辈都不免，何况区区我辈！主要还是以君子之心度人，作为借鉴之助，对自己只有好处。老话说得好：是非自有公论，日子久了自然会黑白分明！

柏辽兹的唱片已经收到，虽是另一种风格，柏辽兹的独特的口吻（旋律与和声）还是一听就知道。

扬州拍的照片成绩不佳，冲洗时又被他们丢了七八张；姑且寄四张。

敏的打字机已替他买了带京，七成新的，用用还可以，人民币一百八十元，约合二十七镑。他来信要我谢谢你。

弥拉来信描写那个老年乐队，妙不可言，她写信写得很生动有趣，我和妈妈都喜欢看。妈妈虽不能随随便便写英文，看信照样能领会妙处。

今天人疲倦，不多写了，问弥拉好，要她注意身体健康，告诉她过十天八天给她写信。

一切保重，多多休息！

爸爸
六三年六月二日晚

……

七月二十二日

亲爱的孩子：

五十多天不写信了。千言万语，无从下笔；老不写信又心神不安；真是矛盾百出。我和妈妈常常梦见你们，声音笑貌都逼真。梦后总想写信，也写过好几次没写成。我知道你的心情也波动得很。有理想就有苦闷，不随波逐流就到处龃龉。可是能想到易地则皆然，或许会平静一些。生年不满百，常怀千岁忧：此二语可为你我写照。两个多月没有你们消息，但愿身心健康，勿过紧张。你俩体格都不很强壮，平时总要善自保养。劳逸调剂得好，才是久长之计。我们别的不担心，只怕你工作过度，连带弥拉也吃不消。任何耽溺都有流弊，为了耽溺艺术而牺牲人生也不是明智的！

……

以后食物包可勿再寄。目前副食品供应几恢复到五七至五八年情形。唯油糖尚赖萧伯母代购。两年来不知花了你多少汗血收入，也亏得这样我的健康不致更坏。《音乐与音乐家》月刊，本年一份未收到。是否可一次寄来？以后续订是否可能？

最近大事想必关切，苏共会如此对待我们，实出意外，言之可慨可痛！你岳家每逢端午、中秋、春节仍由香港寄食物来，作为节礼，却之不恭，见面时千万代为道谢。并望告诉他们现在情况好转，也不需友朋接济了。一切珍重！

爸爸
七月二十二日

九月一日

亲爱的孩子：

很高兴知道你终于彻底休息了一下。瑞士确是避暑最好的地方。三十四年前我在日内瓦的西端，一个小小的法国村子里住过三个月，天天看到白峰（Mont Blanc）上的皑皑积雪，使人在盛暑也感到一股凉意。可惜没有去过瑞士北部的几口湖，听说比日内瓦湖更美更幽。你从南非来的信上本说要去希腊，那儿天气太热，不该在夏季去。你们改变游程倒是聪明的。威尼斯去了没有？其实意大利北部几口湖也风景秀丽，值得小住几天。相信这次旅行定能使你感觉新鲜，精神上洗个痛快的澡。弥拉想来特别快乐。她到底身体怎样？在 Zurich（苏黎士）疗养院检查结果又怎么样？除了此次的明信片以外，她从五月十日起没有来过信，不知中间有没有遗失？我写到 Gstaad 的信，你们收到没有？下次写信来，最好提一笔我信上的编号，别笼笼统统只说"来信都收到"。最好也提一笔你们上一封信的日期，否则丢了信也不知道。七月下旬勃隆斯丹夫人有信来，报告你们二月中会面的情形，简直是排日描写，不仅详细，而且事隔五月，字里行间的感情还是那么强烈，看了真感动。世界上这样真诚，感情这样深的人是不多的！

巴尔扎克的长篇小说《幻灭》（Lost Illusions）三部曲，从一九六一年起动手，最近才译完初稿。第一二部已改过，第三部还要改，便是第一二部也得再修饰一遍，预计改完誊清总在明年四五月间。总共五十万字，前前后后要花到我三年半时间。文学研究所有意把《高老头》收入"文学名著丛书"，要重排一遍，所以这几天我又在从头至尾修改，也得花一二十天。翻译工作要做得好，必须一改再改三改四改。《高老头》还是在抗战期译的，一九五二年已重译一过，这次是第三次大修改了。此外也得写一篇序。第二次战后，法国学术界对巴尔扎克的研究大有发展，那种热情和渊博（erudition）令人钦佩不置。

所以上次信中问你手头宽不宽，能否寄十五六镑去巴黎，代我买一些关于巴尔扎克的参考资料。等你来信，我当将书单径寄巴黎大学 Etiemble（埃蒂昂勃勒）先生（你们已在伦敦见过面），托他代办，将来书款也由你寄给他。

敏在家住了一月，又已回京。他教书颇有兴趣，也很热心负责，拼命在课外找补充材料。校长很重视他，学生也喜欢他，虽然辛苦些，只要能踏踏实实为人民做点工作，总是值得的。能遇到一个识好歹的领导也是大大的幸运。

……

我暑中身体还好，过敏性鼻炎仍未好转，剧烈头痛只发过两次。到此年纪，病总是免不了的。只要不太妨碍工作，我也不把病痛放在心上。只有工作才快乐；大概我们一家都是这个脾气。妈妈也很健康，就是常常有些脸肿脚肿，多半是心脏关系。

九月下旬去北欧哪几国？十月后的节目望弥拉来一张表。如今你不寄节目单回家，更急于知道你弹什么。《音乐与音乐家》月刊今年一份都没有，能否寄一全套来？

苏联领导人投降屈服，愈来愈不像话了，连资本主义各国的报纸评论也看不上眼，想你也极为愤慨……其实苏联这样下去，势必一天一天孤立，而东欧各国的形势也岌岌可危。从人类总的前途来说，到底不是可乐观的。虽则我整天埋头书桌，天下兴亡，匹夫有责的意识还是很强，不免常常为世界大局操心！不多写了，一切珍重！

爸爸

六三年九月一日

……

十月十四日

亲爱的孩子：

你赫辛斯基来信和弥拉伦敦来信都收到。原来她瑞士写过一信，遗失了。她写起长信来可真有意思：报告意大利之行又详细又生动。从此想你对意大利绘画，尤其威尼斯派，领会得一定更深切。瑞士和意大利的湖泊都在高原上，真正是山高水深，非他处所及。再加人工修饰，古迹林立，令人缅怀以往，更加徘徊不忍去。我们的名胜最吃亏的是建筑：先是砖木结构，抵抗不了天灾人祸、风雨侵蚀；其次，建筑也是中国艺术中比较落后的一门。

接弥拉信后，我大查字典，大翻地图和旅行指南。一九三一年去罗马时曾买了一本《蓝色导游》*Guide Bleu* 中的《意大利》，厚厚一小册，五百多面，好比一部字典。这是法国最完全最详细的指南，包括各国各大城市（每国都是一厚册），竟是一部旅行丛书。你们去过的几口湖，Maggiore, Lugarno, Como, Iseo, Garda（马焦雷湖，卢加诺湖，科莫湖，伊塞奥湖，加尔达湖），你们歇宿的 Stresa（斯特雷萨）和 Bellagio（贝拉焦）都在图上找到了，并且每个湖各有详图。我们翻了一遍，好比跟着你们"神游"了一次。弥拉一路驾驶，到底是险峻的山路，又常常摸黑，真是多亏她了，不知驾的是不是你们自己的车，还是租的？

此刻江南也已转入暮秋，桂花已谢，菊花即将开放。想不到伦敦已是风啊雨啊雾啊，如此沉闷！我很想下月初去天目山（浙西）赏玩秋色，届时能否如愿，不得而知。一九四八年十一月曾和仑布伯伯同去东西天目，秋色斑斓，江山如锦绣，十余年来常在梦寐中。

《高老头》已改讫，译序也写好寄出。如今写序要有批判，极难下笔。我写了一星期，几乎弄得废寝忘食，紧张得不得了。至于译文，改来改去，总觉得能力已经到了顶，多数不满意的地方明知还可修改，却都无法胜任，受了我个人文笔的限制。这四五年来愈来愈清楚的感觉到自己的 limit（局限），仿佛一道不可超越的鸿沟。

本月十三至二十日间你在瑞典轮空一星期，不知如何消遣？回去又太费钱，留在北欧又是太寂寞，是不是？

巴黎的书费或许以后还要补汇一些，不知道对你有没有困难？

妈妈身体很健康，我仍是小病不断，最近重伤风，咳嗽又拖了半个多月，迄今未愈。敏也是忙得不可开交。九月二十五日寄出书一包（《中国文学发展史》三册寄齐了），另外一匣扬州特产（绒制禽鸟）给弥拉玩儿，送送小朋友。一切珍重！

爸爸
六三年十月十四日

十一月三日

亲爱的孩子：

最近一信使我看了多么兴奋，不知你是否想像得到？真诚而努力的艺术家每隔几年必然会经过一次脱胎换骨，达到一个新的高峰。能够从纯粹的感觉（sensation）转化到观念（idea）当然是迈进一大步，这一步也不是每个艺术家所能办到的，因为同各人的性情气质有关。不过到了观念世界也该提防一个 pitfall（陷阱）：在精神上能跟踪你的人越来越少的时候，难免钻牛角尖，走上太抽象的路，和群众脱离。哗众取宠（就是一味用新奇唬人）和取媚庸俗固然都要不得，太沉醉于自己理想也有它的危险。我这话不大说得清楚，只是具体的例子也可以作为我们的警戒。李赫特某些演奏某些理解很能说明问题。归根结底，仍然是"出"和"入"的老话。高远绝俗而不失人间性人情味，才不会叫人感到 cold（冷淡，冷漠）。像你说的"一切都远了，同时一切也都近了"，正是莫扎特晚年和舒伯特的作品达到的境界。古往今来的最优秀的中国人多半是这个气息，尽管 sublime（庄严，崇高），可不是 mystic（神秘）（西方式的）；尽管超脱，仍是 warm, intimate, human（温馨，亲切，有人情味）到极点！你不但深切了解这些，你的性格也有这种倾向，那就是你的艺术的 safeguard（保障）。基本上我对你的信心始终如一，以上有些话不过是随便提到，作为"闻者足戒"的提示罢了。

我和妈妈特别高兴的是你身体居然不摇摆了：这不仅是给听众的印象问题，也是一个对待艺术的态度，掌握自己的感情，控制表现，能入能出的问题，也具体证明你能化为一个 idea（意念），而超过了被音乐带着跑，变得不由自主的阶段。只有感情净化，人格升华，从 dramatic（戏剧性的）进到 contemplative（沉思的）的时候，才能做到。可见这样一个细节也不是单靠注意所能解决的,修养到家了,自会迎刃而解。(胸中的感受不能完全在手上表达出来,自然会身体摇摆,好像无意识的要"手舞足蹈"的帮助表达。我这个分析你说对不对?)

相形之下,我却是愈来愈不行了。也说不出是退步呢,还是本来能力有限,以前对自己的缺点不像现在这样感觉清楚。越是对原作体会深刻,越是欣赏原文的美妙,越觉得心长力绌,越觉得译文远远的传达不出原作的神韵。返工的次数愈来愈多,时间也花得愈来愈多,结果却总是不满意。时时刻刻看到自己的 limit(局限),运用脑子的 limit(局限),措辞造句的 limit(局限),先天的 limit(局限)——例如句子的转弯抹角太生硬,色彩单调,说理强而描绘弱,处处都和我性格的缺陷与偏差有关。自然,我并不因此灰心,照样"知其不可为而为之",不过要心情愉快也很难了。工作有成绩才是最大的快乐:这一点你我都一样。

另外有一点是肯定的,就是西方人的思想方式同我们距离太大了。不做翻译工作的人恐怕不会体会到这么深切。他们刻画心理和描写感情的时候,有些曲折和细腻的地方,复杂繁琐,简直与我们格格不入。我们对人生琐事往往有许多是认为不值一提而省略的,有许多只是罗列事实而不加分析的,如果要写情就用诗人的态度来写;西方作家却多半用科学家的态度,历史学家的态度(特别巴尔扎克),像解剖昆虫一般。译的人固然懂得了,也感觉到它的特色、妙处,可是要叫思想方式完全不一样的读者领会就难了。思想方式反映整个的人生观、宇宙观和几千年文化的发展,怎能一下子就能和另一民族的思想沟通呢?你很幸运,音乐不像语言的局限性那么大,你还是用音符表达前人的音符,不是用另一种语言文字,另一种逻辑。

真了解西方的东方人,真了解东方人的西方人,不是没有,只是稀如星凤。对自己的文化遗产彻底消化的人,文化遗产决不会变成包袱，反而养成一种无所不包的胸襟，既明白本民族的长处短处，也明白别的民族的长处短处，进一步会截长补短，吸收新鲜的养料。任何孤独都不怕，只怕文化的孤独，精神思想的孤独。你前信所谓孤独，大概也是指这一点吧？

尽管我们隔得这么远，彼此的心始终在一起，我从来不觉得和你有什么精神上的隔阂。父子两代之间能如此也不容易：我为此很快慰。

北欧和维也纳的评论早日译好寄来，切勿杳无下文。以后你方便的话，还想要你寄十镑去巴黎。胃药已收到。音乐杂志尚未到。一切珍重！

爸爸
六三年十一月三日

十一月三日

亲爱的弥拉、聪：

十月份前后收到了你们三封信，也是大丰收，我心里快乐无比。只要看到你工作顺利，心情愉快，比什么都高兴。今年暑假你们总算彻底休息，享受了旅行的乐趣，得益匪浅。我相信你们明年一定会抽出时间出门，无忧无虑的过个短时期，真是人生一乐也。

我们今秋大概不想出门了，一来目前外宾太多，二来爸爸老是离不开工作。偶尔出去逛逛古董市场，买些小玩意儿，例如紫砂茶壶、端砚之类，都是起码上百年以上的东西，既实用又耐看。买回家后爸爸还要仔细打磨擦洗，然后把玩欣赏，还要与朋友一起共赏，其乐无穷，这就算是爸爸唯一的娱乐了。平时极少出门，还是老样子，只有朋友上门的时候多。我是跑街，事无大小，一律包办。虽然你们都不在身边，家里的琐事也够分心，日子就容易打发了。

阿敏教书忙，常常觉得时间不够分配，有时课间写信，总是潦潦草草，也是无可奈何……

　　弥拉的长信写得真生动，足以丰富我们的生活。不知她近来身体如何？你们结婚以来，她成熟得多，等到你们有了孩子，更能体会父母对子女的关切，人生更觉有意思了。

　　今天天舅舅、祖姑母都在，我请他们吃蟹，你眼热么？急于把信寄出，就此停笔了。祝

　　你们快乐！

妈妈
十一月三日

一九六四年 〔五通——父四通／母一通〕

三月一日

亲爱的孩子：

弥拉的信比你从加拿大发的早到四天。我们听到喜讯，都说不出的快乐，妈妈更是坐也不是，立也不是，兴奋几日。她母性强，抱孙心切，已经盼望很久了，常说：怎么聪还没有孩子呢？每次长时期不接弥拉来信，总疑心她有了喜不舒服。我却是担心加重你的负担，也怕你们俩不得自由：总之，同样的爱儿女，不过看问题的角度不同而已。有责任感的人遇到这等大事都不免一则以喜，一则以忧。可是结婚的时候早知道有这么一天，也不必临时慌张。回想三十年前你初出世的一刹那，在医院的产妇科外听见你妈妈呻吟，有一种说不出的"肃然"的感觉，仿佛从那时起才真正体会到做母亲的艰苦与伟大，同时感到自己在人生中又迈了一大步。一个人的成长往往是不自觉的，但你母亲生你的时节，我对自己的长成却是清清楚楚意识到的，至今忘不了。相信你和弥拉到时也都会有类似的经验。

有了孩子，父母双方为了爱孩子，难免不生出许多零星琐碎的争执，应当事先彼此谈谈，让你们俩都有个思想准备：既不要在小地方固执，也不必为了难免的小争执而闹脾气。还有母性特强的妻子，往往会引起丈夫的妒嫉，似乎一有孩子，自己在妻子心中的地位缩小了很多——这一点不能不先提醒你。因为大多数的西方女子，母性比东方女子表现得更强——我说"表现"，因为东方人的母爱，正如别的感情一样，不像西方女子那么显著的形诸于外。但过分的形诸于外，就容易惹动丈夫的妒意。

在经济方面，与其为了孩子将临而忧虑，不如切实想办法，好好安排一下。衣、食、住、行的固定开支，每月要多少，零用要多少，以量入为出的原则全面做一个计划，然后严格执行。大多数人的经验，总是零用不易掌握，最需要克制功夫。遇到每一笔非生活必需开支，都得冷静的想一想，是否确实必不可少。我平时看到书画、文物、小玩艺（连价钱稍昂的图书在内），从不敢当场就买，总是左思右想，横考虑竖考虑，还要和妈妈商量再决定；很多就此打消了。凡是小玩艺儿一类，过了十天八天，欲望自然会淡下来的。即使与你研究学问有关的东西，也得考虑一下是否必需，例如唱片，少买几张也未必妨碍你艺术上的进步。只有每一次掏出钱去的时候，都经过一番客观的思索，才能贯彻预算，做到收支平衡而还能有些小小的储蓄。我们在最困难的时候，曾经把每月的每一笔开支，分别装在信封内，写明"伙食""水电""图书"等等；一个信封内的钱用完了，决不挪用别的信封内的钱，更不提前用下个月的钱。现在查看账目，便是那几年花费最少。我们此刻还经常检查账目，看上个月哪几样用途是可用不可用的，使我们在本月和以后的几个月内注意节约。我不是要你如法炮制，而是举实例给你看，我们是用什么方法控制开销的。

"理财"，若作为"生财"解，固是一件难事，作为"不亏空而略有储蓄"解，却也容易做到。只要有意志，有决心，不跟自己妥协，有狠心压制自己的 fancy（一时的爱好）！老话说得好：开源不如节流。我们的欲望无穷，所谓"欲壑难填"，若一手来一手去，有多少用多少，即使日进斗金也不会觉得宽裕的。既然要保持清白，保持人格独立，又要养家活口，防旦夕祸福，更只有自己紧缩，将"出口"的关口牢牢把住。"入口"操在人家手中，你不能也不愿奴颜婢膝的乞求；"出口"却完全操诸我手，由我做主。你该记得中国古代的所谓清流，有傲骨的人，都是自甘淡泊的清贫之士。清贫二字为何连在一起，值得我们深思。我的理解是，清则贫，亦唯贫而后能清！我不是要你"贫"，仅仅是约制自己的欲望，做到量入为出，不能说要求太高吧！这些道理你全明白，无须我啰嗦，问题是在于实践。你在艺术上想得到，做得到，所以成功；倘在人生大小事务上也能说能行，只要及到你艺术方面的一半,你的生活烦恼也就十分中去了八分。古往今来,艺术家多半不会生活,这不是他们的光荣,而是他们的失败。失败的原因并非真的对现实生活太笨拙,而是不去注意,不下决心。因为我所谓"会生活"不是指发财、剥削人或是啬刻,做守财奴,而是指生活有条理,收支相抵而略有剩余。要做到这两点,只消把对付艺术的注意力和决心拿出一小部分来应用一下就绰乎有余了!

我们朋友中颇有收入很少而生活并不太坏的,对外也不显得鄙吝或寒酸;你周围想必也有这种人,你观察观察学学他们,岂不是好?而且他们除了处处多讲理性,善于克制以外,也并无别的诀窍。

记得六〇年你们初婚时,我就和你们俩提过这些,如今你为了孩子而担心到经济,我不能不旧话重提,希望你别以为我老悖而烦琐!—— 就算烦琐,也为了爱你,是不是?

假如我知道你五年来收支的大项目,一定还能具体的提出意见,你也会恍然大悟。如果我早知道一两年你的实际情况,早一两年和你提意见,你今日也可多一些积蓄。当然,我们从六一年以来也花掉你不少(有七百二十镑),心中很不安,要是早知道你手头不宽,也可以少开口几次,省掉你一部分钱。

为了配合你今后"节流"的计划,我打算实行两点:一、今后不要你再寄香港的款子,那就一年省了五十镑。目前食油供应靠侨汇(即你两个月一次的一百元人民币)照顾,及高级知识分子照顾,两方面合起来,大概可以应付,不必再从香港寄来——事实上已停寄了八个月。烟丝不抽,只抽纸烟,也无所谓。我烟瘾不大,近年来且更有减少之势。每三百克烟丝,付税二十四元余,也是浪费,对我来说也不应该;我也早有停止从香港寄烟丝的意思。(附带提一句:一年来无论何物从何处来,一律都要上税;而烟税要抽百分之四百。)二、你每两月寄一次的人民币可以改为每三个月一次,那么一年也好省你二十九镑(本来每年汇六次,今改四次,合如上数)。因为我要你寄法国的买书费，对你是额外负担，可以拿少汇回国内两次的钱抵充——说到书费，不知你除了第一次给巴黎大学 Etiemble（埃蒂昂勃勒）先生汇了十五镑以后有没有再汇十镑？我预算除了以上的十五镑及十镑之外，今年恐怕还要你再汇十至十五镑给他，时间看你方便，不急。

话说回来，五年中间你的家（屋子顶费到底多少钱？），你的琴，你的结婚费，蜜月旅行，假期旅行，多多少少的开支，全是你赤手空拳，清清白白挣来的；靠你的真本领，不依靠任何人，能有这样的成绩，不是可以安慰了么？我们最艰苦的两年，也得了你帮助，你也尽了为子的责任。再从数目上看，你五年的一应开支，一定为数可观，可见你经济上的收获并不太小。问题只是随来随去，没有积蓄——我当然知道你们不是挥霍浪费，生活也谈不上奢侈，仅仅是没有计划。为了对得起你的辛勤劳动，预防群众的喜爱无常，我觉得你应当正视这个计划性的用钱问题。（好好的同弥拉商量，冷静的、耐性的商量！要像解决一个客观的问题，千万不能闹意气！）

至于弥拉，记得你结婚以前有过培养她的意思，即使结果与你的理想仍有距离（哪个人的理想能与现实一致呢？）也不能说三年来没有成绩。首先，你近两年来信中不止一次的提到，你和她的感情融洽多了；证明你们互相的了解是在增进，不是停滞。这便是夫妇之爱的最重要的基础。其次，她对我们的感情，即使在海外娶的中国媳妇，也未必及得上她。很多朋友的儿子在外结婚多年，媳妇（还是中国人）仍像外人一般，也难得写信，哪像弥拉和我们这么亲切！最后，她对孩子的教育（最近已和我们谈了），明明是接受了你的理想。她本人也想学中文，不论将来效果如何，总是"其志可嘉"。对中国文化的仰慕爱好，间接表示她对你的赏识。固然她很多孩子气，许多地方还不成熟，但孩子气的优点是天真无邪。她对你的艺术的理解与感受，恐怕在西方女子中也不一定很多。她至少不是冒充风雅的时髦女子，她对艺术的态度是真诚的。五九年八月以前的弥拉和六四年一月的弥拉，有多少差别，只有你衡量得出。我相信你对她做的工作并没有白费。就算是她走得慢一些，至少在跟着你前进。

再说，做一个艺术家的妻子，本来很难，做你的妻子，尤其不容易。一般的艺术家都少不了仆仆风尘。可不见得像你我这样喜欢闭户不出，过修院生活。这是西方女子很难适应的。而经常奔波，视家庭如传舍（即驿站、逆旅）的方式，也需要Penelope（珀涅罗珀）对待Ulysses（尤利西斯）那样坚贞的耐性才行——要是在这些方面，弥拉多少已经习惯，便是很大的成功，值得你高兴的了。我们还得有自知之明：你脾气和我一样不好，即使略好，也不过五十步与百步。想到这个，夫妇之间的小小争执，也许责任是一半一半，也许我这方面还要多担一些责任——我国虽然有过五四运动，新女性运动（一九二〇年前后），夫权还是比西方重，西方妇女可不容易接受这一点。我特别提出，希望你注意。至于持家之道，你也不能以身作则的训练人家；你自己行事就很难做到有规律有条理，经常旅行也使你有很大困难：只能两人同时学习，多多商量。我相信你们俩在相忍相让上面已有不少成就。只是艺术家的心情容易波动，常有些莫名其妙的骚扰、烦闷、苦恼，影响家庭生活。平时不妨多冷静的想到这些，免得为了小龃龉而动摇根本。你信中的话，我们并不太当真。两个年轻人相处，本来要摸索多年。我以上的话，你思想中大半都有，我不过像在舞台上做一番"提示"工作。特别想提醒你的是信念，对两人的前途的信念。若存了"将来讲究如何，不得而知"的心，对方早晚体会得到，那就动了根本，一切不好办了。往往会无事变小事，小事变大事；反之，信念坚定，就会大事化小，小事化无。再过一二十年，你们回顾三十岁前后的生活，想起两人之间的无数小争执，定会哑然失笑。你不是说你已经会把事情推远去看么？这便是一个实例。预先体会十年二十年以后的感想，往往能够使人把眼前的艰苦看淡。

总之，你的生活艺术固然不及你的音乐艺术，可也不是没有进步，没有收获。安德烈·莫洛阿说过：夫妇之间往往是智力较差，意志较弱的一个把较高较强的一个往下拉，很少较高较强的一个能把较差较弱的对方往上提。三年来你至少是把她往上提，这也足以使你感到安慰了。

弥拉要学中文，最好先进"东方语言学校"之类开蒙。我即将寄一本《汉英合璧》给她，其中注音字母，你可以先教她。这是外国传教士编的，很不错。China Inland Missiom 中文名叫"内地会"，解放后当然没有了。当年在牯岭，有许多房子便是那个团体的。他们做学问确实下了一番苦功。教弥拉要非常耐性，西方人学东方语言，比东方人学西方语言难得多。先是西方语言是分析的，东方语言是综合的、暗示的、含蓄的。并且我们从小有学西方语言的环境。你对弥拉要多鼓励，少批评，否则很容易使她知难而退。一切慢慢来，不要急。记住盖叫天的话：慢就是快！你也得告诉她这个道理。开头根基打得扎实，以后就好办。

孩子的教育，眼前不必多想。将来看形势再商量。我们没有不愿意帮你们解决的。名字待我慢慢想，也需要 inspiration（灵感）。弥拉怀孕期间，更要让她神经安静，心情愉快。定期检查等等，你们有的是医生，不必我们多说。她说胃口不好，胖得 like a cow（像头奶牛），这倒要小心，劝她克制一些。母体太胖，婴儿也跟着太胖，分娩的时候，大人和小孩都要吃苦的！故有孕时不宜过分劳动，却也不宜太不劳动。

六二年四月二日寄你信中（LTC36）附有日程表三纸，包括六一年七月起六二年二月底为止的你的音乐会，要你校正后寄回，快要两年了，始终不得回音。你平日想必有记事册，陆续有预约的演出，陆续记下；只消你用这本小册子跟我的表核对一下，大不了一刻钟二十分钟就能办了，为何延迟如此之久呢？为此，你从六二年二月以后的日程表，我也不敢再寄你校对。节目单既不再寄回，演出日程我至少要替你在国内留一份记录。你该知道你在国内处境特殊，我有特殊理由要为你做这个工作。如果六二年四月的三张纸条丢失了，可来信告知,我再补抄一份给你。可千万勿只字不提!

在美出版的两张唱片拿到没有?舒伯特从来没听你弹过,急于想听。Westminster(威斯特敏斯特)其他的片子有希望继续印出吗?所谓 Landlers(《兰德勒尔》)①,连题目都不知道,他的小品只晓得 Impromptu(《即兴曲》)和 Musical Moments(《瞬间音乐》)。

此信每天抽空写一些,前后花了五六天时间。好在你要三月二十左右回英,信总比你先到伦敦。像我们这种人,从来不以恋爱为至上,不以家庭为至上,而是把艺术、学问放在第一位,作为人生目标的人,对物质方面的烦恼还是容易摆脱的,可是为了免得后顾之忧,更好的从事艺术与学问,也不能不好好的安排物质生活;光是瞧不起金钱,一切取消极态度,早晚要影响你的人生最高目标——艺术的!希望克日下决心,在这方面采取行动!一切保重!

爸爸
六四年三月一日

四月十二日

亲爱的孩子:

你从北美回来后还没来过信,不知心情如何?写信的确要有适当的心情,我也常有此感。弥拉去迈阿密后,你一日三餐如何解决?生怕你练琴出了神,又怕出门麻烦,只吃咖啡面包了事,那可不是日常生活之道。尤其你工作消耗多,切勿饮食太随便,营养(有规律进食)毕竟是要紧的。你行踪无定,即使在伦敦,琴声不断,房间又隔音,挂号信送上门,打铃很可能听不见,故此信由你岳父家转,免得第三

---

① 《兰德勒尔》,奥地利舞曲,亦称"德国舞曲"。是与圆舞曲相似的较慢的三拍舞曲。

次退回。瑞士的 tour（旅游）想必满意，地方既好，气候也好，乐队又是老搭档，瑞士人也喜爱莫扎特，效果一定不坏吧？六月南美之行，必有巴西在内；近来那边时局突变，是否有问题，出发前务须考虑周到，多问问新闻界的朋友，同伦敦的代理人多商量商量，不要临时找麻烦，切记切记！三月十五日前后欧美大风雪，我们看到新闻也代你担忧，幸而那时不是你飞渡大西洋的时候。此间连续几星期春寒春雨，从早到晚，阴沉沉的，我老眼昏花，只能常在灯下工作。天气如此，人也特别闷塞，别说郊外踏青，便是跑跑书店古董店也不成。即使风和日暖，也舍不得离开书桌。要做的事、要读的书实在太多了，不能怪我吝惜光阴。从二十五岁至四十岁，我浪费了多少宝贵的时日！

……

前天偶尔想起，你们要是生女孩子的话，外文名字不妨叫 Gracia（葛拉齐亚）①，此字来历想你一定记得。意大利字读音好听，grace（雅）一字的意义也可爱。弥拉不喜欢名字太普通，大概可以合乎她的条件。阴历今年是甲辰，辰年出生的人肖龙，龙从云，风从虎，我们提议女孩子叫"凌云"（Lin Yun），男孩子叫"凌霄"（Lin Sio）。你看如何？男孩的外文名没有 inspiration（灵感），或者你们决定，或者我想到了以后再告。这些我都另外去信讲给弥拉听了（凌云＝to tower over the clouds，凌霄＝to tower over the sky，我和 Mira（弥拉）就是这样解释的）。

以前的音乐会日程表究竟你还有留底没有？我 LTC59 中问你的话，望答复！巴黎来信，只收到过十五镑，可知第二批未寄。手头方便时望再汇十镑给 Etiemble（埃蒂昂勃勒），托他买的书实在不少哩！

爸爸
六四年四月十二日

---

① 葛拉齐亚，系罗曼·罗兰小说《约翰·克利斯朵夫》中之人物。

四月十二日

亲爱的聪：

　　自接喜讯以来，我快乐的心情无法抑制，老在计算生产的日期，弥拉说医生估计在八月里的上两星期，那时正是天气很热的阶段，想来伦敦医院设备好，不用担心，必有冷气，那产妇就不怎么辛苦了。最近一个月来，陆陆续续打了几件毛线衣，另外买了一件小斗篷、小被头，作为做祖母的一番心意，不日就要去寄了，怕你们都不在，还是由你岳父转的。我也不知对你们合适否？衣服尺寸都是望空做的，好在穿绒线衣时要九十月才用得着，将来需要，不妨来信告知，我可以经常代你们打。孩子的名字，我们俩常在商量，因为今年是龙年，就根据龙的特性来想，前两星期去新城隍庙看看花草，有一种叫凌霄的花，据周朝桢先生说，此花开在初夏，色带火黄，非常艳丽，我们就买了一棵回来，后来我灵机一动，"凌霄"作为男孩子的名字不是很好么？声音也好听，意义有高翔的意思；传说龙在云中，那么女孩子叫"凌云"再贴切没有了，我们就这么决定了。再有我们姓傅的，三代都是单名（你祖父叫傅鹏，父雷，你聪），来一个双名也挺有意思。你觉得怎样？

　　阿敏去冬年假没回来，工作非常紧张，他对教学相当认真，相当钻研，校方很重视他。他最近来信说："我教了一年多书，深深体会到传授知识比教人容易，如果只教书而不教人的话，书绝对教不好，而要教好人，把学生教育好，必须注意身教和言教，更重要的是身教，处处要严格要求自己，以身作则。越是纪律不好的班，聪明的孩子越多，她们就更敏感，这就要求自己以身作则，否则很难把书教好。"他对教学的具体情况，有他的看法，也有他的一套，爸爸非常赞同。你看我多高兴，阿敏居然成长得走正路，这正是我俩教育孩子的目的，我们没有名利思想，只要做好本门工作就很好了，你做哥哥的知道弟弟有些成绩，一定也庆幸。

……

你现在不抽香烟，改抽烟斗，当然比较好，不过还是少抽为妙，对人身有害无益，爸爸最近两个月来反而逐渐减少，每天有限制，烟斗两筒，香烟四支，慢慢减下来总是好的。还有你初抽烟斗，务必小心，恐怕衣服烫出洞来不能免吧，望注意。

急于把信寄出，此次我的字潦草不堪。望多多来信！保重身体！

妈妈

四月十二日

四月二十四日

亲爱的孩子：

昨天才寄出一封长信，今日即收到四月十四日信，却未提及我四月十二日由你岳家转的信，不知曾否收到，挂念得很！

孤独的感觉，彼此差不多，只是程度不同，次数多少有异而已。我们并未离乡背井，生活也稳定，比绝大多数人都过得好；无奈人总是思想太多，不免常受空虚感的侵袭。唯一的安慰是骨肉之间推心置腹，所以不论你来信多么稀少，我总尽量多给你写信，但愿能消解一些你的苦闷与寂寞。只是心愿是一件事，写信的心情是另一件事：往往极想提笔而精神不平静，提不起笔来；或是勉强写了，写得十分枯燥，好像说话的声音口吻僵得很，自己听了也不痛快。

一方面狂热、执著，一方面洒脱、旷达、怀疑，甚至于消极：这个性格大概是我遗传给你的。妈妈没有这种矛盾，她从来不这么极端。弥拉常说你跟我真像，可见你在她面前提到我的次数不可胜计，所以她虽未见过我一面，也像多年相识一样。

你们夫妇关系，我们从来不真正担心过。你的精神波动，我们知之有素，千句并一句，只要基本信心不动摇，任何小争执大争执都会跟着时间淡忘的。我三月二日（No. 59）信中的结论就是这话。人生的每个阶段都是一边学一边过的，从来没有一个人具备了所有的（理论上的）条件才结婚，才生儿育女的。你为了孩子而惶惶然，表示你对人生态度严肃，却也不必想得太多。一点不想是不负责任，当然不好；想得过分也徒然自苦，问题是彻底考虑一番，下决心把每个阶段的事情做好，想好办法实行就是了。

人不知而不愠是人生最高修养，自非一时所能达到。对批评家的话我过去并非不加保留，只是增加了我的警惕。即是人言籍籍，自当格外反躬自省，多征求真正内行而善意的师友的意见。你的自我批评精神，我完全信得过；可是艺术家有时会钻牛角尖而自以为走的是独创而正确的路。要避免这一点，需要经常保持冷静和客观的态度。所谓艺术上的 illusion（错觉，幻想），有时会蒙蔽一个人到几年之久的。至于批评界的黑幕，我近三年译巴尔扎克的《幻灭》，得到不少知识。一世纪前尚且如此，何况今日！二月号《音乐与音乐家》杂志上有一篇 Karayan（卡拉扬）的访问记，说他对于批评只认为是某先生的意见，如此而已。他对所钦佩的学者，则自会倾听，或者竟自动去请教。这个态度大致与你相仿。

美国唱片公司，最好请弥拉去信催一催，只要你把公司地址及经理姓名告诉她就行。不催的话，也许要等上一年半载，或竟始终不办。

国外灌唱片到底如何计算报酬？一次付的还是照发行数抽版税的？这也是一种知识，我极想知道！

认真的人很少会满意自己的成绩，我的主要苦闷即在于此。所不同的，你是天天在变，能变出新体会、新境界、新表演，我则是眼光不断提高而能力始终停滞在老地方。每次听你的唱片总心上想：不知他现在弹这个曲子又是怎么一个样子了。

你老是怕对父母不尽心，我老是怕成为你的包袱，尤其从六一年以后，愈了解艺术劳动艰苦，愈不忍多花你的钱。说来说去，是大家顾着大家。抽烟是小事，非生活必需；昨信已详告，兹不再赘——倒是唱片要你多抓紧些！妈妈问你：冬天在家可要薄丝绵袄，穿着弹琴舒服些？我们可做了寄你。你家中取暖设备行不行？冬季室内有多少温度？我们毫无所知。

　　旧金山评论中说你的肖邦太 extrovert（外向），李先生说奇怪，你的演奏正是 introvert（内向）一路，怎么批评家会如此说。我说大概他们听惯老一派的 Chopin（肖邦），软绵绵的，听到不 sentimental（伤感）的 Chopin（肖邦）就以为不够内在了，你觉得我猜得对不对？

　　顾圣婴今年参加比国伊利莎白皇后钢琴比赛，若有花花絮絮，望来信一提。国内不会报道的。

　　既是五月七日动身，此信还想赶得及。以后便怕有长时期没法和你通讯了。一切保重！

爸爸
六四年四月二十四日

十月三十一日

亲爱的孩子：

　　几次三番动笔写你的信都没有写成，而几个月的保持沉默也使我魂不守舍，坐立不安。① 我们从八月到今的心境简直无法形容。你的处境，你的为难（我猜想你采取行动之前，并没和国际公法或私法的专家商量过。其实那是必要的），你的迫不得已的苦衷，我们都深深的体会到，怎么能责怪你呢？可是再彻底的谅解也减除不了我们沉重的

---

① 此年五月间傅聪为了在世界各地演出，入了英国籍。

心情。民族自尊心受了伤害,非短时期内所能平复;因为这不是一个"小我"的、个人的荣辱得失问题。便是万事随和处处乐观的你的妈妈,也耿耿于怀,伤感不能自已。不经过这次考验,我也不知道自己在这方面的感觉有这样强。一九五九年你最初两信中说的话,以及你对记者发表的话,自然而然的,不断的回到我们脑子里来,你想,这是多大的刺激!我们知道一切官方的文件只是一种形式,任何法律手续约束不了一个人的心——在这一点上我们始终相信你;我们也知道,文件可以单方面的取消,只是这样的一天遥远得望不见罢了。何况理性是理性,感情是感情,理性悟透的事情,不一定能叫感情接受。不知你是否理解我们几个月沉默的原因,能否想像我们这一回痛苦的深度?不论工作的时候或是休息的时候,精神上老罩着一道阴影,心坎里老压着一块石头,左一个譬解,右一个譬解,总是丢不下,放不开。我们比什么时候都更想念你,可是我和妈妈都不敢谈到你:大家都怕碰到双方的伤口,从而加剧自己的伤口。我还暗暗的提心吊胆,深怕国外的报纸、评论,以及今后的唱片说明提到你这件事……孩子出生的电报来了,我们的心情更复杂了。这样一件喜事发生在这么一个时期,我们的感觉竟说不出是什么滋味,百感交集,乱糟糟的一团,叫我们说什么好呢?怎么表示呢?所有这一切,你岳父都不能理解。他有他的民族性,他有他民族的悲剧式的命运(这个命运,他们两千年来已经习为故常,不以为悲剧了),看法当然和我们不一样。然而我决不承认我们的看法是民族自大,是顽固,他的一套是开明、是正确。他把国籍看做一个侨民对东道国应有的感激的表示,这是我绝对不同意的!至于说弥拉万一来到中国,也必须入中国籍,所以你的行动可以说是有往有来等等,那完全是他毫不了解中国国情所作的猜测。我们的国家从来没有一条法律,要外国人入了中国籍才能久居!接到你岳父那样的信以后,我并不作复,为的是不愿和他争辩;可是我和他的意见分歧点应当让你知道。

孩子不足两个月，长得如此老成，足见弥拉成绩不错。大概她全部精力花在孩子身上了吧？家里是否有女工帮忙，减少一部分弥拉的劳累？做父母是人生第二大关，你们俩的性情脾气，连人生观等等恐怕都会受到影响。但愿责任加重以后，你们支配经济会更合理，更想到将来（谁敢担保你们会有几个儿女呢？），更能克制一些随心所欲的冲动，减少一些不必要的开支。孩子初生（一星期）的模样的确像襁褓中的你。后来几次的相片，尤其七星期的一张，眼睛与鼻梁距离较大，明明有了外家的影子——弥拉也更像她父亲了。不过婴儿的变化将来还多着呢。

……

等你的唱片等了一年多没消息，真丧气！不管你自己如何不满，听你的唱片还是我们最大的享受和安慰。除了唱片还有什么方法听到你的演奏呢？可恨要得到你的唱片这样不容易！若你有办法自己寄必须包装妥当，双份，用航空寄。

最后再嘱咐你一句：你一切行动都有深远的反响波及我们；以后遇到重大的事，务必三思而行，最好先同有经验的前辈（尤其懂得法律的专家，他们头脑冷静，非艺术家可比！）多多商量！一切保重！

爸爸

六四年十月三十一日

一九六五年 〔十通——父六通/母四通〕

一月二十八日

亲爱的孩子：

　　将近六个月没有你的消息，我甚至要怀疑十月三十一日发的信你是否收到。上月二十日左右，几乎想打电报：如今跟以往更是不同，除了你们两人以外，又多了一个娃娃增加我们的忧虑。大人怎么样呢？孩子怎么样呢？是不是有谁闹病了？……毕竟你妈妈会体贴，说你长期的沉默恐怕不仅为了忙，主要还是心绪。对啦，她一定猜准了。你生活方面思想方面的烦恼，虽然我们不知道具体内容，总还想像得出一个大概。总而言之，以你的气质，任何环境都不会使你快乐的。你自己也知道。既然如此，还不如对人生多放弃一些理想；理想只能在你的艺术领域中去追求，那当然也永远追求不到，至少能逐渐接近，并且学术方面的苦闷也不致损害我们的心理健康。即使在排遣不开的时候，也希望你的心绪不要太影响家庭生活。归根到底，你现在不是单身汉，而是负着三口之家的责任。用老话来说，你和弥拉要相依为命。外面的不如意事固然无法避免，家庭的小风波总还可以由自己掌握。客观的困难已经够多了，何必再加上主观的困难呢？当然这需要双方共同的努力，但自己总该竭尽所能的做去。处处克制些，冷静些，多些宽恕，少些苛求，多想自己的缺点，多想别人的长处。<u>生活——尤其夫妇生活——之难，在于同弹琴一样，要时时刻刻警惕，才能不出乱子，或少出乱子。总要存着风雨同舟的思想，求一个和睦相处相忍相让的局面，挨过人生这个艰难困苦的关。</u>这是我们做父母的愿望。能同艺术家做伴而日子过得和平顺适的女子，古往今来都寥寥无几。千句并一句，尽量缩小一个我字，也许是解除烦闷、减少纠纷的唯一的秘诀。久久得不到你们俩的信，我们总要担心你们俩的感情，当然也担心你们俩的健康，但对你们的感情更关切，因为你们找不到一个医生来治这种病。而且这是骨肉之间出于本能的忧虑。就算你把恶劣的心情瞒着也没用。我们不但同样焦急，还因为不知底细而胡乱猜测，急这个，急那个，弄得寝食不安。假如以上劝告你认为毫无根据，那更证明长期的沉默，会引起我们焦急到什么程度。你也不能忘记，你爸爸所以在这些事情上经常和你唠叨，因为他是过来人，不愿意上一代犯的错误在下一代身上重演。我和你说这一类的话永远抱着自责的沉痛的心情的！

从你南美回来以后，九个多月中的演出，我们一无所知；弥拉提到一言半语又叫我们摸不着头脑。那个时期到目前为止的演出表，可不可以补一份来？（以前已经提过好几回了！）在你只要花半小时翻翻记事本，抄一抄。这种惠而不费的，一举手之劳的事能给我们多少喜悦，恐怕你还不能完全体会。还有你在艺术上的摸索、进展、困难、心得、自己的感受、经验、外界的反应，我们都想知道而近来知道得太少了。——肖邦的《练习曲》是否仍排作日课？巴赫练得怎样了？一九六四年练出了哪些新作品？你过的日子变化多，事情多，即或心情不快，单是提供一些艺术方面的流水账，也不愁没有写信的材料；不比我的工作和生活，三百六十五天如一日，同十年以前谈不上有何分别。

说到我断断续续的小毛病，不必絮烦，只要不躺在床上打断工作，就很高兴了。睡眠老是很坏，脑子停不下来，说不上是神经衰弱还是什么。幸而妈妈身体健旺，样样都能照顾。我脑子一年不如一年，不用说每天七八百字的译文苦不堪言，要换二三道稿子，便是给你写信也非常吃力。只怕身体再坏下去，变为真正的老弱残兵。眼前还是能整天整年——除了闹病——的干，除了翻书，同时也做些研究工作，多亏巴黎不断有材料寄来。最苦的是我不会休息，睡时脑子停不下来，醒时更停不住了。失眠的主要的原因大概就在于此。

你公寓的室内的照片盼望了四年，终于弥拉寄来了几张，高兴得很。孩子的照片,妈妈不知翻来覆去,拿出拿进,看过多少遍了。她母性之强,你是知道的。伦敦必有中文录音带出售,不妨买来让孩子在摇篮里就开始听起来。(Etiemble(埃蒂昂勃勒)告诉我:录音带有两种,一是耶鲁大学的,一是哈佛的,哈佛的好像是赵元任灌的。巴黎既有发售,伦敦一定也找得到。我十月底曾告诉弥拉。)

你岳父来信,说一月份同你在德国合作演出。此刻想早已过去了;他说秋天还要和你在美国一同表演,不知在哪一个月?

你的唱片始终没消息,我们不敢希望还有收到的一天了!

不写了,望多多保重,快快来信!

爸爸
一九六五年一月二十八日

一月二十九日

亲爱的聪:

提起笔来真不知千言万语何从说起!你这样长时期的不给我们信,真不知我们思念你的痛苦,爸爸晚上的辗转不能入睡,大一半也在你身上,我们因为想你想得厉害,反怕提到你,可是我们的内心一样焦虑;我常常半夜惊醒,百感交集,忧心如焚这四个字,就可以说明父母思念儿子的心情。你现在有了孩子,应该体会得到。这半年来幸而弥拉有信来,还有凌霄可爱的照片,给了我们不少安慰,我真是万分的感谢她。你的行动多少还知道一鳞半爪,弥拉还很有趣的描写孩子的喜怒,我们真是从心底里欢喜。孩子越长越漂亮,朋友们看了,都说鼻子面型像你,额角眼睛有些像他母亲,如今快六个月了,恐怕又变了样,望多拍些照,经常寄来,让我们枯寂的生活中,多一些光彩,多一些温暖。

你的唱片至今未寄来,难道伦敦的唱片公司不能向美国去订,再由伦敦航空寄来吗？你真不知道我们对你唱片的重视，放你的片子，好像与你的距离近了，更亲切了。我们远隔万里，见面当然谈不上，可是总该有权利听你的唱片，总不至于办不到吧，望百忙中来信，让我们快乐一下吧！

敏年假又不回来，他工作很辛苦，生活也朴素，环境也能适应，总还使我们安心。

没有几天就要过春节了，孩子不在身边，虽然寂寞单调的生活过惯了，总有空虚之感。不写了，再见！

妈妈
一月二十九日

二月二十日

亲爱的孩子：

半年来你唯一的一封信不知给我们多少快慰。看了日程表，照例跟着你天南地北的神游了一趟，做了半天白日梦。人就有这点儿奇妙，足不出户，身不离斗室，照样能把万里外的世界、各地的风光、听众的反应、游子的情怀，一样一样的体验过来。你说在南美仿佛回到了波兰和苏联，单凭这句话，我就咂摸到你当时的喜悦和激动；拉丁民族和斯拉夫民族的热情奔放的表现也历历如在目前。

照片则是给我们另一种兴奋，虎着脸的神气最像你。大概照相机离得太近了，孩子看见那怪东西对准着他，不免有些惊恐，有些提防。可惜带笑的两张都模糊了（神态也最不像你），下回拍动作，光圈要放大到 F. 2 或 F. 3.5，时间用 1/100 或 1/150 秒。若用闪光（即 flash）则用 F. 11，时间 1/100 或 1/150 秒。望着你弹琴的一张最好玩，最美；应当把你们俩作为特写放大，左手的空白完全不要；放大要五或六英寸才看得清，因原片实在太小了。另外一张不知坐的是椅子是车子？地下一张装中国画（谁的?）的玻璃框，我们猜来猜去猜不出是怎么回事，望说明！

你父性特别强是像你妈，不过还是得节制些，第一勿妨碍你的日常工作，第二勿宠坏了凌霄——小孩儿经常有人跟他玩，成了习惯，就非时时刻刻抓住你不可，不但苦了弥拉，而且对孩子也不好。耐得住寂寞是人生一大武器，而耐寂寞也要自幼训练的！疼孩子固然要紧，养成纪律同样要紧；几个月大的时候不注意，到两三岁时再收紧，大人小儿都要痛苦的。

你的心绪我完全能体会。你说的不错，知子莫若父，因为父母子女的性情脾气总很相像，我不是常说你是我的一面镜子吗？且不说你我的感觉一样敏锐，便是变化无常的情绪，忽而高潮忽而低潮，忽而兴奋若狂，忽而消沉丧气等等的艺术家气质，你我也相差无几。不幸这些遗传（或者说后天的感染）对你的实际生活弊多利少。凡是有利于艺术的，往往不利于生活；因为艺术家两脚踏在地下，头脑却在天上，这种姿态当然不适应现实的世界。我们常常觉得弥拉总算不容易了，你切勿用你妈的性情脾气去衡量弥拉。你得随时提醒自己，你的苦闷没有理由发泄在第三者身上。况且她的童年也并不幸福，你们俩正该同病相怜才对。我一辈子没有做到克己的功夫，你要能比我成绩强，收效早，那我和妈妈不知要多么快活呢！

……

去年春天你答应在八月中把你的演出日程替我校正一遍。今年三月你只有从二十日至三十日两个音乐会，大概可以空闲些，故特寄上六一年七月至六四年七月止的日程表，望在三月上半月细细改正后寄回。头三页，六二年曾寄给你，你丢失了。以后几张都是按照弥拉每季事先寄的日程表编的，与实际演出必有参差。所有的地名（尤其小国的，南非南美北欧的）望一一改正拼法。此事已搁置多年，勿再延误为要！

你久已不在伦敦单独演出了，本月二十一日的音乐会是 recital（独奏会），节目单可否寄一份来？卖座情形亦极想知道。

我一直关心你的 repertoire（演出曲目），近二三年可有新曲子加进去？上次问你巴赫和肖邦 *Etudes*（《练习曲》）是否继续练，你没有答复我。

你的中文还是比英文强，别灰心，多写信，多看中文书，就不会失去用中文思考的习惯。你的英文基础不够，看书太少，句型未免单调。

——溥仪的书看了没有？

此信望将大意译给弥拉听，没空再给她另写了。诸事珍重，为国自爱！

爸爸

一九六五年二月二十日

任何艺术品都有一部分含蓄的东西，在文学上叫做言有尽而意无穷，西方人所谓 between lines（弦外之音）。作者不可能把心中的感受写尽，他给人的启示往往有些还出乎他自己的意想之外。绘画、雕塑、戏剧等等，都有此潜在的境界。不过音乐所表现的最是飘忽，最是空灵，最难捉摸，最难肯定，弦外之音似乎比别的艺术更丰富，更神秘，因此一般人也就懒于探索，甚至根本感觉不到有什么弦外之音。其实真正的演奏家应当努力去体会这个潜在的境界（即淮南子所谓"听无音之音者聪"，无音之音不是指这个潜藏的意境又是指什么呢？）而把它表现出来，虽然他的体会不一定都正确。能否体会与民族性无关。从哪一角度去体会，能体会作品中哪一些隐藏的东西，则多半取决于各个民族的性格及其文化传统。甲民族所体会的和乙民族所体会的，既有正确不正确的分别，也有种类的不同，程度深浅的不同。我猜想你和岳父的默契在于彼此都是东方人，感受事物的方式不无共同之处，看待事物的角度也往往相似。你和董氏兄弟初次合作就觉得心心相印，也是这个缘故。大家都是中国人，感情方面的共同点自然更多了。

二月二十日

亲爱的聪、弥拉：

接到你们来信前三四天，我梦见了你们，我暗忖不久该有你的信来了，果然不出所料，对我们来说真是大大的收获。我常有预感，屡次都应验。凌霄的照片真是太美了，一次比一次好看。我托萧伯母寄来一种不用贴照相角的日本货照相簿，专放孩子的照片。凌霄坐在沙发上听你弹琴的一张暂时放在我房内五斗柜上，另外一张（下面有中国画的）放在床头小桌上，我不时可满怀高兴的看着他！我们虽然离得那么远，可是我会譬解，很达观。现在有多少青年不是踊跃去农村落户，就是去新疆参加建设，还不是一样不大容易见面？同时也有不少人家的儿女远在异国。我们可以通信，交换照片，还不是一样心连着心！

你说马上把唱片寄来，我们快活极了，但愿不要开了支票不兑现！

凌霄已过了六个月，该会格格的笑出声了，会咿咿哑哑的逗人乐了，我们何尝不望着他做梦呢！我打的毛衣恐怕太小，早已不能穿了吧，说来惭愧，我真不知如何表示我做祖母的心意！

此信我本想要爸爸翻成英文让弥拉高兴一下。我的外文，看是没有问题，弥拉每次来信，我总要反复看几遍，可以说是完全理解她的。可惜我不会动笔，有时很想叫爸爸翻译，无奈爸爸他太忙，我也不愿浪费他的时间，所以你一定要为我做这件事，耐心的讲给弥拉听，我才高兴。婆婆（爸爸的乳母）你不会忘记吧！你小时候，她抱着你从楼梯上摔下来，手臂半年多不能动。她今年七十八岁，还相当健，最近知道你有了孩子，特意赶来看了凌霄的照片，欢喜得尽笑。她说孩子像你,还再三叫我问你和弥拉好。祖姑母年迈孤独,每逢星期日来我家玩,你们的信她都能看,她的英文水平还不错呢!今年过冬一点不冷,我们都没有伤风,爸爸除了埋头工作,难得出门,偶尔我陪他逛逛古玩市场。

希望大家保重身体,多写些信,多寄些照片来!

妈妈
二月二十日

五月十六日夜

亲爱的孩子:

从香港到马尼拉,恐怕一出机场就要直接去音乐厅,这样匆促也够辛苦紧张了,何况五月三日晚上你只睡了四五小时,亏你有精力应付得了!要不是刘抗伯伯四月二十三日来信报告,怎想得到你在曼谷和马尼拉之间加出了两场新加坡演出,又兼做什么钢琴比赛的评判呢?在港登台原说是明年可能去日本时顺便来的,谁知今年就实现了。

……

香港的长途电话给我们的兴奋,简直没法形容。五月四日整整一天我和你妈妈魂不守舍,吃饭做事都有些飘飘然,好像在做梦;我也根本定不下心来工作。尤其四日清晨妈妈告诉我说她梦见你还是小娃娃的模样,喂了你奶,你睡着了,她把你放在床上。她这话说过以后半小时,就来了电话!怪不得好些人要迷信梦!萧伯母的信又使我们兴奋了大半日,她把你过港二十三小时的情形详详细细写下来了,连你点的上海菜都一样一样报了出来,多有意思。信、照片,我们翻来覆去看了又看,电话中听到你的声音,今天看到你打电话前夜的人,这才合起来,成为一个完整的你!(我不是说你声音有些变了吗?过后想明白了,你和我一生通电话的次数最少,经过电话机变质以后的你的声音，我一向不熟悉；一九五六年你在北京打来长途电话，当时也觉得你声音异样。）看你五月三日晚刚下飞机的神态，知道你尽管风尘仆仆，身心照样健康，我们快慰之至。你能练出不怕紧张的神经，吃得起劳苦的身体，能应付二十世纪演奏家的生活，归根到底也是得天独厚。我和你妈妈年纪大了，越来越神经脆弱，一点儿小事就会使我们紧张得没有办法。一方面是性格生就，另一方面是多少年安静的生活越发叫我们没法适应天旋地转的现代 tempo（节奏）。

五月十六日夜

……

五月二十七日

亲爱的孩子：

会期定在四日，一切都明白了。因十二日萧伯母来信说是五日，故而张惶。两场中间只有一小时休息，还要吃晚饭，紧张可知；不过你在台上跟在家练琴心情差不多，除了因为能与观众交流而高兴以外，并无分别，想到这一点，也不替你急了，何况急也没用。

新西兰来信今日中午收到。早上先接林医生电话，他们也收到林伯母哥哥的信，报告你的情形，据说信中表示兴奋得了不得，还附有照片。国外侨胞的热爱祖国，真是叫人无话可说。

刘抗伯伯的舅子（不是 cousin）叫陈人浩，你未出生之前，曾借住我家三楼，还是在万宜坊；他也是留法学画的，与我同时。

你谈到中国民族能"化"的特点，以及其他关于艺术方面的感想，我都彻底明白，那也是我的想法。多少年来常对妈妈说：越研究西方文化，越感到中国文化之美，而且更适合我的个性。我最早爱上中国画，也是在二十一二岁在巴黎卢浮宫钻研西洋画的时候开始的。这些问题以后再和你长谈。妙的是你每次这一类的议论都和我的不谋而合，信中有些话就像是我写的。不知是你从小受的影响太深了呢，还是你我二人中国人的根一样深？大概这个根是主要原因。

一个艺术家只有永远保持心胸的开朗和感觉的新鲜，才永远有新鲜的内容表白，才永远不会对自己的艺术厌倦，甚至像有些人那样觉得是做苦工。你能做到这一步——老是有无穷无尽的话从心坎里涌出来，我真是说不出的高兴，也替你欣幸不置！

爸爸
六五年五月二十七日

六月十四日

亲爱的孩子：

这一回一天两场的演出，我很替你担心，好姆妈①说你事后喊手筋痛，不知是否马上就过去？到伦敦后在巴斯登台是否跟平时一样？那么重的节目，舒曼的 Toccata（《托卡塔》）和 Kreisleriana（《克莱斯勒偶记》）②都相当别扭，最容易使手指疲劳；每次听见国内弹琴的人坏了手，都暗暗为你发愁。当然主要是方法问题，但过度疲劳也有关系，望千万注意！你从新西兰最后阶段起，前后紧张了一星期，回家后可曾完全松下来，恢复正常？可惜你的神经质也太像我们了！看书兴奋了睡不好，听音乐兴奋了睡不好，想着一星半点的事也睡不好……简直跟你爸爸妈妈一模一样！但愿你每年暑期都能彻底 relax（放松），下月去德国就希望能好好休息。年轻力壮的时候不要太逞强，过了四十五岁样样要走下坡路：最要紧及早留些余地，精力、体力、感情，要想法做到细水长流！孩子，千万记住这话：你干的这一行最

---

① 即萧伯母。
② 此系钢琴套曲。

伤人，做父母的时时刻刻挂念你的健康——不仅眼前的健康，而且是十年二十年后的健康！你在立身处世方面能够洁身自爱，我们完全放心；在节约精力、护养神经方面也要能自爱才好！

你此次两过香港，想必对于我一九六一年春天竭力劝你取消在港的约会的理由，了解得更清楚了，沈先生也来了信，有些情形和我预料的差不多。幸亏他和好姆妈事事谨慎，处处小心，总算平安度过，总的客观反应，目前还不得而知。明年的事第一要看东南亚大局，如越南战事扩大，一切都谈不到。目前对此不能多存奢望。你岳丈想来也会周密考虑的。

此外，你这一回最大的收获恐怕还是在感情方面，和我们三次通话，美中不足的是五月四日、六月五日早上两次电话中你没有叫我，大概你太紧张，当然不是争规矩，而是少听见一声"爸爸"好像大有损失。妈妈听你每次叫她，才高兴呢！好姆妈和好好爹爹那份慈母般的爱护与深情，多少消解了你思乡怀国的饥渴。昨天同时收到他们俩的长信，妈妈一面念信一面止不住流泪。这样的热情、激动，真是人生最宝贵的东西。我们有这样的朋友（李先生六月四日从下午六时起到晚上九时，心里就想着你的演出。上月二十三日就得到朋友报告，知道你大概的节目），你有这样的亲长（十多年来天舅舅一直关心你，好姆妈五月底以前的几封信，他都看了，看得眼睛也湿了，你知道天舅舅从不大流露感情的），把你当作自己的孩子一般，也够幸福了。他们把你四十多小时的生活行动描写得详详细细，自从你一九五三年离家以后，你的实际生活我们从来没有知道得这么多的。他们的信，二十四小时内，我们已看了四遍，每看一遍都好像和你团聚一回。可是孩子，你回英后可曾去信向他们道谢？当然他们会原谅你忙乱，也不计较礼数，只是你不能不表示你的心意。信短一些不要紧，却绝对不能杳无消息。人家给了你那么多，怎么能不回报一星半点呢？何况你只消抽出半小时的时间写几行字，人家就够快慰了！刘抗和陈人浩伯伯处唱片一定要送，张数不拘，也是心意为重。此事本月底以前一定要办，否则一出门，一拖就是几个月。

……

爸爸

六五年六月十四日

……

六月十四日

亲爱的聪、弥拉：

五月四日到现在，我的心情始终激动得无法平静。这期间好姆妈与我们之间不知来往了多少信，她为了要我们快乐，知道我们热切期待着你的消息，情愿牺牲了睡眠的时间，把你两次逗留香港的行动，不厌其烦的把生活细节都告诉我们（譬如说：六月四日下午我们通话，原来你满身肥皂，在浴缸里跟我们讲话，怪不得你说："明天再谈了，我要穿衣服。"我们满以为你要穿礼服过海，准备上台！我们为之大笑。还有你两口三口的吃掉一只粽子，很有滋味的样子），满足了做父母的贪得无厌的欲望，使我们真的感觉到和你生活在一起。这是多么伟大的深厚的友情！我们衷心感激，永远不会忘记的。我们一生中所能交往的朋友，没有一个不是忠诚老实，处处帮助我们的，总算下来，我们受之于人的大大超过了我们给人的，虽然难免内疚，毕竟也引以自傲。你在各地奔波，只要一碰到我们的知己好友，非但热诚的招待你，还百般的爱护你，好姆妈就是最显著的一个，她来信说，她"对你的热爱是无法形容的"，她爱你的造诣，更爱你的品德。这次在港演出，都是她的关系，给你介绍沈：一个品质高尚难能可贵的知友。为你样样安排得谨密周详，无微不至，代替了我们应做的事，而且比我们做得更好。你真要当她母亲一般看待，这种至情至意，在世态炎凉的社会中，哪里找得到呢！好好爹爹也有信来，他与往年一样充满了热情，因为你说还常记得他，使他更喜欢得如醉若狂，都在字里行间奔放出来，怎不令人兴奋！我一面流泪一面看他们的信，是欢乐、是辛酸，我无法抑制我的感情。

弥拉最近又寄来了好几张凌霄的照片，孩子一天一天都在变，他的表情也越来越丰富，他的面相有时很像你，有时不十分像，似乎舅家的气息多起来了，眼睛像弥拉的成分多，你看对不对？给凌霄过周岁的衣包，大概一星期内可寄出，收到后千万告诉我尺寸合适否？也许大了些，那么慢慢或明年穿，或者需要哪一类式样的，叫弥拉老老实实告诉我，不必客气，要说的话爸爸都已详细谈了，我也不啰嗦了，望你们保重身体！

妈妈
六月十四日

十月四日

聪：

九月二十九日起眼睛忽然大花，专科医生查不出原因，只说目力疲劳过度，且休息一个时期再看。其实近来工作不多，不能说用眼过度，这几日停下来，连书都不能看，枯坐无聊，沉闷之极。但还想在你离英以前给你一信，也就勉强提起笔来。

两周前看完《卓别林自传》，对一九一〇至一九五四年间的美国有了一个初步认识。那种物质文明给人的影响，确非我们意料所及。一般大富翁的穷奢极欲，我实在体会不出有什么乐趣而言。那种哄闹取乐的玩艺儿，宛如五花八门、光怪陆离的万花筒，在书本上看看已经头晕目迷，更不用说亲身经历了。像我这样，简直一天都受不了；不仅心理上憎厌，生理上神经上也吃不消。东方人的气质和他们相差太大了。听说近来英国学术界也有一场论战，有人认为要消灭贫困必须工业高度发展，有的人说不是这么回事。记得一九三〇年我在巴黎时，也有许多文章讨论过类似的题目。改善生活固大不容易；有了物质享受而不受物质奴役，弄得身不由主，无穷无尽的追求奢侈，恐怕更不容易。过惯淡泊生活的东方旧知识分子，也难以想像二十世纪西方人对物质要求的胃口。其实人类是最会生活的动物，也是最不会生活的动物；我看关键是在于自我克制。以往总觉得奇怪，为什么结婚离婚在美国会那么随便。《卓别林自传》中提到他最后一个（也是至今和好的一个）妻子乌娜时，有两句话：As I got to know Oona I was constantly surprised by her sense of humor and tolerance; she could always see the other person's point of view…（我认识乌娜后，时常被她的幽默感和耐性所惊讶；她常常能站在别人的立场想问题，善解人意……）从反面一想，就知道一般美国女子的性格，就可部分的说明美国婚姻生活不稳固的原因。总的印象：美国的民族太年轻，年轻人的好处坏处全有；再加工业高度发展，个人受着整个社会机器的疯狂般的 tempo（节奏）推动，越发盲目，越发身不由主，越来越身心不平衡。这等人所要求的精神调剂，也只能是粗暴、猛烈、简单、原始的娱乐；长此以往，恐怕谈不上真正的文化了。

二次大战前后卓别林在美的遭遇，以及那次大审案，都非我们所能想像。过去只听说法西斯蒂在美国抬头，到此才看到具体的事例。可见在那个国家，所谓言论自由、司法独立等等的好听话，全是骗骗人的。你在那边演出，说话还得谨慎小心，犯不上以一个青年艺术家而招来不必要的麻烦。于事无补，于己有害的一言一语，一举一动，都得避免。当然你早领会这些，不过你有时仍旧太天真，太轻信人（便是小城镇的记者或居民也难免没有 spy（密探）注意你），所以不能不再提醒你！

九月底在意大利灌片成绩如何？节目有没有临时更动？HMV版

的巴赫和韩德尔已收到。现在只缺舒曼和肖邦两支协奏曲的复本了。前信和你提过：其他各片都来了三份。

……

你家里保姆走了，弥拉一定忙得不可开交，更无暇执笔；希望你在此情形之下，要强迫一下自己，给我们多写写信，否则我们更得不到你们的消息了。九月二十三日寄的照片十一张，想必收到。寄回马尼拉各地的评论，不是航空的，大约要十一月初才到伦敦。一路小心！如可能，随时写几行由弥拉转来！

爸爸

一九六五年十月四日

凌霄周岁照片（前信指的一张）放大后即寄来，他又过了两个月了，该学步了吧？能说哪几句话了？

十一月二十六日

亲爱的聪：

前几天爸爸才有过信给你，本来不需要我马上动笔，可是有些心事已经考虑了几个月，但等你回伦敦商量。今年六月底爸爸工作时头脑发热，空洞好似一张白纸，觉得再硬撑下去有危险了，自动停止。八月初恢复工作，到九月底忽然眼睛发花，每分钟都有云雾在眼前飘动，不得不又放下工作。你知道爸爸是闲不住的人，要他不做事并且不能看书，真是难上又难，此次自动停止，我深深体会到问题严重。经过眼科医生检查，眼睛本身除了水晶体浑浊，无其他毛病，还是脑力视力用得太多，疲劳过度所致，但无什么特效药可治，只有彻底休息，不用目力，长期休养。现在一面休息，一面服中药，着重肝肾两补，把整个身体的健康恢复起来，据说慢慢可能复原的。爸爸近年来体弱多病,像机器一样,各部分生锈不灵活,需要大大整修。可是爸爸为了将来生计,前途茫茫,不免焦急。专业作家不像大学教授,有固定薪金,体弱或年迈时可享受退职退休待遇,他只能活一天做一天,为此不容易安心养病。回想今年五月初与你通话时,你再三问我要不要多汇些钱,我再三说不用,你已经为我们花费了不少,同时满以为爸爸这副老骨头还能工作,生活不成问题。谁料事隔数月,忽然大有变化,真叫人生什么事都不能单凭主观愿望。除了健康衰退,生产又少又慢之外,稿酬办法又有改变,版税只在初版时拿一次,再版稿酬全部取消,总的说来,不及过去的三分之一。爸爸以前每年可译二十万字,最近一年来只有十万字光景,要依靠稿费过活,的确很难。即使眼睛不出毛病,即使稿费维持老标准,因为体力脑力衰退而减产,收入也大受影响。何况现在各方面都有了问题。我们一九五八年以来的生活,都是靠当时在平明出版的书归入人民文学出版社时多得了一笔稿费,陆续贴补的。目前积存无几,更使我忧虑。故上月底爸爸排开重重顾虑,向中央做了汇报。本月下旬接"人文"来信,说经各方领导商榷后,今后决定由"人文"按月津贴固定生活费一百二十元。领导对爸爸如此关怀照顾,不用说我们都十分感激。不过事实上我们的房租五十五元,加上水电、电话、煤气以及工资已经要花到九十余元,吃用还不在内,如今又加上一笔长期的医药费。当然我们不愿意把这副重担加在你身上,你终年在外奔波,成家立业全靠千辛万苦的劳动得来,有了孩子,开支更大。怎么忍心再要你为父母多开几次音乐会呢?再说,暂时我们还不到山穷水尽的地步,手头的积存尚可逐月贴补。但若你能分去一部分,我们自己贴补的钱就好多拖一个时期。但我们对你的经济情况不了解,决不能,也不愿意,给你定什么具体的数目。希望你冷静的思考一下,不要单从感情出发,按照你的实际能力,每月酌汇多少(我看至多也不要超过"人文"的数字)。若有困难,再少些也行。只要我们少量的积存可以支持得更久一些,而且也可以作为应付万一的准备金，我们也就放心了！人老了，总不能不想到意外之事。孩子，你深知你父母的为人，不到万不得已决不肯在这方面开口的。这种矛盾的心理，想必你很理解。同时我们自己也想法节省用途，不过省了这样又多了那样（例如最近药费忽然增加），实在解决不了多少问题。

几个月来我们对培养月季有了兴趣，护理栽培，既能消磨时间，又解除了爸爸不工作的苦闷，人家又送了好多品种，于是浇水、施肥、杀虫、整枝，忙个不了，虽然他腰酸背痛，不能多做，到底有了寄托，闲得发慌的痛苦也好消除一部分。我也学会了扦插接芽等等的技术，今秋开的花最大的有六英寸。劳动有了成果，心情也愉快了一些。

孩子有了新的照片，望源源不断寄来，能在其中挑一两张寄双份最好，马伯伯马伯母讨了不止一回了。凌霄快十六个月了，你回家时，孩子一定又学乖了许多，恐怕也会说些简单的话了，可惜你常常要出门，不能教他中国话。此次英国遭遇严寒袭击，凌霄可曾受冻？虽然不能目睹他长大，但能看到从小到大的照片，对我们来说也一样亲近，一样快乐。

你的丝绵袄尺寸大概不会相差太大，弥拉的就无把握了，究竟如何，望来信告知。

敏弟教学忙，信也少，幸而小蓉勤笔，事无大小，都不厌其烦的报告我们，连带也谈谈敏的生活细节，解除我们的寂寞与不安。敏弟禀性敦厚，朴素耐劳，吃的穿的都马虎，衣服打了补丁照样穿。一个月前带了同学下乡劳动，体重增加了十多磅，说明他胜任愉快。

说起人生变化多端，附带告诉你林伯伯的声乐研究所停办了，又回到他的本行去了。林伯母大开刀，开子宫瘤，尚未出院。天舅舅常来，他现在当厂长，笑眯眯的老是那样和善，也很关心你。他的儿子"小毛"复旦毕业后，分配在南京工作，快近一年，你看多快，你看见他时还是小孩子呢。

我的身体很健，虽然家务忙，还要当心爸爸身体，一切还都能胜任。最后，国内烟丝已恢复老规格，爸爸大为高兴，从此既可省去我们每月二十多元的关税（仅仅是半磅多一些的烟丝），又可省去你香港的开销。你千万勿误会，勿再从伦敦直接寄来，付起税来实在吃不消。至于针药，我们不叫你寄，也千万不要自动寄来。此地海关限制极严，往往要退回。

因不知你究竟何日回伦敦，怕信退回（过去你们不在家已退过两回），为了妥当起见，此信仍由你岳父家转。好了，不多谈了，望保重身体，祝

快乐！

妈妈
一九六五年十一月二十六日

……

一九六六年　［三通——父三通］

一月四日

聪,亲爱的孩子:

为了急于要你知道收到你们俩来信的快乐,也为了要你去瑞典以前看到此信,故赶紧写此短札。昨天中午一连接到你、弥拉和你岳母的信,还有一包照片,好像你们特意约齐有心给我们大大快慰一下似的,更难得的是同一邮班送上门!你的信使我们非常感动,我们有你这样的儿子也不算白活一世,更不算过去的播种白费气力。我们的话,原来你并没当做耳边风,而是在适当的时间都能一一记起,跟你眼前的经验和感想作参证。凌霄一天天长大,你从他身上得到的教育只会一天天加多;人便是这样:活到老,学到老,学到老,学不了!可是你我都不会接下去想:学不了,不学了!相反,我们都是天生的求知欲强于一切。即如种月季,我也决不甘心以玩好为限,而是当做一门科学来研究;养病期间就做这方面的考据。

提到莫扎特,不禁想起你在李阿姨(蕙芳)处学到最后阶段时弹的 *Romance*(《浪漫曲》)和 *Fantasy*(《幻想曲》),谱子是我抄的,用中国式装裱;后来弹给百器听(第一次去见他),他说这是 artist(音乐家)弹的,不是小学生弹的。这些事,这些话,在我还恍如昨日,大概你也记得很清楚,是不是?

关于柏辽兹和李斯特,很有感想,只是今天眼睛脑子都已不大行,不写了。我每次听柏辽兹,总感到他比德彪西更男性、更雄强、更健康,应当是创作我们中国音乐的好范本。据罗曼·罗兰的看法,法国史上真正的天才(罗曼·罗兰在此对天才另有一个定义,大约是指天生的像潮水般涌出来的才能,而非后天刻苦用功夫的)作曲家只有比才和他两个人。

你每月寄二十五镑,以目前而论还嫌多了些;不过既然常有税款支出，也好借此捉注。但愿此数真的不至于使你为难！我们尽管收了你的钱，心里总是摆脱不开许许多多矛盾。弥拉这回的信，感情特别重，话也说得真体贴，有此好媳妇，我们也是几生修得！希望你也知足，以此自豪，能有这样的配偶也是你的大幸，千万别得福不知。家里有了年轻的保姆，处处更得小心谨慎，别闹误会。

你们俩描写凌霄的行动笑貌，好玩极了。你小时也很少哭，一哭即停，嘴唇抖动未已，已经抑制下来：大概凌霄就像你。你说的对：天真纯洁的儿童反映父母的成分总是优点居多；教育主要在于留神他以后的发展，只要他有我们的缺点露出苗头来，就该想法防止。他躺在你琴底下的情景，真像小克利斯朵夫，你以前曾以克利斯朵夫自居，如今又出了一个小克利斯朵夫了，可是他比你幸运，因为有着一个更开明更慈爱的父亲！（你信上说他 completely transferred, dreaming（完全转移了，像做梦似的入神），应该说 transported（欣喜若狂）；"transferred（转移）"一词只用于物，不用于人。我提醒你，免得平日说话时犯错误。）三月中你将在琴上指挥，我们听了和你一样 excited（兴奋）。望事前多作思想准备，万勿紧张！

你未提到罗马，原来日程表上十二月十八日在罗马，二十一日在 Bari 各有一场，是否临时又取消了？你们此次的信引起我不少感想，可惜目力限制，今天不能多写了！……下次再谈，一切保重！

爸爸
一九六六年一月四日

最近 HMV 出的十支《玛祖卡》和奏鸣曲，还是 World Rec. Club（世界唱片俱乐部）出的，原片质地很差，以后望另寄一份 HMV 的！

弥拉的丝绸袄合身不合身？穿了好看不好看？《江山如此多娇》我想她看了对我们更有了解。

敏一年来篮球打得出色，替校教工队争得不少光荣。他教书已着实有些小名气，北京大半中学校都在提他的名字。平时真用功，肯用脑子，替学生设想，发明许多生动有趣的教学法。连星期日也忙得衣服都没时间洗……

二月十七日

聪：

要闲着一事不做，至少是不务正业，实在很不容易。尽管硬叫自己安心养病，耐性等待，可是总耐不住，定不下心。嘴里不说，精神上老觉得恍恍惚惚，心里虚忒忒的，好像虚度一日便对不起自己，对不起一切。生就的脾气如此难改，奈何奈何！目力在一月十七至二十七日间一度骤然下降，几乎每秒昏花；幸而不久又突然上升，回复到前数月的情形，暂时也还稳定，每次能看二十分钟左右书报。这两天因剧烈腹泻（近乎食物性中毒的大水泻），昏花又厉害起来，大概是一时现象。H. 3 只打了七针，因腹泻中断，还说不出有多大效果。朋友们都劝长期注射。现有两匣（二十四针），用完后，仍望寄二三匣来，航空寄上海，由马伯伯转亦有不便。寄沪时海关势必留难，到时再想办法。

今冬你们经常在严寒袭击之下，我们真担心你们一家的健康，孩子幼小，经得起这样的大冷吗？弥拉容易感冒，是否又闹了几次"流感"？前十日报上说英国盛传此病。加上你们电气煤气供应不足，想必狼狈得很了？

一月十五日以后的北欧演出，恐怕你都未去成？S. Andrews（圣·安德鲁）的独奏会不是由 Lilli Klauss（莉莉·克劳斯）代了吗？但愿你身体还好，减少那几场音乐会也不至于对你收入影响太大！

九月是否去日本，已定局否？为期几日，共几场？倘过港，必须早早通知，我们守在家中等电话！

三月十五日后的法国演出,到底肯定了没有?务望详告!巴黎大学的 Monsieuz Etiemble(埃蒂昂勃勒先生)一定要送票!他待我太好了,多年来为我费了多少心思搜求书籍。

我前信要弥拉补充你的日程,并改正一月以前的日程,希望她能即办。

世局如此,美国侵越战争如此残暴,心里说不出有多少感慨和愤懑。你秋天去日本能否实现,也得由大势决定,是不是?

爸爸

六六年二月十七日

……

四月十三日

亲爱的孩子:

一百多天不接来信,在你不出远门长期巡回演出的期间,这是很少有的情况。不知今年各处音乐会的成绩如何?李斯特的奏鸣曲练出了没有?三月十八日自己指挥的效果满意不满意?一月底曾否特意去美和董氏合作?即使忙得定不下心来,单是报道一下具体事总不至于太费力吧?我们这多少年来和你争的主要是书信问题,我们并不苛求,能经常每隔两个月听到你的消息已经满足了。我总感觉为日无多,别说聚首,便是和你通讯的乐趣,尤其读你来信的快慰,也不知我还能享受多久。十二张唱片,收到将近一月,始终不敢试听。旧唱机唱针粗,唱头重,新近的片子录的纹特别细,只怕一唱即坏。你的唱机公司 STUDIO99(九十九工作室)前日来信,说因厂家今年根本未交过新货,故迟迟至今。最近可有货到,届时将即寄云云。大概抵沪尚需二三个月以后,待装配停当,必在炎夏矣。目前只能对寄来新片逐一玩赏题目，看说明，空自向往一阵，权当画饼充饥。此次巴黎印象是否略佳，群众反应如何？Etiemble（埃蒂昂勃勒）先生一周前来信，谓因病未能到场为恨，春假中将去南方养病，我本托其代收巴黎评论，如是恐难如愿。倘你手头有，望寄来，妈妈打字后仍可还你。Salle Gaveau（嘉沃室）我很熟悉，内部装修是否仍然古色古香，到处白底描金的板壁，一派十八世纪风格？用的琴是否 Gaveau（嘉沃）本牌？法国的三个牌子 Erard、Gaveau、Pleyel（埃哈、嘉沃、波莱叶尔）你都接触过吗？印象怎样？两年多没有音乐杂志看，对国外乐坛动态更生疏了，究竟有什么值得订阅的期刊，不论英法文，望留意。*Music & Musicians*（《音乐与音乐家》）的确不够精彩，但什么风都吹不到又觉苦闷！

两目白内障依然如故，据说一般进展很慢，也有到了某个阶段就停滞的，也有进展慢得觉察不到的：但愿我能有此幸运。不然的话，几年以后等白内障硬化时动手术，但开刀后的视力万万不能与以前相比，无论看远看近，都要限制在一个严格而极小的范围之内。此外，从一月起又并发慢性结膜炎，医生说经常昏花即由结膜炎分泌物沾染水晶体之故。此病又是牵丝得厉害，有拖到几年之久的。大家劝我养身养心，无奈思想总不能空白，不空白，神经就不能安静，身体也好不起来！一闲下来更是上下古今的乱想，甚至置身于地球以外：不是陀斯妥耶夫斯基式的胡思乱想，而是在无垠的时间与空间中凭一些历史知识发生许多幻想，许多感慨。总而言之是知识分子好高骛远的通病，用现代语说就是犯了客观主义，没有阶级观点……其实这类幻想中间，也搀杂不少人类的原始苦闷，对生老病死以及生命的目的等等的感触与怀疑。我们从五四运动中成长起来的一辈，多少是怀疑主义者，正如文艺复兴时代和十八世纪法国大革命前的人一样，可是怀疑主义又是现社会的思想敌人，怪不得我无论怎样也改造不了多少。假定说中国的读书人自古以来就偏向于生死的慨叹，那又中了士大夫地主阶级的毒素（因为不劳而获才会有此空想的余暇）。说来说去自己的毛病全知道，而永远改不掉，难道真的是所谓"彻底检讨，坚决不改"吗？我想不是的。主要是我们的时间观念，或者说 time sense（时间观念）和 space sense（空间观念）比别人强，人生一世不过如白驹过隙的话，在我们的确是极真切的感觉，所以把生命看得格外渺小，把有知觉的几十年看做电光一闪似的快而不足道，一切非现实的幻想都是从此来的，你说是不是？明知浮生如寄的念头是违反时代的，无奈越老越是不期然而然的有此想法。当然这类言论我从来不在人前流露，便在阿敏小蓉之前也绝口不提，一则年轻人自有一番志气和热情，我不该加以打击或者泄他们的气；二则任何不合时代的思想绝对不能影响下一代。因为你在国外，而且气质上与我有不少相似之处，故随便谈及。你要没有这一类的思想根源，恐怕对 Schubert（舒伯特）某些晚期的作品也不会有那么深的感受。

  今年有什么灌唱片的计划？在巴黎可曾遇到我当年认识的人——不论同胞或法国人？万一没有巴黎剪报可寄，至少得告诉我在那儿的节目！

  别让我们等你的信再等下去了！孩子！一切保重！

  凌霄想又学乖了许多，告诉我们一些小故事，好不好？

爸爸
六六年四月十三日

  近一个多月妈妈常梦见你，有时在指挥，有时在弹 concerto（协奏曲）。也梦见弥拉和凌霄在我们家里。她每次醒来又喜欢又伤感。昨晚她说现在觉得睡眠是桩乐事，可以让自己化为两个人，过两种生活：每夜入睡前都有一个希望——不仅能与骨肉团聚，也能和一二十年隔绝的亲友会面。我也常梦见你，你琴上的音乐在梦中非常清楚。

  ……

代后记　傅聪的成长

傅　雷

本刊编者要我谈谈傅聪的成长，认为他的学习经过可能对一般青年有所启发。当然，我的教育方法是有缺点的；今日的傅聪，从整个发展来看也跟完美二字差得很远。但优点也好，缺点也好，都可供人借镜。现在先谈谈我对教育的几个基本观念：

第一，把人格教育看做主要，把知识与技术的传授看做次要。童年时代与少年时代的教育重点，应当在伦理与道德方面，不能允许任何一桩生活琐事违反理性和最广义的做人之道；一切都以明辨是非，坚持真理，拥护正义，爱憎分明，守公德，守纪律，诚实不欺，质朴无华，勤劳耐苦为原则。

第二，把艺术教育只当做全面教育的一部分。让孩子学艺术，并不一定要他成为艺术家。尽管傅聪很早学钢琴，我却始终准备他更弦易辙，按照发展情况而随时改行的。

第三，即以音乐教育而论，也决不能仅仅培养音乐一门，正如学画的不能单注意绘画；学雕塑学戏剧的，不能只注意雕塑与戏剧一样，需要以全面的文学艺术修养为基础。

以上几项原则可用具体事例来说明。

傅聪三岁至四岁之间，站在小凳上，头刚好伸到和我的书桌一样高的时候，就爱听古典音乐。只要收音机或唱机上放送西洋乐曲，不论是声乐是器乐，也不论是哪一乐派的作品，他都安安静静的听着，时间久了也不会吵闹或是打瞌睡。我看了心里想："不管他将来学哪一科，能有一个艺术园地耕种，他一辈子受用不尽。"我是存了这种心，才在他七岁半，进小学四年级的秋天，让他开始学钢琴的。

过了一年多，由于孩子学习进度快速，不能不减轻他的负担，我便把他从小学撤回。这并非说我那时已决定他专学音乐，只是认为小学的课程和钢琴学习可能在家里结合得更好。傅聪到十四岁为止，花在文史和别的学科上的时间，比花在琴上的为多。英文、数学的代数、几何等等，另外请了教师。本国语文的教学主要由我自己掌握：从孔、孟、先秦诸子、《国策》、《左传》、《晏子春秋》、《史记》、《汉书》、《世说新语》等上选材料，以富有伦理观念与哲学气息、兼有趣味性的故事、寓言、史实为主，以古典诗歌与纯文艺的散文为辅。用意是要把语文知识、道德观念和文艺熏陶结合在一起。我还记得着重向他指出，"民可使由之，不可使知之"的专制政府的荒谬，也强调"左右皆曰不可，勿听；诸大夫皆曰不可，勿听；国人皆曰不可，然后察之"一类的民主思想，"富贵不能淫，贫贱不能移，威武不能屈"那种有关操守的教训，以及"吾日三省吾身"，"人而无信，不知其可也"，"三人行，必有吾师"等等的生活作风。教学方法是从来不直接讲解，是叫孩子事前准备，自己先讲；不了解的文义，只用旁敲侧击的言语指引他，让他自己找出正确的答案来；误解的地方也不直接改正，而是向他发许多问题，使他自动发觉他的矛盾。目的是培养孩子的思考能力与基本逻辑。不过这方法也是有条件的，在悟性较差、智力发育较迟的孩子身上就行不通。

九岁半，傅聪跟了前上海交响乐队的创办人兼指挥，意大利钢琴家梅百器先生，他是十九世纪大钢琴家李斯特的再传弟子。傅聪在国内所受的唯一严格的钢琴训练，就是在梅百器先生门下的三年。

一九四六年八月，梅百器故世。傅聪换了几个教师，没有遇到合适的；教师们也觉得他是个问题儿童。同时也很不用功，而喜爱音乐的热情并未稍减。从他开始学琴起，每次因为他练琴不努力而我锁上琴，叫他不必再学的时候，每次他都对着琴哭得很伤心。一九四八年，他正课不交卷，私下却乱弹高深的作品，以致杨嘉仁先生也觉得无法教下去了；我便要他改受正规教育，让他以同等学历考入高中（大同）附中。我一向有个成见，认为一个不上不下的空头艺术家最要不得，还不如安分守己学一门实科，对社会多少还能有贡献。不久我们全家去昆明，孩子进了昆明的粤秀中学。一九五〇年秋，他又自做主张，以同等学历考入云南大学外文系一年级。这期间，他的钢琴学习完全停顿，只偶尔为当地的合唱队担任伴奏。

可是他学音乐的念头并没放弃，昆明的青年朋友们也觉得他长此蹉跎太可惜，劝他回家。一九五一年初夏他便离开云大，只身回上海（我们是一九四九年先回的），跟苏联籍的女钢琴家勃隆斯丹夫人学了一年。那时（傅聪十七岁）我才肯定傅聪可以专攻音乐；因为他能刻苦用功，在琴上每天工作七八小时，就是酷暑天气，衣裤尽湿，也不稍休；而他对音乐的理解也显出有独到之处。除了琴，那个时期他还另跟老师念英国文学，自己阅读不少政治理论的书籍。一九五二年夏，勃隆斯丹夫人去加拿大。从此到一九五四年八月，傅聪又没有钢琴老师了。

一九五三年夏天，政府给了他一个难得的机会：经过选拔，派他到罗马尼亚去参加"第四届国际青年与学生和平友好联欢节"的钢琴比赛；接着又随我们的艺术代表团去民主德国与波兰做访问演出。他表演的萧邦受到波兰专家们的重视；波兰政府并向我们政府正式提出，邀请傅聪参加一九五五年二月至三月举行的"第五届萧邦国际钢琴比赛"。一九五四年八月，傅聪由政府正式派往波兰，由波兰的老教授杰维茨基亲自指导，准备比赛节目。比赛终了，政府为了进一步培养他，让他继续留在波兰学习。

在艺术成长的重要关头，遇到全国解放，政府重视文艺，大力培养人才的伟大时代，不能不说是傅聪莫大的幸运；波兰政府与音乐界热情的帮助，更是促成傅聪走上艺术大道的重要因素。但像他过去那样不规则的、时断时续的学习经过，在国外音乐青年中是少有的。萧邦比赛大会的总节目上，印有来自世界各国的七十四名选手的音乐资历，其中就以傅聪的资历最贫弱，竟是独一无二的贫弱。这也不足为奇，西洋音乐传入中国为时不过半世纪，师资的缺乏是我们的音乐学生普遍的苦闷。

在这种客观条件之下，傅聪经过不少挫折而还能有些少成绩，在初次去波兰时得到国外音乐界的赞许，据我分析，是由于下列几点：（一）他对音乐的热爱和对艺术的严肃态度，不但始终如一，还随着年龄而俱长，从而加强了他的学习意志，不断地对自己提出严格的要求。无论到哪儿，他一看到琴就坐下来，一听到音乐就把什么都忘了。（二）一九五一、一九五二两年正是他的艺术心灵开始成熟的时期，而正好他又下了很大的苦功：睡在床上往往还在推敲乐曲的章节句读，斟酌表达的方式，或是背乐谱，有时竟会废寝忘食。手指弹痛了，指尖上包着橡皮膏再弹。一九五四年冬，波兰女钢琴家斯曼齐安卡到上海，告诉我傅聪常常十个手指都包了橡皮膏登台。(三)自幼培养的独立思考与注重逻辑的习惯,终于起了作用,使他后来虽无良师指导,也能够很有自信的单独摸索,而居然不曾误入歧途——这一点直到他在罗马尼亚比赛有了成绩,我才得到证实,放了心。(四)他在十二三岁以前所接触和欣赏的音乐,已不限于钢琴乐曲,而是包括多种不同的体裁不同的风格,所以他的音乐视野比较宽广。(五)他不用大人怎样鼓励,从小就喜欢诗歌、小说、戏剧、绘画,对一切美的事物美的风景都有强烈的感受,使他对音乐能从整个艺术的意境,而不限于音乐的意境去体会,补偿了我们音乐传统的不足。不用说,他感情的成熟比一般青年早得多;我素来主张艺术家的理智必须与感情平衡,对傅聪尤其注意这一点,所以在他十四岁以前只给他念田园诗、叙事诗与不太伤感的抒情诗;但他私下偷看了我的藏书,不到十五岁已经醉心于浪漫蒂克文艺,把南唐后主的词偷偷地背给他弟弟听了。(六)我来往的朋友包括多种职业,医生、律师、工程师、科学家、音乐家、画家、作家、记者都有,谈的题目非常广泛;偏偏孩子从七八岁起专爱躲在客厅门后窃听大人谈话,挥之不去,去而复来,无形中表现出他多方面的好奇心,而平日的所见所闻也加强了和扩大了他的好奇心。家庭中的艺术气氛,关切社会上大小问题的习惯,孩子在长年累月的浸淫之下,在成长的过程中不能说没有影响。我们解放前对蒋介石政权的愤恨,朋友们热烈的政治讨论,孩子也不知不觉地感染了。十四岁那年,他因为顽劣生事而与我大起冲突的时候,居然想私自到苏北去参加革命。

远在一九五二年,傅聪演奏俄国斯克里亚宾的作品,深受他的老师勃隆斯丹夫人的称赏,她觉得要了解这样一位纯粹斯拉夫灵魂的作家,不是老师所能教授,而要靠学者自己心领神会的。一九五三年他在罗马尼亚演奏斯克里亚宾作品,苏联的青年钢琴选手们都为之感动得下泪。未参加萧邦比赛以前，他弹的萧邦已被波兰的教授们认为"你富有萧邦的灵魂"，甚至说他是"一个中国籍贯的波兰人"。比赛期间，评判员中巴西的女钢琴家，七十高龄的塔里番洛夫人对傅聪说："富有很大的才具，真正的音乐才具。除了非常敏感以外，你还有热烈的、慷慨激昂的气质，悲壮的感情，异乎寻常的精致，微妙的色觉，还有最难得的一点，就是少有的细腻与高雅的意境，特别像在你的《玛祖卡》中表现的。我历任第二、三、四届的评判员，从未听见这样天才式的《玛祖卡》。这是有历史意义的：一个中国人创造了真正《玛祖卡》的表达风格。"英国的评判员路易士·坎特讷对他自己的学生们说："傅聪的《玛祖卡》真是奇妙，在我简直是一个梦，不能相信真有其事。我无法想象那么多的层次，那么典雅，又有那么多的节奏，典型的波兰玛祖卡节奏。"意大利评判员、钢琴家阿高斯蒂教授对傅聪说："只有古老的文明才能给你那么多难得的天赋，萧邦的意境很像中国艺术的意境。"

这位意大利教授的评语，无意中解答了大家心中的一个谜。因为傅聪在萧邦比赛前后，在国外引起了一个普遍的问题：一个中国青年怎么能理解西洋音乐如此深切，尤其是在音乐家中风格极难掌握的萧邦？我和意大利教授一样，认为傅聪这方面的成就大半得力于他对中国古典文化的认识与体会。只有真正了解自己民族的优秀传统精神，具备自己的民族灵魂，才能彻底了解别个民族的优秀传统，渗透他们的灵魂。一九五六年三月间南斯拉夫的报刊 Politika《政治》以《钢琴诗人》为题，评论傅聪在南国京城演奏莫扎特和萧邦两支钢琴协奏曲时，也说："很久以来，我们没有听到变化这样多的触键，使钢琴能显出最微妙的层次的音质。在傅聪的思想与实践中间，在他对于音乐的深刻的理解中间，有一股灵感，达到了纯粹的诗的境界。傅聪的演奏艺术，是从中国艺术传统的高度明确性脱胎出来的。他在琴上表达的诗意，不就是中国古诗的特殊面目之一吗？他镂刻细节的手腕，不是使我们想起中国册页上的画吗？"的确，中国艺术最大的特色，从诗歌到绘画到戏剧，都讲究乐而不淫、哀而不怨、雍容有度，讲究典雅、自然；反对装腔作势和过火的恶趣，反对无目的的炫耀技巧。而这些也是世界上一切高级艺术共同的准则。

但是正如我在傅聪十七岁以前不敢肯定他能专攻音乐一样，现在我也不敢说他将来究竟有多大发展。一个艺术家的路程能走得多远，除了苦修苦练以外，还得看他的天赋；这潜在力的多、少、大、小，谁也无法预言，只有在他不断发掘的过程中慢慢地看出来。傅聪的艺术生涯才不过开端，他知道自己在无穷无尽的艺术天地中只跨了第一步，很小的第一步；不但目前他对他的演奏难得有满意的时候，将来也远远不会对自己完全满意，这是他亲口说的。

我在本文开始时已经说过，我的教育不是没有缺点的，尤其所用的方式过于严厉、过于偏激；因为我强调工作纪律与生活纪律，傅聪的童年时代与少年时代，远不如一般青少年的轻松快乐，无忧无虑。虽然如此，傅聪目前的生活方式仍不免散漫。他的这点缺陷，当然还有不少别的，都证明我的教育并没完全成功。可是有一个基本原则，我始终觉得并不错误，就是：做人第一，其次才是做艺术家，再其次才是做音乐家，最后才是做钢琴家。（我说"做人"是广义的：私德、公德，都包括在内；主要对集体负责，对国家、对人民负责。）或许这个原则对旁的学科的青年也能适用。

一九五六年十一月十九日
（据手稿）